montessori en casa

SIMONE DAVIES

montessori en casa

Ilustrado por
HIYOKO IMAI

Diseño de portada: Planeta Arte & Diseño / Christophe Prehu
Ilustraciones de portada e interiores: Hiyoko Imai
Fotografía de la autora: Rubianca Han Simmelsgaard
Diseño de interiores: Hiyoko Imai

Simone Davies
© 2019 Jacaranda Tree Montessori
© 2019 Ilustraciones: Hiyoko Imai

Publicado por primera vez en Estados Unidos como:
THE MONTESSORI TODDLER: A Parent's Guide to Raising a Curious and
Responsible Human Being

Publicado por acuerdo con Workman Publishing Co., Inc., Nueva York.

Traducido por Carmen Gutiérrez

Cuadro de sentimientos y necesidades reproducido con permiso de Yoram
Mosenzon, connecting2life.net

WORKMAN es una marca registrada de Workman Publishing Co., Inc.

Derechos reservados

© 2020, Editorial Planeta Mexicana, S.A. de C.V.
Bajo el sello editorial DIANA M.R.
Avenida Presidente Masarik núm. 111, Piso 2
Colonia Polanco V Sección, Miguel Hidalgo
C.P. 11560, Ciudad de México
www.planetadelibros.com.mx

Primera edición en formato epub: febrero de 2020
ISBN: 978-607-07-6546-9

Primera edición impresa en México: febrero de 2020
ISBN: 978-607-07-6488-2

Impreso en los talleres de Foli de México, S.A. de C.V.
Negra Modelo No. 4 Bodega A, Col. Cervecería Modelo,
C.P. 53330 Naucalpan de Juárez, Estado de México.
Impreso y hecho en México - Printed and made in Mexico

Este libro es para Oliver y Emma.
Es un honor ser su madre,
me inspiran día a día.

ÍNDICE

INTRODUCCIÓN

1

CAMBIEMOS NUESTRA PERCEPCIÓN
SOBRE LOS NIÑOS

Los niños de entre uno y tres años suelen ser humanos incomprendidos. La gente cree que son difíciles: no hay muchos buenos ejemplos de cómo convivir con ellos de una manera amorosa, paciente y comprensiva.

Están empezando a caminar, a explorar; están apenas aprendiendo a comunicarse con palabras y tienen poco control sobre sus impulsos. No están quietos fácilmente en restaurantes y cafés; ven un ambiente abierto y se echan a correr; hacen berrinches (casi siempre en momentos y lugares muy inconvenientes), y suelen tocar todo aquello que les parezca interesante.

A esa edad suele llamársele «los terribles dos». No escuchan. Tiran todo lo que tienen en las manos. No duermen ni comen y tampoco saben usar el baño.

Cuando mis hijos eran chicos no me sentía bien pidiéndoles que cooperaran a través de amenazas, sobornos o mandándolos a su habitación; no obstante, era muy difícil encontrar alternativas.

Cuando mi primer hijo era muy pequeño, escuché una entrevista en la radio. En ella, el invitado hablaba sobre los efectos negativos de mandar a los niños a su habitación como un castigo, pues los aparta en un momento en el que necesitan apoyo, lo cual generaba enojo con el adulto en vez de ayudarlos a corregir su error. Esperé atentamente a que el invitado recomendara a los padres qué debíamos hacer en vez de eso, pero la entrevista terminó ahí. A partir de ese día, mi misión ha sido encontrar mis propias respuestas.

La primera vez que entré a un ambiente Montessori como madre reciente, me enamoré de inmediato. Estaba preparado cuidadosamente e invitaba a estar ahí. Los guías fueron accesibles y se dirigieron a nuestro bebé (y a nosotros) con respeto. Anotamos nuestros nombres en una lista de espera para la escuela y nos unimos a unas clases de papás e hijos.

Aprendí mucho acerca de la educación Montessori y de los pequeños de la edad de nuestro hijo en esas clases. Los pequeños de uno a tres años se desarrollan en un ambiente que los reta; buscan ser comprendidos y absorben todo del mundo que los rodea como si fueran esponjas. Me di cuenta de que me identificaba con los niños con gran facilidad, podía comprender su perspectiva, y la manera como aprendían me fascinó. Fui muy afortunada de comenzar a trabajar como la asistente de Ferne van Zyl ahí.

En 2004 hice mi preparación Montessori en la Association Montessori Internationale, y cuando la vida dio un giro y nos llevó de Sídney a Ámsterdam, me sorprendió que no hubiera clases Montessori para padres e hijos en nuestra nueva ciudad. Así que muy pronto abrí mi escuela —Jacaranda Tree Montessori— en donde impartía clases para padres e hijos; de esta manera ayudaba a las familias a ver a sus pequeños a través de nuevos ojos y a incorporar la educación Montessori en sus hogares.

Me sigue encantando aprender de los cerca de mil padres e hijos que he conocido a través de todos los años que he impartido estas clases. He tomado cursos de Disciplina Positiva y también he aprendido acerca de la Comunicación No Violenta. Sigo leyendo un sinfín de libros y artículos; platico frecuentemente con padres y guías, y escucho programas de radio y *podcasts*. También he aprendido de mis hijos, quienes han dejado de ser pequeñitos y ahora son adolescentes.

Quiero compartir lo que he aprendido. Quiero traducir la sabiduría del Montessori al lenguaje común para que sea fácil de entender y puedas aplicarla en tu hogar. Al escoger este libro has dado un paso hacia un camino en el que encontrarás una nueva manera de relacionarte con tu pequeño, independientemente de que asista a un colegio Montessori.

Conseguirás las herramientas para trabajar en conjunto con tu hijo, guiarlo y apoyarlo, sobre todo cuando esté en un mal momento. Aprenderás a organizar tu casa para deshacerte del caos y traer un poco de calma a la vida de tu familia. Podrás crear un ambiente óptimo para que tu pequeño sea libre de explorar. También descubrirás cómo llevar a cabo actividades Montessori ideales para los más pequeños en tu hogar.

Esto no sucederá de la noche a la mañana, tampoco estamos buscando que hagas que tu casa se convierta en una escuela Montessori. Puedes comenzar con pequeñas acciones como aprovechar lo que ya tienes, guardar algunos de los juguetes que posees para que puedas rotarlos, comenzar a observar a tus hijos mientras siguen sus intereses. Poco a poco te darás cuenta de cómo vas incorporando más ideas Montessori en tu hogar y en tu rutina diaria.

Espero poder mostrarte que existe otra manera de convivir con tu pequeño, una más pacífica, y así poder sembrar las semillas para criar a un ser humano curioso y responsable. A partir de ahora trabajarás en una relación con tu hijo que seguirá construyéndose a través de los años; de esta manera pondrás en práctica todos los días la filosofía de la doctora Montessori.

Es momento de aprender a ver a través de los ojos de nuestro pequeño.

POR QUÉ AMO A LOS NIÑOS

La mayoría de los guías Montessori tienen una edad favorita con la cual les gusta trabajar. La mía son los niños de uno a tres años. Esto suele confundir a la gente: puede ser difícil trabajar con ellos ya que son sensitivos y casi nunca nos escuchan.

Quiero presentarles una nueva cara de los niños de esa edad.

Viven el presente. Caminar por la calle con un niño es maravilloso. Mientras nosotros hacemos listas mentales de pendientes y de lo que debemos cocinar para la cena, ellos permanecen en el presente y se dan cuenta de las hierbas que crecen entre las grietas del pavimento.

Cuando pasamos un rato con un pequeño, nos enseña cómo estar en el presente. Se enfoca en el aquí y ahora.

Aprenden sin mayor esfuerzo. La doctora Montessori se dio cuenta de que los niños menores de seis años asimilan todo sin mayor esfuerzo, como las esponjas absorben el agua. Ella se refería a esto como la *mente absorbente*.

No necesitamos sentarnos con un niño de un año y enseñarle gramática o la estructura de una oración. A los tres años ya tiene un vocabulario sorprendente y aprende a construir oraciones simples (y, en algunos casos, párrafos complicados). Comparado con el aprendizaje de un nuevo idioma en un adulto, este implicará más esfuerzo y trabajo.

Son enormemente capaces. Suele suceder que hasta que tenemos nuestros propios hijos nos damos cuenta de lo increíblemente capaces que son desde una edad muy temprana. Alrededor del año y medio de edad pueden comenzar a reconocer cuando los van a llevar a la casa de la abuela antes de estar ahí porque identifican algunos elementos de la ruta. Al ver un elefante en un libro, van de inmediato a tomar el elefantito que tienen entre sus juguetes.

Cuando organizamos nuestros hogares para hacerlos mucho más accesibles para los más pequeños de la casa, asumen sus tareas con entusiasmo, capacidad y alegría. Limpian aquello que se les cayó, toman pañales para bebé, ponen su basura en el bote, nos ayudan a hacer la comida y disfrutan vestirse por su cuenta.

En una ocasión, un técnico llegó a arreglar algo a nuestra casa. Nunca olvidaré la cara que hizo cuando mi hija (que tenía menos de dos años) pasó a su lado para ir a su habitación, se cambió de ropa, puso su ropa mojada en el cesto y salió a jugar de nuevo. Él estaba claramente sorprendido de ver su capacidad para hacer las cosas por su cuenta.

Son inocentes. No creo que algún niño de esta edad tenga un gramo de maldad en su cuerpo. Si ve a alguien jugando con algo que le gusta, simplemente pensará: «Quisiera usar ese juguete ahora mismo» y lo tomará del otro niño. También hará lo que sea para obtener una reacción («Voy a tirar esta taza para ver qué hacen mis papás»), o bien, se frustrará si algo no sale como él quería.

Pero en ningún momento tiene malas intenciones, es malicioso o vengativo. Simplemente es impulsivo y sigue cada uno de sus impulsos.

No son rencorosos. Imagínate a un niño que quiere quedarse en el parque cuando ya es hora de volver a casa. Prácticamente se colapsa. El berrinche puede durar media hora, pero, cuando se calma (a veces con algo de ayuda), vuelve a ser esa personita alegre y curiosa; a diferencia de los adultos, que pueden despertar con el pie izquierdo y permanecer de malas durante todo el día.

Los niños son increíbles para perdonar. A veces hacemos algo mal: perdemos la calma, olvidamos una promesa que hicimos o simplemente no tenemos ánimo. Cuando nos disculpamos con nuestros pequeños, les enseñamos cómo se arreglan las cosas con alguien y, por lo general, suelen darnos un abrazo o nos sorprenden con palabras reconfortantes. Cuando construimos bases sólidas con nuestros hijos, nos cuidan, justo como nosotros lo hacemos con ellos.

Son auténticos. Me encanta pasar el tiempo con los pequeños porque son directos y honestos. Su autenticidad es contagiosa. Dicen lo que sienten y muestran abiertamente sus sentimientos.

Todo aquel que ha convivido con un niño de esa edad sabe que puede señalar a alguien en un autobús y gritar: «Esa persona no tiene cabello». Nosotros quisiéramos hundirnos en nuestro asiento mientras el pequeño no muestra ninguna señal de vergüenza.

Esa sinceridad hace que convivir con niños sea tan fácil. No hay manipulación ni razones ocultas, mucho menos intereses en juego.

Saben cómo ser ellos mismos y no dudan de sí. Tampoco juzgan a otros. Haríamos bien en aprender un poco más de ellos.

LO QUE NECESITAMOS SABER SOBRE
LOS NIÑOS DE UNO A TRES AÑOS

Necesitan decir «no». Una de las fases de desarrollo más importantes que atraviesa un niño es la «crisis de la autoafirmación». Entre el año y medio y los tres, se da cuenta de que su identidad es independiente de la de sus padres y comienza a desear más autonomía. Al mismo tiempo que empieza a decir «no», comienza a usar el pronombre personal «yo».

Este paso hacia la independencia no es sencillo. Algunos días nos mantendrá lejos y querrá hacer todo por su cuenta; otros días no querrá hacer nada o querrá estar pegado a nosotros.

Necesitan moverse. Justo como a un animal no le gusta estar enjaulado, a nuestros pequeños no les gusta quedarse quietos por mucho tiempo, quieren perfeccionar sus movimientos. Una vez que logran levantarse quieren comenzar a trepar y a caminar. Una vez que aprendan a caminar querrán empezar a correr y a mover objetos pesados (mientras más pesados mejor). Incluso hay un nombre para ese deseo de retarse a sí mismos lo más que puedan, por ejemplo, cargar objetos grandes o mover bolsas pesadas y muebles: esfuerzo máximo.

Necesitan explorar y descubrir el mundo que los rodea. La educación Montessori recomienda que aceptemos esto, que organicemos nuestros ambientes para que nuestros niños exploren con seguridad y realicemos actividades diarias que involucren sus sentidos y les permitan explorar los ambientes al aire libre. Déjalos ensuciarse, quitarse los zapatos en el pasto, chapotear en el agua y correr bajo la lluvia.

Necesitan libertad. La libertad los ayudará a crecer y a ser aprendices curiosos, para así experimentar las cosas por su cuenta y realizar descubrimientos; de esta manera sentirán que tienen el control de sí mismos.

Necesitan límites. Los límites los mantendrán seguros, les enseñarán a respetar a los demás y al medio ambiente. También serán de ayuda para que se conviertan en seres humanos responsables. Ayudarán, además, a los adultos a que, antes de que se cruce algún límite, tomen cartas en el asunto, con lo cual podrán evitarse los muy típicos gritos, enojos y culpabilidades. El enfoque Montessori no es permisivo, pero tampoco autoritario. En lugar de eso, les enseña a los padres a ser líderes tranquilos para sus hijos.

Necesitan orden y consistencia. Los niños prefieren que las cosas sean exactamente iguales cada día: la misma rutina, los objetos en el mismo lugar y las mismas reglas. Esto los ayuda a entender, a darle un sentido a su mundo y a saber qué esperar.

Cuando los límites no son consistentes, los niños comenzarán a probarnos para ver qué decidimos ese día. Si notan que molestar o hacer berrinches funciona, lo intentarán una vez más. A eso se le llama refuerzo intermitente.

Si comprendemos esta necesidad, tendremos más paciencia y más entendimiento. Cuando no podemos darles lo mismo día tras día, debemos darnos cuenta de que es probable que necesiten apoyo adicional. No pensaremos que son ridículos; más bien seremos capaces de ver, desde su perspectiva, que las cosas no son como ellos esperaban. En ese momento podremos ofrecerles ayuda para que se tranquilicen y, una vez que lo hagan, ayudarlos a encontrar una solución.

No nos están haciendo pasar un mal rato. Ellos están pasando por un mal rato. Me encanta esta idea (atribuida a la educadora Jean Rosenberg en su artículo en *The New York Times*: «Seeing Tantrums as Distress, Not Defiance»). Cuando nos damos cuenta de que su comportamiento difícil es en realidad un grito de ayuda, debemos preguntarnos: «¿Cómo puedo ayudarlo ahora?». Es ahí que dejamos de sentirnos atacados y comenzamos a buscar la manera de ser útiles.

Son impulsivos. Su corteza prefrontal (la parte del cerebro en la que se aloja el autocontrol y la toma de decisiones) todavía está en desarrollo (y seguirá así durante 20 años). Esto quiere decir que necesitaremos guiarlos si intentan volver a subirse a la mesa o si quieren arrebatarle algo a alguien; también hay que ser pacientes si se ponen emocionales. Me gusta decir que «debemos convertirnos en su corteza prefrontal».

Necesitan tiempo para procesar lo que están diciendo. En lugar de decirle a nuestro pequeño una y otra vez que se ponga los zapatos, podemos contar mentalmente hasta diez y darle tiempo para procesar lo que le pedimos. A menudo, cuando llegamos al número ocho, podremos ver cómo empieza a responder.

Necesitan comunicarse. Nuestro pequeño intentará comunicarse con nosotros de muchas maneras. Los bebés suelen balbucear y nosotros también podemos hacerlo; los niños de año y medio intentarán hablar y nosotros podemos mostrar interés en lo que están diciendo; los niños de tres años aman preguntar y responder y nosotros podemos enriquecer su lenguaje, aunque creamos que son pequeños, pues lo absorberán como una esponja.

Aman el perfeccionamiento. Los niños aman repetir habilidades hasta que logran perfeccionarlas. Obsérvalos e identifica qué están intentando dominar. Es un proceso similar al nuestro con un videojuego: persistimos para llegar al siguiente nivel porque es lo suficientemente difícil como para considerarlo un reto, pero no tanto como para rendirnos. Ellos repetirán una y otra vez el proceso hasta perfeccionarlo. Una vez que lo dominen, irán por otra cosa.

Aman contribuir y sentirse parte de la familia. Suelen interesarse más en los objetos que utilizan sus padres que en sus juguetes. Les encanta colaborar a nuestro lado mientras preparamos la comida, lavamos o preparamos la casa para las visitas. Cuando nos damos más tiempo, organizamos todo para que salga bien y reducimos nuestras expectativas sobre el resultado, les enseñamos a los niños cómo ser un miembro de la familia que aporte algo. Estas son habilidades que los ayudarán cuando entren a la escuela o sean adolescentes.

CRIAR
AL PEQUEÑO MONTESSORI

Debo confesar que la primera vez que me acerqué al método Montessori mi interés pudo haberse considerado superficial. Me sentía atraída hacia los ambientes y actividades Montessori y quería proveer a mis hijos de ambientes y materiales atractivos e interesantes. No estaba equivocada; es la manera más fácil de comenzar.

Años después me di cuenta de que ser Montessori es en realidad un estilo de vida. Más allá de las actividades y los ambientes, dicho estilo ha influenciado cómo soy con mis hijos, con los niños que vienen a mis clases y con los que convivo en mi vida diaria. Se trata de motivar su curiosidad, aprender a ver y aceptarlos como son, sin juzgarlos y permaneciendo conectados con ellos, incluso cuando debamos detenerlos para evitar que hagan algo que realmente quieren hacer.

No es difícil aplicar las prácticas Montessori en casa, pero el resultado puede ser muy diferente de cómo estábamos criando a nuestros hijos y de cómo lo hacen otros padres que nos rodean.

En el enfoque Montessori vemos a los niños como una persona única en sí misma, con un camino también único y propio. Los apoyamos como guías y líderes amables. No son algo que pueda ser moldeado según lo que nosotros creemos que pueden llegar a ser o según lo que decidamos a partir de nuestras experiencias o deseos no cumplidos de nuestra niñez.

Como jardineros, sembramos semillas, proveemos de las condiciones ideales y damos suficiente comida, agua y luz. Observamos las semillas y ajustamos nuestros cuidados según lo necesiten. Luego las dejamos crecer. Del mismo modo podemos criar a nuestros hijos. Ese es el método Montessori. Estamos plantando semillas en nuestros pequeños, les proporcionamos las condiciones ideales, hacemos los ajustes necesarios y los vemos crecer. La dirección de sus vidas será su propia creación.

«Los educadores (incluyendo a los padres) se comportarán como buenos jardineros y cultivadores con sus plantas».

Doctora María Montessori, *Formación del hombre*

LOS NIÑOS SON BRILLANTES

Lo que puede parecer una falta de flexibilidad («¡No puedo desayunar sin mi cuchara favorita!») ES EN REALIDAD una expresión de su fuerte sentido del orden.

Lo que puede parecer una lucha de voluntades ES EN REALIDAD que tu hijo está aprendiendo que las cosas no siempre son como él quiere.

Lo que parece una repetición del mismo juego molesto ES EN REALIDAD un intento de tu hijo por perfeccionar una habilidad.

Lo que puede ser un berrinche explosivo ES EN REALIDAD tu pequeño diciendo: «Te amo tanto que me da tranquilidad liberar lo que he estado aguantando todo el día».

Lo que puede parecer un retroceso ES EN REALIDAD su necesidad de explorar todo lo que hay en su camino.

Lo que puede ser sumamente vergonzoso de escuchar a un niño decir en público ES EN REALIDAD su incapacidad de mentir. Él es tu modelo de honestidad.

Lo que puede parecer otra noche de sueño interrumpido ES EN REALIDAD un par de bracitos regordetes dándote un apretón a la mitad de la noche expresándote amor puro.

CÓMO SACARLE PROVECHO
A ESTE LIBRO

Puedes leer este libro de principio a fin. O solo abrirlo en una página que te interese y encontrar algo práctico que puedas poner en marcha hoy.

Decidir por dónde empezar puede ser abrumador. Para hacerlo más manejable, he incluido algunas preguntas clave al final de cada capítulo. Así, puedo ayudarte a incorporar el estilo de vida Montessori en tu hogar y vida diaria. Hay cuadros de texto y listas a lo largo del libro para que tengas referencias a la mano. También encontrarás un cuadro muy útil en el apéndice titulado «En lugar de esto, di esto». Tal vez podrías copiarlo y pegarlo en algún lugar para tener un recordatorio.

Además de toda la sabiduría Montessori, también me baso en muchos de los recursos (libros, *podcasts*, cursos) que he descubierto con los años y que han complementado mi enfoque Montessori, además de que me han ayudado a ser una guía amable y clara con los niños de mis clases y con mis hijos.

Usa este libro como una fuente de inspiración. Al final, el objetivo no es llevar a cabo todas y cada una de las actividades, o tener un ambiente completamente libre de desorden, o ser un padre perfecto, sino aprender a ver y apoyar a nuestros pequeños. A divertirnos con ellos. Ayudarlos cuando tengan un mal momento. Y recordarles sonreír cuando se estén tomando todo muy en serio. Esto es un viaje, no un destino.

INTRODUCCIÓN A LA ENSEÑANZA MONTESSORI

2

UNA BREVE HISTORIA DE LA DOCTORA MONTESSORI

María Montessori fue, a finales del siglo XIX, una de las primeras mujeres doctoras de Italia. Trabajaba en una clínica en Roma atendiendo a gente de bajos recursos y a sus hijos. No solo se enfocaba en la salud de sus pacientes; también los proveía de cuidados y ropa.

En un hospital psiquiátrico de esa ciudad observó a niños con discapacidades mentales y emocionales que carecían de estímulos sensoriales en su ambiente. En uno de los casos que analizó se dio cuenta de que algunos recogían migajas, no para comer, sino para estimular su sentido del tacto. Por ello, propuso que, en realidad, era educación y no medicina lo que esos niños necesitaban.

La doctora Montessori no comenzó con una metodología preconcebida. En lugar de eso, aplicó la misma observación científica y objetiva de su carrera en medicina para darse cuenta qué hacía que los niños se sintieran mucho más involucrados, para así entender cómo aprendían y cómo podría facilitar su aprendizaje.

Se metió de lleno en la filosofía educacional, la psicología y a la antropología, experimentando con materiales educativos y mejorándolos para esos niños. A la postre, la mayoría de ellos pasó exámenes aplicados por el Estado con calificaciones mucho más altas que los niños sin discapacidad. La doctora Montessori fue reconocida como alguien capaz de hacer milagros.

Muy pronto pudo demostrar sus ideas en el sistema educativo italiano cuando la invitaron a establecer una sede en los barrios de Roma para atender a niños mientras sus padres trabajaban. Esa fue la primera *Casa dei Bambini* —Casa de los Niños—, la cual abrió en enero de 1907.

Su trabajo muy pronto captó la atención del mundo y se difundió internacionalmente. Las escuelas Montessori y los programas de aprendizaje existen en todos los continentes salvo en la Antártida. Solo en Estados Unidos hay más de 4500 escuelas enfocadas en este estilo de enseñanza y 20000 a escala mundial. En donde yo vivo, Ámsterdam, hay más de 20 escuelas Montessori para una población de alrededor de 800000 habitantes, las cuales atienden alumnos desde la niñez hasta los 18 años. Larry Page y Sergey Brin (los fundadores de Google), Jeff Bezos (fundador de Amazon), Jacqueline Kennedy Onassis (exprimera dama) y Gabriel García Márquez (Premio Nobel de Literatura) fueron a escuelas Montessori.

La doctora Montessori continuó enfocada en la educación y desarrolló ideas para niños de todas las edades mientras viajaba por todo el mundo —incluso vivió en el exilio en la India durante la Segunda Guerra Mundial— hasta su muerte en 1952 en los Países Bajos. Le llamó a su trabajo: «Una educación para la vida», es decir, que no solo es aplicable en el ambiente, sino también en nuestra vida diaria.

EDUCACIÓN TRADICIONAL vs. EDUCACIÓN MONTESSORI

En la educación tradicional los maestros generalmente imparten clases al frente del salón, deciden lo que los niños deben aprender y les enseñan lo que deben saber: es un enfoque vertical.

También es una visión estandarizada. Los maestros deciden que todos están listos para aprender, por ejemplo, la letra *A* el mismo día.

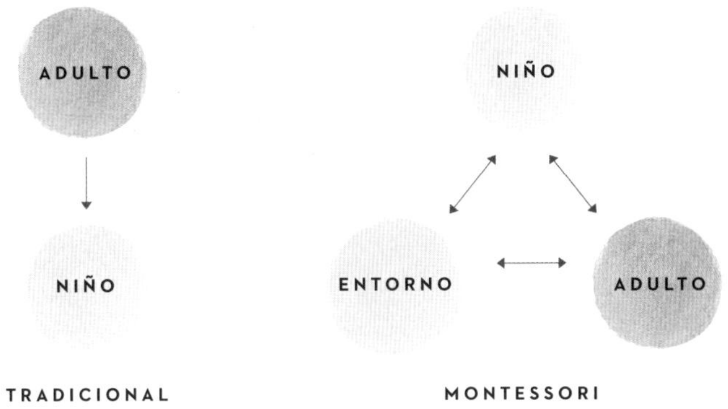

En la educación Montessori hay una relación dinámica entre el niño, el adulto y el ambiente de aprendizaje. El niño está a cargo de su propio aprendizaje, apoyado por el adulto y su ambiente.

Los materiales de apoyo están colocados en estantes con un orden consecutivo, del más fácil al más complejo. Cada niño trabaja a su propio ritmo con los materiales, motivado por el interés que tiene en ese momento. El guía observará al niño y cuando parezca que ha perfeccionado ese material, le dará una lección con el siguiente.

En el diagrama anterior sobre la educación Montessori, las flechas señalan ambas direcciones. El ambiente y el niño interactúan entre sí. El ambiente atrae al niño y este aprende de los materiales que existen en ese ambiente. El adulto y el ambiente también interactúan entre sí. El adulto prepara el ambiente, observa y hace ajustes donde sea preciso para satisfacer las necesidades del niño. El adulto y el niño tienen una relación dinámica, basada en el respeto mutuo. El adulto observará al niño e intervendrá solo para brindar la ayuda necesaria sin interponerse en su camino de aprendizaje.

En sus textos, la doctora Montessori reitera que el objetivo de la educación Montessori es **no saturar a un niño con información, sino cultivar su deseo natural de aprender.**

Estos principios no solo aplican en el ambiente, también dan una pista de cómo somos con nuestros pequeños en casa. Apoyamos a nuestros hijos para realizar descubrimientos por su cuenta, les damos libertad y límites, y los alentamos a ser exitosos al preparar nuestros hogares para que todo esto permee nuestra vida diaria.

ALGUNOS PRINCIPIOS MONTESSORI

1. Preparando el ambiente

Imparto ocho clases a la semana en Jacaranda Tree Montessori. Realizo gran parte de mi «trabajo» antes de que los niños lleguen. Preparo el ambiente con mucho cuidado y atención.

- Preparo actividades adecuadas para el nivel de los niños, los reto a aprender y perfeccionar sus tareas, pero no las complico tanto como para que se rindan.
- Me aseguro de que los niños tengan las herramientas necesarias para tener buenos resultados. Busco bandejas que puedan cargar, dejo listos los trapos para que limpien las manchas y coloco una buena cantidad de materiales de arte para que puedan practicar y repetir; también pongo cuchillos pequeños sin filo para que puedan ponerles mermelada a sus galletas y además dejo vasitos de vidrio para que tomen agua.
- Me siento en el suelo para saber lo que ven desde su altura. Coloco materiales gráficos en las paredes para que puedan verlos y plantas en el piso o en mesas bajitas para que puedan cuidarlas.
- Preparo el ambiente para que sea simple y hermoso. Evito que haya desorden, organizo unas cuantas actividades muy bien elegidas y me aseguro de que estén completas y no falte nada para que los niños puedan trabajar con ellas de manera independiente.

Esto nunca se siente como «limpiar el ambiente». El propósito de esta preparación es hacer que todo sea lo más atractivo posible para los niños y procurarles la libertad de explorar y aprender.

Un ambiente preparado puede ser cualquier tipo de ambiente que organicemos para nuestros hijos: un ambiente, nuestro hogar, la casa en la que pasamos las vacaciones o un ambiente al aire libre.

2. Un deseo natural por aprender

La doctora Montessori reconocía que los niños tienen una motivación intrínseca por aprender. Los bebés aprenden a agarrar un objeto y a levantarse intentándolo una y otra y otra vez; también aprenden a caminar por su cuenta, en un ambiente que los motive. Lo mismo aplica cuando aprenden a hablar, leer y escribir; cuando aprenden matemáticas o descubren el mundo que los rodea.

Los descubrimientos que los niños hacen por su cuenta, especialmente en un ambiente preparado, incitan el asombro y el amor por el aprendizaje. No necesitan instrucciones para explorar su ambiente.

En un ambiente Montessori, las edades de los niños son variadas. Los más pequeños pueden aprender al observar a los más grandes y los más grandes pueden consolidar su aprendizaje al ayudar y mostrar a los más chicos.

El trabajo de un niño de uno a tres años es jugar. Son aprendices curiosos por naturaleza, si es que los dejamos serlo.

3. Aprendizaje práctico y concreto

> «Pongámoslo de esta manera: la inteligencia del niño puede desarrollarse hasta cierto nivel sin la ayuda de las manos. Pero si lo hace con las suyas, entonces el nivel que conseguirá será más alto y el carácter del niño más fuerte».
>
> Doctora María Montessori, *La mente absorbente del niño*

Las manos toman la información de manera concreta para llevarla al cerebro. Aprendemos escuchando y viendo, pero lo hacemos más profundamente cuando integramos nuestras manos. El aprendizaje deja de ser pasivo y comienza a ser activo.

Los materiales en un ambiente Montessori están dispuestos de una manera hermosa y atractiva para que el niño se sienta interesado en descubrir cosas por su cuenta, **con sus manos.**

A los pequeños de uno a tres años les brindamos experiencias de aprendizaje táctiles. Toman un objeto mientras nosotros lo nombramos, les ofrecemos una hermosa variedad de materiales de arte para que exploren, les damos cierres y broches (con velcro o botones) para que abran y cierren, y los ayudamos a preparar comida en la cocina, enterramos sus dedos en la masa o utilizamos un cuchillo sin filo para cortar un plátano.

Otro ejemplo del aprendizaje táctil son los materiales matemáticos que se encuentran en los salones Montessori de niños de tres a seis años. Una cuenta dorada y pequeña representa una unidad. Un hilo con diez cuentas representa una decena. Un tapete con diez filas de diez cuentas representa una centena. Una pila de diez tapetes representa un millar.

Al usar estos materiales, un niño puede hacer sumas. Por ejemplo, para sumar 1 234 + 6 432, puede tomar una pila que equivale a mil, dos tapetes de cien, tres hilos para 34 cuentas. Lo mismo puede hacer para 6 432. Por lo tanto, se vuelve muy sencillo cuando comienza a sumar, pues visualiza que hay siete pilas de mil, seis tapetes de cien, etc. Puede ver concretamente y sostener en sus manos estos valores, a diferencia de la manera abstracta de sumar en un pedazo de papel.

Mientras va avanzando en su educación, será más y más fácil cuando esta base concreta vaya haciéndose más abstracta. Ya no necesitará los materiales, pero siempre estarán disponibles para cuando los requiera.

4. Periodos sensitivos

Cuando un niño muestra un interés particular en alguna área, por ejemplo, movimiento, lenguaje, matemáticas, lectura, se le conoce como *periodo sensitivo*. Esto *no* quiere decir que el niño sea vulnerable o frágil. Más bien describe el momento en el que un niño se siente particularmente atraído a aprender cierta habilidad o concepto con facilidad y sin esfuerzo.

Podemos observar a nuestros niños para descubrir cuáles periodos sensitivos les atraen más y así poder ofrecerles las actividades apropiadas para motivar esos intereses.

Cuando un pequeño empieza a imitarnos —a repetir ciertas palabras—, sabemos que está en un periodo sensitivo de lenguaje, y podemos enfocarnos en darle un nuevo y conocido vocabulario para que practique.

Si al pequeño le interesa subirse a la mesa, es porque se encuentra en un periodo sensitivo relacionado con el movimiento y necesita practicar esas habilidades. En lugar de dejarlo subirse a los muebles, podemos crear un camino de obstáculos con almohadas, sábanas y otras cosas para balancearse y escalar.

La tabla en la siguiente página puede brindarte algunos ejemplos de cómo podemos alimentar el interés de nuestro pequeño cuando se encuentra en un periodo sensitivo.

Nota: a algunas personas les preocupa que, si se pierden un periodo sensitivo, por ejemplo, de lectura, entonces el niño tendrá problemas para leer. Aprenderá a leer, pero implicará un esfuerzo mucho más consciente, similar al de un adulto aprendiendo otro idioma.

PERIODOS SENSITIVOS PARA LOS PEQUEÑOS

El momento exacto de los periodos sensitivos es único en cada niño.

LENGUAJE	Un periodo sensitivo para el lenguaje hablado. Ellos ven tu boca, balbucean y comienzan a repetir lo que dices; poco después de esto hay una explosión del lenguaje. El interés en la escritura puede comenzar a partir de los tres años y medio; la lectura a partir de los cuatro y medio. • Usa un lenguaje enriquecedor. • Llama todo por su nombre propio. • Lee libros. • Ten conversaciones con tu pequeño, dale pausas para que pueda reaccionar. • Mantente al pendiente de los intereses del niño.
ORDEN	A los pequeños les encanta el orden. La doctora Montessori observó alguna vez a un niño caminando con su madre y vio cómo este hacía un berrinche porque ella se había quitado el abrigo. El niño se enojó porque el «orden» (la manera en la que eran las cosas) cambió y, cuando su madre se volvió a poner el abrigo, se volvió a calmar. • Usa rutinas para que el niño sepa qué esperar. • Ten «un lugar para cada cosa y cada cosa en su lugar». • Sé comprensiva si al niño le enoja que las cosas no sucedan de la misma manera todos los días.
PEQUEÑOS DETALLES	De los 18 meses a los tres años, el niño sentirá atracción por los objetos más pequeños y los detalles más mínimos. • Ten detalles hermosos en tu casa: piezas de arte, flores, manualidades. • Siéntate en el suelo y observa qué puede ver tu pequeño a su altura; haz que lo que vea sea atractivo. • Procura quitar algunas cosas que no sean agradables a la vista.
ADQUISICIÓN DEL MOVIMIENTO	El pequeño adquirirá movimientos motrices finos y gruesos; aprenderá a caminar y a usar sus manos. El niño más grande afinará estas habilidades y comenzará a desarrollar una mayor coordinación. • Ofrécele más oportunidades para que practique movimientos motrices finos y gruesos. • Dale tiempo para el movimiento.
EXPLORACIÓN SENSORIAL	A los niños les encanta descubrir los colores, sabores, olores, sonidos y cosas al tacto a través de la exploración de su ambiente. El niño de tres años comienza a clasificar y a organizar estas impresiones. • Dale acceso a entornos interiores y exteriores enriquecedores que puedan ser explorados con todos los sentidos. • Dale tiempo para explorar libremente. • Hagan descubrimientos juntos.
GRACIA Y CORTESÍA	El periodo sensitivo de gracia comienza alrededor de los dos años y medio. Antes de esto, el adulto puede moldear la gracia y otras formas de cortesía, pues los pequeños serán receptivos. • Confía en que el niño desarrollará la gracia sin tener que presionarlo a hacerlo. • Moldea la gracia y formas de cortesía en la casa, en la vida cotidiana y con extraños.

5. La mente inconsciente absorbente

Desde el nacimiento hasta los seis años, el niño toma la información sin mayor esfuerzo. La doctora Montessori se refiere a esto como *la mente absorbente*. Del nacimiento a los tres años lo hace de manera completamente *inconsciente*.

La facilidad con la cual el niño aprende nos da oportunidades al igual que responsabilidades. Las oportunidades surgen de absorber con gran facilidad el lenguaje que los rodea (construir un vocabulario y un entendimiento enriquecedor) y de lo que observan: cómo maniobramos los muebles y objetos (idealmente con cuidado), cómo tratamos a los demás (con respeto y amabilidad), dónde ponemos las cosas (crear un orden) y la belleza del ambiente que los rodea.

Las responsabilidades surgen porque, como señala la doctora Montessori, una esponja puede absorber agua sucia con tanta facilidad como agua limpia. Un niño puede tomar experiencias negativas con tanta facilidad como positivas. Incluso pueden imitar nuestros sentimientos y actitudes, por ejemplo, cuando tiramos algo y nos frustramos con nosotros mismos (en lugar de disculparnos) o si tenemos una fijación mental y creemos que somos malos para dibujar (en contraposición a una mentalidad de desarrollo en la cual tendremos la posibilidad de demostrarnos siempre que podemos mejorar nuestras habilidades todo el tiempo).

Siempre podemos ser conscientes, tanto como nos sea posible, de ser un ejemplo positivo para nuestros pequeños, a fin de dotarlos de belleza y ofrecerles amabilidad para que puedan absorber.

6. Libertad y límites

He escuchado a personas decir: «¿Acaso las escuelas Montessori no son irresponsables y permiten que los niños hagan lo que quieran?». También he escuchado a otras decir: «¿Acaso las escuelas Montessori no son muy estrictas y solo se les permite a los niños usar los materiales de cierta manera?».

Las escuelas Montessori son justo el punto medio entre la total permisividad y la autocracia/dictadura.

En la escuela o en casa, podemos tener unas cuantas reglas para que los niños aprendan a respetar y tener responsabilidades consigo mismos, con los demás y con el ambiente que los rodea. Dentro de esos límites, los niños pueden tener libertad de decisión, movimiento y voluntad.

En un ambiente Montessori, el niño tiene la libertad de elegir en qué quiere trabajar (siempre y cuando esté disponible), de descansar u observar a otros (siempre y cuando eso no sea molesto) y de moverse alrededor del ambiente (siempre y cuando respete a los que lo rodean). Dentro de esos límites, seguimos de cerca al niño y confiamos en que se desarrollará en sus propios tiempos.

En el hogar podemos darles la libertad de elegir qué se pondrán (siempre y cuando sea apropiado para la estación), de hacerse su propio refrigerio (siempre y cuando se sienten para comerlo) y de expresarse por su cuenta (siempre y cuando no lastimen a los otros o a los objetos de la casa).

Algunas personas se preocupan: «¿Cómo aprenderán que hay ciertas cosas que deben hacer?» o «¿No se volverán unos malcriados si nos centramos en ellos todo el tiempo?». No estoy sugiriendo que nuestros niños tengan licencia para hacer lo que se les dé la gana. Como padres debemos ser claros acerca de qué se espera de ellos y darle seguimiento a esto con límites amorosos cuando sea necesario. Tendremos que intervenir cuando le hagan daño a alguien o a sí mismos, y los ayudaremos con gentileza a bajarse de los juegos del parque si les resulta difícil hacerlo sin nuestro apoyo. Y mientras aprendemos a ver desde su perspectiva, también les enseñamos cómo tener respeto mutuo y cuidado por los demás (incluyéndonos a nosotros como padres), así como por el ambiente.

Les damos libertad dentro de los límites.

7. Independencia y responsabilidad

«Ayúdame a ayudarme».

En el método Montessori los niños aprenden a ser sorprendentemente independientes. No hacemos esto para que crezcan lo más rápido posible. (Dejemos que los niños sean niños). Lo hacemos porque les encanta.

A ellos les gusta ser capaces de hacer más, de contribuir, de ser parte de la familia/ ambiente/sociedad. Vemos sus rostros de satisfacción cuando se ponen los zapatos, regresan algo a su lugar o ayudan a algún amigo. Y los vemos llenarse de paz cuando pueden hacerlo por sí mismos, cuando no necesitan que alguien les ponga la playera ni que los meta a bañar sin previo aviso.

A través de la independencia, el niño aprende **cómo ser responsable** de cuidarse a sí mismo, a otros y al ambiente. Aprende a tratar las cosas frágiles con cuidado, a ofrecerle ayuda a un amigo, a cuidar sus pertenencias, a ofrecer disculpas cuando hirió a alguien. Aprende a cuidar las plantas y el ambiente que los rodea.

Incluso los más pequeños.

8. Desarrollo individual

Cada niño tiene su propio tiempo para desarrollarse.

El método Montessori respeta este tiempo de desarrollo y también el hecho de que cada niño tiene diferentes niveles de energía y es capaz de enfocarse en momentos distintos. También tienen variadas formas de aprendizaje: visual, auditiva, táctil o kinestésica.

A algunos niños les gusta repetir y repetir algo hasta que dominan esa habilidad. Otros pueden aprender al observar a otros. Y algunos necesitan moverse más que los demás.

La educación Montessori respeta las diferencias de aprendizaje entre cada niño y apoya su desarrollo individual.

9. Respeto

Un guía Montessori respetará al niño de la misma manera en la que lo haría con un adulto. Podemos darnos cuenta de esto en la manera en que le habla al niño o cómo le pide permiso en caso de necesitar tocarlo (por ejemplo: «¿Estás de acuerdo con que te levante?») y en el modo en que le permite desarrollarse por su cuenta.

Esto no quiere decir que el adulto no esté a cargo, pues este establecerá un límite en caso de ser necesario. No de una manera pasiva ni tampoco agresiva, más bien respetuosa y asertiva.

10. Observación

La observación es la base del método Montessori. Como parte de mi entrenamiento Montessori, observábamos más de 250 bebés y niños. Nos preparábamos para desaprender el deseo de analizar, de llegar a conclusiones, de sesgarnos y de tener ideas preconcebidas acerca de los niños o de alguna situación en particular.

Observar significa mirar como si fuéramos una cámara en la pared. Ser factual y grabar solo lo que vemos: los movimientos de los niños, su lenguaje, su postura y sus acciones.

A través de la observación podemos saber exactamente dónde está el niño en ese momento. Nos ayuda a ver qué le interesa, qué habilidades quiere perfeccionar, el momento preciso en el cual hay un cambio en su desarrollo y, en ocasiones, cuándo debemos poner un límite o ayudarlo antes de que vuelva a salirse del camino.

PRACTIQUEMOS

1. ¿Nuestros niños están atravesando algún periodo sensitivo? ¿En qué muestran interés ahora mismo?
2. ¿Vemos algo de lo siguiente en nuestros niños?
   - Mente absorbente.
   - Un deseo natural de aprender.
3. ¿Cómo nos sentimos acerca del aprendizaje vertical (el tradicional) en contraposición con el acercamiento en el cual el niño está comprometido con su propio aprendizaje?

En los siguientes capítulos te enseñaré a incorporar estos principios Montessori en la vida diaria:

- Observar a nuestros niños para saber qué intereses tienen y así puedan explorar y realizar descubrimientos por su cuenta.
- Darles tiempo para el lenguaje, movimiento y permanecer juntos.
- Ordenar nuestros hogares para que puedan ser exitosos.
- Incluirlos en nuestra vida diaria.
- Alentar su curiosidad.
- Poner ciertas reglas en la casa para que los niños conozcan los límites.
- Convertirnos en los guías de nuestros niños, porque no necesitan a un jefe o a un sirviente.
- Dejarlos florecer para convertirse en los seres únicos que son, en lugar de moldearlos.

Pongamos esto en práctica con nuestros pequeños.

ACTIVIDADES MONTESSORI PARA LOS MÁS PEQUEÑOS

3

ACTIVIDADES MONTESSORI
PARA EL NIÑO PLENO

Por lo general, la manera más fácil de comenzar con el estilo Montessori en casa es a través de ciertas actividades basadas en el desarrollo del niño pleno. Empezamos observándolo para descubrir cuáles son sus necesidades. Después organizamos actividades para satisfacerlas.

Las necesidades de los pequeños consisten en usar sus manos de diferentes maneras (trabajando con su pinza o la habilidad de cruzar la mitad de su cuerpo, transferencias de mano a mano, cargar objetos, usar las dos manos al mismo tiempo), practicar la motricidad gruesa, la autoexpresión y la comunicación.

Las actividades Montessori para los pequeños tienen cinco áreas principales:

1. Coordinación visomotora

2. Música y movimiento

3. Vida práctica (actividades del día a día)

4. Expresión

5. Lenguaje

Hay una lista de actividades Montessori para niños en el apéndice de este libro. Las edades solo son una sugerencia. Asegúrate de darle seguimiento al pequeño y ver qué actividades atrapan su atención y elimina aquellas que sean muy difíciles o muy fáciles.

¿QUÉ HACE QUE UNA ACTIVIDAD
SEA MONTESSORI?

Las actividades Montessori usualmente se enfocan en una habilidad. Por ejemplo, poner una pelota en una caja a través de un pequeño agujero permite que el niño perfeccione esta habilidad. Esto difiere de muchos juguetes de plástico tradicionales que se enfocan en muchas habilidades al mismo tiempo: una parte para empujar, en otra parte cae una bola, en otra se produce un ruido y así sucesivamente.

También preferimos usar **materiales naturales**. A los pequeños les gusta explorar con todos sus sentidos. Es increíble sentir materiales naturales como la madera y, por lo general, es seguro metérselos a la boca; además, el peso del objeto tiene una relación mucho más proporcional con respecto a su tamaño. Aunque a veces son más caros, los juguetes de madera tienden a durar más y pueden encontrarse en tiendas de segunda mano; además, cuando tu pequeño haya terminado de usarlo, puedes dárselo al siguiente niño. Guardar estas actividades en contenedores de materiales naturales, como canastas tejidas, también incorpora elementos hechos a mano y belleza al ambiente.

Muchas actividades Montessori tienen **un inicio, un intermedio y un final**. El niño puede comenzar con una pequeña parte de la secuencia y, mientras la desarrolla, será capaz de completar el *ciclo de trabajo* en su totalidad, incluyendo reemplazar la actividad en el estante. Él siente paz mientras practica la actividad y satisfacción una vez que la termina. Por ejemplo, cuando se arreglan las flores, al inicio el niño puede mostrar interés únicamente en servir el agua y usar la esponja para limpiar. Más adelante se sabrá todos los pasos y completará el ciclo de trabajo: llenará pequeños vasos con agua, arreglará las flores, guardará los materiales al final y limpiará el agua que se haya derramado.

Las actividades Montessori son **completas**. Terminar una actividad es importante para perfeccionar las habilidades del niño. Este puede frustrarse si, por ejemplo, una pieza del rompecabezas no está. Si alguna de las piezas falta, se cancela la actividad.

Las actividades suelen estar organizadas en bandejas y canastas individuales. Dentro de cada una está todo lo que el niño necesita para completar la tarea por sí mismo. Por ejemplo, si la actividad involucra agua, deberíamos incluir una esponja o un guante para limpiar cualquier derrame.

Los niños perfeccionan una actividad a través de la repetición. La actividad debe estar exactamente en su nivel: ser lo suficientemente retadora para que no sea fácil, pero tampoco tan difícil como para que se rinda. Me encanta ver unas pinzas sosteniendo un dibujo en un lazo para secar ropa, pues es una señal de que el niño ha estado ocupado trabajando en perfeccionar su técnica de colgar sus pinturas para que sequen.

Puede enfocarse y repetir una parte de la actividad. Por ejemplo, puede practicar exprimir la esponja o llenar una jarra con agua del grifo. Nosotros podemos observarlo y permitirle repetir una y otra vez la parte del proceso que quiere perfeccionar. Eventualmente agregará pasos al proceso e iniciará otra actividad.

Un niño tiene la **libertad de elegir** una actividad. Nuestros ambientes deben estar organizados para motivar su libertad de elección al mostrar una cantidad limitada de actividades que están trabajando en perfeccionar.

«La tarea de la enseñanza se vuelve fácil, ya que no necesitamos decidir lo que debemos enseñar, pero debemos ponerlo todo frente al niño para la satisfacción de su apetito mental. Él debe tener la absoluta libertad de elección, y después solo necesitará repetir experiencias que se irán definiendo por el interés y la atención más seria durante la adquisición del aprendizaje deseado».

Doctora María Montessori, *La educación de las potencialidades humanas*

CÓMO ENSEÑARLE
AL NIÑO UNA ACTIVIDAD

En mi preparación en el método Montessori aprendí a enseñarles a los niños cómo llevar a cabo las actividades en el ambiente dándoles una «presentación». En esta, cada actividad se divide en pequeños pasos, desde llevar la bandeja a la mesa, hasta mostrar la actividad paso a paso y regresar la bandeja al estante. Practicamos la presentación de cada actividad una y otra vez. Después, si el niño necesita ayuda en clase, conocemos tan bien la actividad al haberla practicado tanto que podemos improvisar y ayudarlo cuanto lo necesite.

También es posible tener el mismo acercamiento en casa. Podemos organizar una actividad, hacerla nosotros primero, dividirla en pequeños pasos y practicarla para saber cómo la sobrellevarán nuestros pequeños.

Déjalos elegir la actividad que les interese y permíteles intentarla tantas veces como puedan sin interferir. Aun cuando tiren algo, podemos esperar para ver si reaccionan y lo recogen por su cuenta. Cuando veamos que están batallando y comienzan a frustrarse, podemos acercarnos y decirles: «Observa», y después enseñarles lentamente, por ejemplo, cómo quitarle la tapa a la jarra. Luego podemos volver a alejarnos para ver cómo lo resuelven por su cuenta.

Aquí hay algunos pasos para enseñarle al niño una actividad:

- Haz movimientos lentos y precisos con las manos para que pueda observar con claridad. Por ejemplo, desarrolla todos los pequeños pasos que implica desabotonarse algo y, lentamente, enséñaselos.

- Evita hablar cuando enseñes algo; si no, el niño no sabrá si mirarnos mientras hablamos u observar nuestras manos.

- Intenta enseñarle siempre la misma manera de hacer algo para facilitarle recordar algún paso que se esté olvidando.

- Proporciónale al niño los objetos de cierta manera para que también pueda utilizarlos. Por ejemplo, usa dos manos para llevar una bandeja, un vaso, etcétera.

- Si no quiere ayuda, quizá esté dispuesto a una indicación verbal, como: «Empuja, empuja». O podemos dejar que lo intente hasta que perfeccione la tarea. O tal vez solo quiera irse y volver a intentarlo en otra ocasión.

M ANOS	La primera vez que escuché el acrónimo MLOP (*SHOW*, por sus siglas en inglés) fue de mi amiga Montessori Jeanne-Marie Paynel. Es un recordatorio útil para que los adultos utilicen movimientos lentos con las manos y omitan las palabras cuando les enseñen a los niños algo nuevo.
L ENTAS	
O MITIR	Esto ayuda a que el niño elija con mayor facilidad. Nuestros movimientos deben ser lentos y fáciles de seguir. Si le explicamos con palabras al mismo tiempo, nuestro pequeño no sabrá si vernos o escucharnos, así que debemos quedarnos callados para enfocarnos en los movimientos sin palabras.
P ALABRAS	

PRINCIPIOS GENERALES PARA TENER EN CUENTA

1. Deja que el niño dirija

Sigue el ritmo del niño y sus intereses. Dale tiempo para elegir por su cuenta en lugar de hacerle sugerencias o tomar el liderazgo del juego. Déjalo elegir materiales que esté trabajando en perfeccionar, nada tan fácil o difícil. Algo que sea retador, pero no demasiado difícil como para que se rinda.

2. Déjalo trabajar en ese material tanto tiempo como lo desee

Mientras el niño está perfeccionando un material, no queremos apresurarlo para que termine, aun cuando sus hermanos lo estén esperando. Una vez que lo haya terminado, pregúntale si quiere hacerlo de nuevo. Esto motiva la repetición y le da la oportunidad de volver a hacerlo, practicarlo, perfeccionarlo e incrementar su concentración.

De manera ideal, no debemos interrumpir la concentración profunda de nuestros hijos. Un simple comentario nuestro puede distraerlos de aquello que intentaban perfeccionar y podrían abandonar por completo el material. Espera hasta que busquen tu retroalimentación, acércate a ofrecer ayuda cuando estén frustrados o cuando hayan terminado antes de hacerles algún pedido como que se sienten a cenar.

3. Evita cuestionar al niño

Quizá no nos demos cuenta de que lo estamos haciendo, pero todo el tiempo estamos cuestionando a nuestros hijos. «¿Qué color es este?». «¿Cuántas manzanas tengo?». «¿Puedes enseñarle a tu abuela cómo caminas?».

Yo también lo hice cuando mi hijo era pequeño. A menudo le pedía que demostrara alguna habilidad nueva o que hiciera algún truco. Quizá para presumir, de alguna manera, o para hacer que aprendiera un poco más rápido.

Ahora veo que incitarlos de ese modo es algo parecido a hacerles un examen. Y como por lo general solo hay una respuesta correcta, si la que dan es incorrecta no tendremos otra opción más que decir: «No, esa flor no es azul; es amarilla». Y esa no es exactamente la mejor forma de construir la confianza del niño.

En lugar de eso, podemos seguir nombrando cosas, haciendo preguntas para despertar su curiosidad y usar la observación para percibir cuando el niño haya perfeccionado lo que sigue practicando.

Ahora, el único momento en el que cuestiono a un niño es cuando estoy cien por ciento segura de que conoce la respuesta y que le emociona contestarme. Por ejemplo, si ha estado identificando objetos azules por su cuenta, puedo señalar algo azul y preguntar: «¿Qué color es este?». Se sentirá encantado y exclamará «¡Azul!». Esto usualmente comienza cuando tiene alrededor de tres años.

4. Guarda el material cuando haya terminado

Cuando el niño haya terminado con un material podemos motivarlo para que lo regrese a su lugar en el estante. Esta rutina enfatiza en que hay un principio, un intermedio y un final para cada tarea. Además, poner cada cosa en su lugar en el estante permite que haya orden y calma en el ambiente.

A los más pequeños primero podemos enseñarles dónde van las cosas y mostrarles cómo poner todo en su lugar en la última parte de la actividad. Después podemos comenzar a trabajar en conjunto para regresar las cosas al estante; ellos pueden cargar una parte y nosotros otra. Luego podemos motivarlos para que lo hagan por su cuenta, por ejemplo, señalándoles el estante en donde van. Eventualmente veremos cómo cada vez más lo harán solos.

Quizá no querrán participar todos los días, así como a nosotros no nos dan ganas de cocinar todo el tiempo. En lugar de insistir en que lo hagan, podemos decir: «¿Quieres que yo lo haga? Bueno, yo cargo esto y tú cargas eso».

Incluso los niños más grandes necesitarán ayuda dividiendo la gran tarea en algunas partes. «Primero acomodamos los bloques y después llevamos los libros».

Si ya han cambiado de actividad, usualmente no suelo distraerlos. En lugar de eso recojo el otro material por mi cuenta, enseñándoles lo que deben hacer la próxima ocasión. Quizá no vean cómo lo hacemos, pero nos verán de reojo o inconscientemente asimilarán lo que estamos haciendo.

5. Muéstrales, muéstrales, muéstrales

Nuestro niño aprende mucho al observar a los demás y a nosotros. Así que podemos pensar en cómo un pequeño puede ser exitoso y mostrárselo; por ejemplo, metamos nuestra silla con dos manos, evitemos sentarnos en alguna mesa baja o en un estante, carguemos una sola cosa a la vez.

6. Permite cualquier uso de los materiales, pero pon un alto cuando los usen inapropiadamente

Un niño podrá explorar materiales de distintas maneras (y a menudo algunas que no esperábamos). No queremos limitar su creatividad al querer corregirlo. Si no está dañando los materiales, a sí mismo o a alguien más, no hay necesidad de interrumpirlo. Podemos incluso hacer una nota mental para enseñarle esto en otra ocasión. Por ejemplo, si un niño utiliza una regadera de plantas para llenar una cubeta, es posible enseñarle en otro momento, uno más neutral, a usar la regadera para rociar las plantas.

Sin embargo, si el niño utiliza los objetos de manera inapropiada, podemos acercarnos con amabilidad. Decirle, por ejemplo: «No puedo permitir que azotes el vaso contra la ventana». Después, podemos enseñarle que los vasos son para beber o mostrarle una actividad que le permita usar la habilidad que estaba poniendo en práctica, por ejemplo, golpear un tambor o hacer una pequeña actividad que involucre un martillo y un clavo.

7. Modifica para ponerte a su nivel

Debemos ser capaces de modificar una actividad para hacerla más fácil o difícil. Por ejemplo, si a nuestro hijo se le dificulta poner figuras en un juguete para clasificar formas, podemos dejar las figuras más fáciles (como un cilindro) y quitar las más difíciles. Después podemos ir añadiendo poco a poco más figuras mientras el niño perfecciona esa habilidad.

A veces es más fácil que un niño pequeño se concentre cuando hay menos objetos en un conjunto de cosas. Por ejemplo, en mi ambiente usualmente tenemos de cinco a ocho animales en el granero de madera, y se usan todo el tiempo. Sin embargo, podemos poner más objetos a su disposición conforme el niño va creciendo.

8. Ordena las actividades en el estante de la más fácil a la más difícil

Al acomodar las actividades en el estante por orden de dificultad, de izquierda a derecha, ayudamos al niño a que interactúe con las actividades de esa manera. Si encuentra una actividad muy difícil, elegirá una más fácil.

9. Usa lo que esté disponible

No es necesario comprar todos los materiales que se recomiendan en este libro. Se mencionan aquí solo para darte una idea de los tipos de actividades que pueden interesarles a los pequeños. Pueden hacerse algunas similares con cosas que ya tenemos en la casa.

Aquí hay algunos ejemplos:

- Si a tu niño le interesa cómo las monedas atraviesan una ranura, en lugar de comprarle una alcancía hazle una ranura a una caja de zapatos y dale unos botones grandes para que los atraviese por el agujero.
- Si le interesa ensartar cosas, puede enhebrar pasta penne seca en una agujeta que termine con un gran nudo.
- Si le interesa abrir y cerrar cosas, reúne tarros viejos y enjuágalos para que pueda practicar quitando y poniendo las tapas. Usa carteras o bolsas de mano viejas con distintos tipos de broches. Esconde algunas cosas divertidas dentro para que las pueda descubrir.

10. Cuidado con las piezas pequeñas y los objetos filosos

Las actividades Montessori a menudo involucran piezas pequeñas, cuchillos o tijeras. Estas actividades siempre deben ser supervisadas. No necesitamos estar ahí merodeando; sin embargo, debemos observarlos cuidadosamente para garantizar que estén usando los objetos de una manera segura.

CÓMO ORGANIZAR
UNA ACTIVIDAD

En general, los pequeños eligen en qué trabajar de acuerdo con lo que les parece interesante en ese momento.

Por eso, en lugar de poner simplemente los materiales para la actividad en el estante, recomiendo que te tomes unos cuantos minutos para organizar algo que sea mucho más interesante para el pequeño.

1. **Acomoda los materiales para la actividad en el estante.** En vez de guardar los materiales para las actividades en una caja de juguetes, es mucho más fácil para el pequeño ver lo que está disponible cuando acomodamos cuidadosamente algunas cosas en una repisa.

2. **Haz que sea atractiva.** Poner el material para la actividad en una canasta o en una bandeja la puede hacer mucho más atractiva para el niño. Si ya no le interesa el material, a veces cambiar la bandeja puede volverlo interesante de nuevo.

3. **Muéstrale qué objetos van juntos.** Una bandeja o una canasta mantiene todos los objetos juntos. Por ejemplo, junto con una bandeja de material para trabajar con plastilina podemos poner un contenedor de esta, algunos objetos para cortar, moldear y hacer patrones, e incluso un protector para la mesa.

4. **Prepara todo para que el niño pueda hacer las cosas por sí mismo.** En un área para pintar podemos tener un delantal colgando en un gancho a un lado del caballete y un trapo húmedo del otro lado por si algo se derrama, para desmancharse las manos o para limpiar el caballete al final. También puede haber una canasta con papel limpio por si lo necesitan y un tendedero plegable y pinzas por si quieren colgar sus pinturas para que se sequen. Los niños más pequeños necesitarán ayuda en estos pasos, pero eventualmente comenzarán a hacerlo por su cuenta.

5. **Deshaz el material de la actividad.** Una actividad terminada es menos atractiva para un pequeño que una que no se ha acabado. Deshaz el material de la actividad antes de regresarlo a su lugar. Pon las piezas en un recipiente a la izquierda (por ejemplo, las piezas de un rompecabezas) y la actividad a la derecha (la base vacía del rompecabezas). Seguir el movimiento de izquierda a derecha es una preparación indirecta para la lectura.

¿CÓMO ORGANIZAR UNA ACTIVIDAD?

EJEMPLOS

ELEMENTOS

- Bandeja
- Desarmar
- Izquierda a derecha
- De la más fácil a la más difícil en el estante
- A la altura del niño
- Bonita para atraer el interés del niño
- Retadora para el niño: no tan fácil, no tan difícil
- Todo listo
- Objetos que el niño pueda usar por su cuenta

Núm. 1 **ACUARELA**

En una bandeja:
- Pincel para acuarela
- Pequeña jarra con un poco de agua
- Acuarelas (comienza con un color si puedes encontrarlos por separado, así no estarán mezclados)

No olvides:
- Un protector para la mesa
- Papel para acuarela (un poco más grueso que el regular)
- Un trapo para pequeñas manchas

Núm. 2 **PONER LA MESA**

Podemos enseñarle a nuestro hijo cómo poner la mesa brindándole los siguientes elementos:
- Un vaso de vidrio, lo suficientemente pequeño para que pueda usarlo
- Un tazón o plato
- Un pequeño tenedor, cuchara (cuchillo si tu hijo ya está usándolo)

No olvides:
- Un mantelito con marcas de dónde van el tenedor, la cuchara, el cuchillo, el tazón y el vaso

TIPOS DE ACTIVIDADES

01/COORDINACIÓN VISOMOTORA

Los niños siempre están perfeccionando su pinza —es decir, su agarre— y les gusta practicar el movimiento de ambas manos al mismo tiempo. Busca nuevas maneras de que estos movimientos sean retadores.

Actividades para ensartar

Ensartar le permite al niño mejorar su pinza, su coordinación visomotora, su destreza y trabajar con ambas manos.

- A los 12 meses el niño podrá sacar grandes aros de una estaca y podrá reemplazarlos.
- Los más pequeños podrán colocar en orden consecutivo los aros, del más grande al más chico.
- También hay una versión de tres estacas con colores distintos (rojo, amarillo y azul) y los aros de los mismos colores. En un principio, al niño le interesará poner los aros en cualquier estaca. Después colocará el aro rojo en la estaca azul, se detendrá, mirará la estaca roja y moverá el aro rojo a la que le corresponde.
- Después podemos ofrecerle al niño la posibilidad de ensartar un aro de manera horizontal, es decir, en lugar de que la estaca sea vertical, ponerla de manera horizontal. Eso te permitirá presentarle un movimiento llamado «cruzar la línea media», donde hace un movimiento con una mano de un lado al otro, cruzando la línea media de su cuerpo.
- Luego podemos cambiar el ensartado por la actividad de pasar cuentas por un hilo. Un buen paso intermedio es darle al niño unas cuentas y un palo de madera de alrededor de 30 centímetros de largo.
- Más adelante podemos ofrecerle una agujeta con algunas cuentas. Existen algunos *sets* (juegos, conjuntos) para ensartar en los que la agujeta termina con una madera de alrededor de tres a cuatro centímetros, lo cual facilitará el trabajo de los pequeños.
- Después puedes implementar el ensartado de cuentas más grandes en una agujeta común y corriente…
- … y luego cuentas más pequeñas en una agujeta aún más delgada.

Actividades de permanencia

En este tipo de actividades el niño aprende a dejar un objeto en un contenedor y entiende el concepto de permanencia (por ejemplo, cuando algo se va, puede volver).

- Hasta los 12 meses un bebé disfruta de poner las pelotas en una caja o de golpear una pelota a través de un agujero con un pequeño martillo.
- Alrededor de los 12 meses el pequeño empuja objetos de figuras a través de huecos, comenzando con un cilindro. Después puede comenzar a practicar con figuras más complejas como un cubo, un prisma triangular y así sucesivamente.
- Cuando el niño adquiere mayor destreza puede aprender a depositar una moneda grande en una alcancía (que tenga llave); esta es una de las actividades favoritas de los niños.

Actividades para abrir y cerrar

Otra manera de trabajar con las manos de los niños es dándoles la oportunidad de abrir y cerrar varios contenedores.

- Utiliza bolsas de mano viejas con broches, frascos vacíos, contenedores con seguros que se cierren a presión, carteras con cierres, etc. Yo suelo esconder algunas cosas dentro de estos objetos para que el niño encuentre, entre otras cosas, un pequeño bebé de juguete, un dado, un trompo o un llavero sin el aro.
- Usa algunas cajas de seguridad en las cuales el niño pueda abrir y cerrar algunos seguros (incluyendo un candado con llave) para que encuentre pequeños objetos escondidos en su interior.

Tableros y ligas; tuercas y tornillos

Estas actividades son excelentes para perfeccionar los movimientos motrices finos.

- El niño mejora su coordinación estirando ligas en un tablero.
- Puede meter un tornillo en una tuerca. Con una mano sostiene la tuerca y con la otra enrosca el tornillo, permitiendo que ambas manos trabajen en conjunto.
- Ofrécele varias tuercas y tornillos para que las ordene por tamaño.

Clasificar

Alrededor de los 18 meses a los niños les comienza a interesar clasificar las cosas por color, tipo y tamaño. Dale un conjunto de objetos (o mejor aún, encuéntralos con tu pequeño en la playa, en el bosque o en el jardín). Ponlos en un gran recipiente y además ten otros más pequeños a la mano. Un recipiente con compartimientos sería perfecto para esta actividad. Algunos ejemplos de objetos adecuados para clasificar son:

- Botones de tres diferentes colores, formas y tamaños.
- Conchas de dos o tres tipos distintos.
- Nueces con cáscara de dos o tres tipos diferentes.

Bolsas misteriosas

Alrededor de los dos años y medio al niño le interesará descubrir qué objeto tiene frente a sí solo con sentirlo. Después comienza la diversión con las bolsas estereognósticas, mejor conocidas como «bolsas misteriosas». (La estereognosis es la habilidad de conocer un objeto solo con sentirlo).

Encuentra una bolsa (idealmente una a través de la cual sea difícil ver) e introduce diferentes objetos en su interior. El niño puede meter la mano e intentar adivinar lo que siente, o también podemos mencionar qué objeto es para que lo sienta dentro de la bolsa.

- Coloca en el interior de la bolsa objetos distintos, con cierta temática o en pares.
- Elige objetos que tengan formas distintas, como llaves o cucharas, en lugar de juguetes de animales que suelen ser difíciles de distinguir.

Rompecabezas

A los bebés y a los niños más pequeños les gusta separar rompecabezas. Los rompecabezas que tienen pequeñas manijas cuyas piezas caben perfectamente en sus figuras específicas son perfectos para esta edad. Así, cuando nuestro niño tenga alrededor de 18 meses, será capaz de embonar piezas sencillas en la base de un rompecabezas tradicional.

- El pequeño puede comenzar con un rompecabezas de tres a cinco piezas con manijas grandes que pueda colocar en formas específicas. Aun cuando el niño no sea capaz de volverlas a meter, estará perfeccionando el desarrollo de su movimiento motriz fino. En ese caso, yo ejemplificaría cómo meter las piezas para que él pueda repetir el proceso de sacarlas.
- Al año y medio de edad el niño podrá utilizar un rompecabezas de nueve piezas con manijas más pequeñas o incluso sin estas.

- Los rompecabezas tradicionales son el siguiente paso. Algunos se ven como todos, con las piezas del mismo tamaño; sin embargo, hay algunos que tienen la forma de un objeto, por ejemplo, la de un árbol. La dificultad dependerá del número de piezas.

Nota: Los niños más pequeños no suelen completar los rompecabezas de la misma forma que los adultos. Estos suelen armar las esquinas y los bordes primero. Aquellos, por el contrario, tienden a resolverlo espacialmente, descubriendo qué piezas embonan. Cuando comiencen a utilizar los rompecabezas podemos iniciar nosotros para enseñarles o darles dos piezas que embonen. Poco a poco lo harán por su cuenta hasta que lo perfeccionen.

02/MÚSICA Y MOVIMIENTO

Música

Todos los humanos necesitamos movernos y la mayoría de las culturas tiene una larga historia que involucra la música y el baile. No necesitamos cantar o tocar algún instrumento para que los niños disfruten de la música en casa. Si nosotros la disfrutamos, ellos también. Hacer sonidos con instrumentos, imitar el ritmo que hace nuestro hijo, copiar sus movimientos o llevar a cabo juegos de moverse y detenerse puede ser tan divertido como cantar.

Ejemplos de instrumentos musicales ideales para los más pequeños:

- Instrumentos para agitar, como maracas, panderos, calabazas con semillas, entre otros.
- Instrumentos para golpear con un pequeño mazo, como un xilófono, un tambor o un güiro.
- Instrumentos para soplar, como una armónica o una flauta dulce.
- Cajas musicales donde una manija se debe girar para producir un sonido.

Escuchar música es una actividad personal. Aunque suene un poco pasado de moda, una grabadora o un iPod antiguo (que solo almacene música) le permitirá al niño elegir melodías por su cuenta. Podemos incluso tener un tapete que pueda desenrollar y usar para bailar.

Muchos niños se mueven instintivamente cuando escuchan música. Una familia puede tener bailes tradicionales o culturales que disfruta ver o llevar a cabo. Cantar espontáneamente canciones que se actúan, como «Witsi witsi araña», también es divertido.

Es maravilloso llevarlos a conciertos. Algunas salas aceptan la entrada de niños o tienen funciones especiales en las que al final pueden conocer los instrumentos.

Movimiento

Existen muchas actividades relacionadas con el movimiento para nuestros hijos:

- Correr
- Saltar
- Brincar la cuerda
- Saltar en un pie
- Columpiarse como changuito
- Andar en bicicleta
- Escalar
- Deslizarse por una resbaladilla
- Balancearse
- Patear y arrojar pelotas

Si es posible salgan para moverse ya sea al patio, a un bosque cercano, al área de juegos del parque, al centro de la ciudad, a la playa, a la montaña, al río o a un lago, incluso si el clima no es el mejor. «No existe el mal tiempo, solo la ropa incorrecta», suelen decir los escandinavos. Nosotros vivimos en Holanda, y lo que hacemos es ponernos nuestra ropa para la lluvia y salir a andar en bicicleta.

También podemos pensar en maneras de incorporar el movimiento dentro de casa, si el ambiente lo permite. En mi ambiente tenemos una pared para escalar. Los niños comienzan a utilizar las agarraderas más bajas; después, cuando tienen alrededor de dos años, escalan con ayuda de un adulto, y no pasa mucho tiempo para que sean ya capaces de hacerlo por su cuenta. Cada músculo de su cuerpo se fortalece con ese trabajo.

A los niños también les gusta esconderse, así que piensa en crear algunos ambientes con sábanas, sillas, hamacas y carpas. Los jardines muy frondosos también son lugares divertidos para esconderse.

03/VIDA PRÁCTICA

ACTIVIDADES DE LA VIDA DIARIA EN EL HOGAR

La mayoría de los padres se da cuenta de que a los niños les encanta ayudar en la casa, participar en actividades que estén relacionadas con cuidarse a sí mismos y al ambiente. Estas pueden parecer quehaceres para ti, pero a los pequeños les encantan. Y debo mencionar que son excelentes para calmar a los niños muy activos.

La doctora Montessori descubrió rápidamente que los niños en su escuela querían cuidar el entorno, a sí mismos, a sus compañeros y el medio ambiente, así que introdujo herramientas de su tamaño para ayudarlos a conseguirlo.

Estas actividades son maravillosas para aprender una secuencia, como tomar un delantal, ponérselo, lavar y secar los trastes.

La tarea será más lenta y requerirá supervisión cuando el niño ayude. Necesitaremos reducir nuestras expectativas acerca del resultado final; por ejemplo, las rebanadas de plátano podrán estar más aplastadas y los frijoles quizá no sean perfectos. Sin embargo, una vez que haya perfeccionado sus habilidades, se volverá cada vez más independiente. Mis hijos han crecido horneando y cocinando. Ahora que son adolescentes, suelen hornear mucho y a veces se ofrecen para preparar la cena.

Aquí hay algunas sugerencias de cómo pueden ayudar los niños en el hogar:

- **Cuidado de plantas:** Regar las plantas, limpiar las hojas, sembrar semillas, arreglar flores en pequeños jarrones (usando un pequeño embudo y una jarrita para llenar el florero con agua).
- **Preparación de la comida:** Lavar vegetales, batir huevos, servirse cereal de un pequeño recipiente y agregar leche con una jarra chica.
- **Hora del refrigerio**: Ayudarlos a alimentarse en un área accesible donde encuentren colaciones (la cual llenaremos diariamente con la ayuda del niño, poniendo solo lo que preferimos que coman), pelar y cortar fruta, untar alguna mermelada o crema en las galletas, exprimir jugo de naranja, servir agua de una pequeña jarra.
- **Comidas**: Poner y recoger la mesa, lavar los trastes.
- **Hornear**: Tomar turnos, pesar los ingredientes, ayudar a agregarlos a la preparación, batir.
- **Limpiar**: Barrer, desempolvar, desmanchar, limpiar ventanas, pulir espejos.

- **Cuidar a las mascotas:** Alimentarlas, pasear al perro, llenar su tazón de agua.

- **Cuidarse a sí mismos:** Sonarse la nariz, cepillarse cabello y dientes, lavarse las manos.

- **Vestirse por su cuenta:** Ponerse y quitarse los calcetines; ponerse zapatos que tengan velcro; ponerse una playera; ponerse y quitarse los pantalones; abrigarse (ve a la página 152 para aprender el truco del abrigo); abrir y cerrar broches, botones y cierres; atar y desatar agujetas.

- **Ayudar con la lavandería:** Poner la ropa sucia en el cesto, meter y sacar la ropa de la lavadora, verter el detergente, acomodar la ropa limpia.

- **Preparase para las visitas:** Hacer las camas, poner una toalla limpia para los visitantes, recoger los juguetes.

- **Idas al supermercado:** Hacer una lista con imágenes, tomar productos de los estantes, ayudar a empujar el carrito, poner las cosas en la banda para que las cobren, cargar las bolsas, acomodar la compra en casa.

- **Voluntariado:** Nunca es demasiado pronto para enseñarles a ayudar a los demás. Cuando mis hijos eran pequeños, una de nuestras salidas semanales consistía en ir a una casa hogar donde siempre visitábamos a los mismos residentes. Ver a un niño de su edad o a un bebé era lo más importante de su semana; eso les enseñó, a una edad temprana, lo bien que se siente ayudar a otros.

Consejos para actividades diarias en casa

Primero que nada, recuerda que esto debe ser divertido. Detente antes de sentirte abrumada. ¡Y sigue practicando!

- Usa solo lo que necesites para limpiar, ya sea agua, detergente para trastes o una botella portátil de champú.

- Ten listos los suministros de limpieza necesarios: un guante para limpiar manchas, una escoba para niños y un trapeador para manchas más grandes.

- Cuando un niño tenga menos de dos años las actividades deberán tener uno o dos pasos. Mientras más las perfeccionen, podrás agregar algunos pasos adicionales (por ejemplo, ponte el delantal, limpia al final, lleva la ropa húmeda a la lavadora, y así sucesivamente).

- Enfócate en el proceso, no en el resultado. Cuando el niño ayude, la tarea durará más y el resultado puede no ser perfecto, pero estará aprendiendo a perfeccionar esas habilidades y se convertirá en alguien que siempre te ayudará en casa.

- Busca la manera en la que tu hijo pueda ayudarte. Cuando son pequeños, haz que la tarea sea fácil (un niño de año y medio puede ayudarte a cargar una playera, mientras tú llevas los pantalones a la canasta de la ropa sucia; también puede secar hojas de lechuga para la cena); después de los dos años pueden colaborar aún más.

- Busca canastas, bandejas y algunos otros contenedores para acomodar objetos que te puedan ayudar, por ejemplo, a tener todos los utensilios para limpiar las ventanas en un mismo lugar.

- No necesitas gastar mucho dinero, puedes ingeniártelas para crear actividades con utensilios que tengas en tu hogar. Y procura anotar objetos más finos como una torre de aprendizaje en tu lista de deseos, por si familiares o amigos te preguntan qué quieres de cumpleaños.

Beneficios de las actividades diarias en casa

Más allá de los pequeños placeres que obtienen los niños de estas actividades diarias, son mucho más valiosas de lo que te imaginas:

- El niño aprende a tener responsabilidades en casa.
- Trabajamos en conjunto para crear, practicar y perfeccionar actividades.
- La colaboración crea vínculos.
- Estas habilidades requieren repetición para poder perfeccionarlas, lo cual es increíble para fortalecer la concentración.
- El niño se siente parte de la familia y capaz de contribuir.
- Estas actividades implican secuencias. Mientras la concentración del niño mejora, podemos incrementar el número de pasos en la actividad.
- Estas actividades involucran mucho movimiento, lo cual es ideal para afinar las habilidades motrices finas y las gruesas (por ejemplo, servir agua sin derramarla, usar una esponja).
- Hay muchas oportunidades del lenguaje en estas actividades: platicar acerca de lo que hacemos juntos y enseñar un nuevo vocabulario de los objetos de la cocina, alimentos y utensilios de limpieza, entre otros.
- Los niños aprenden nuevas habilidades e independencia.
- Siempre he dicho que es bueno comenzar a una temprana edad para tener una base sólida mientras estén dispuestos. Estas actividades de la vida diaria ayudan a los niños a cuidarse más a sí mismos, a los demás (a las mascotas, por ejemplo) y a su ambiente.

ALGUNAS ACTIVIDADES DIARIAS EN CASA SEGÚN LA EDAD DEL PEQUEÑO

Si te preguntas cómo involucrar a tu hijo en el hogar, aquí hay algunas ideas para distintas edades.

Ya verás cómo impulsamos sus habilidades con estas sencillas actividades de un solo paso para niños de 12 a 18 meses. Además de estas actividades, te mostraremos otras con un mayor grado de dificultad para niños de 18 meses a tres años. El niño de tres a cuatro años podrá realizar tareas más largas y complejas, aparte de las actividades grupales.

12 a 18 meses

COCINA
- Servir un vaso de agua o de leche utilizando una pequeña jarra; utilizar solo un poco de líquido para evitar derrames.
- Agregar leche al cereal.
- Servir cereal en un tazón.
- Limpiar derrames con un trapo.
- Llevar un plato a la cocina.
- Beber de un vaso.

BAÑO
- Cepillarse el cabello.
- Cepillarse los dientes con ayuda.
- Lavarse las manos.
- Llevar juguetes para la hora del baño.
- Tomar y colgar la toalla.

RECÁMARA
- Tomar el pañal o la ropa interior.
- Poner la ropa sucia en el cesto.
- Abrir las cortinas.
- Escoger entre dos opciones de ropa.
- Vestirse con ayuda.
- Quitarse los calcetines.

OTROS
- Recoger los juguetes.
- Recoger los zapatos.
- Ayudar a los padres (por ejemplo: «¿Puedes traerme la regadera para plantas?»).
- Encender o apagar la luz.

18 meses a tres años

COCINA

- Preparar un refrigerio o un sándwich.
- Pelar y cortar un plátano.
- Pelar una mandarina.
- Pelar y cortar una manzana con ayuda.
- Lavar frutas y vegetales.
- Hacer jugo de naranja.
- Poner o recoger la mesa.
- Limpiar la mesa.
- Barrer el piso con un cepillo y un recogedor.
- Preparar café para los padres (presionar los botones de la cafetera, recoger la taza y el plato).

BAÑO

- Sonarse la nariz.
- Cepillarse los dientes.
- Lavarse el cuerpo (utiliza una pequeña botella con jabón para minimizar el desperdicio).
- Lavarse la cara.

RECÁMARA

- Tender la cama (jalar solo las sábanas).
- Elegir la ropa.
- Vestirse con ayuda.

OTROS

- Arreglar las flores en pequeños jarrones.
- Empacar una maleta/mochila.
- Ponerse un abrigo.
- Ponerse zapatos con broche de velcro.
- Regar las plantas.
- Colocar los juguetes en canastas y devolverlos a los estantes.
- Limpiar ventanas.
- Meter o sacar la ropa de la lavadora o de la secadora.
- Ordenar los calcetines o la ropa por color.
- Tomar productos del supermercado, empujar el carrito o desempacar las compras.
- Desempolvar.
- Ponerle la correa al perro y cepillarlo.

Tres a cuatro años

COCINA

- Descargar el lavavajillas.
- Pesar y mezclar los ingredientes para hornear.
- Tallar y pelar vegetales, como las papas y las zanahorias.
- Ayudar en la cocina (por ejemplo, hacer lasaña).

BAÑO

- Usar el escusado, jalarle a la palanca y bajar la tapa del mismo.
- Poner la ropa húmeda en el cuarto de lavado.
- Limpiarse con ayuda después de ir al baño.
- Lavarse el cabello (utiliza una pequeña botella de jabón para minimizar el desperdicio).

RECÁMARA

- Tender la cama (jalar el edredón).
- Acomodar la ropa en los cajones o en el clóset.

OTROS

- Alimentar a las mascotas.
- Ayudar con el reciclaje.
- Doblar ropa.
- Doblar calcetines.
- Aspirar.
- Abrir la puerta del auto con el control remoto.

04/EXPRESIÓN

Se le preguntó a la doctora Montessori si el tipo de ambiente que promovía su enseñanza generaba buenos artistas, a lo que ella respondió: «No sé si generamos buenos artistas, pero desarrollamos niños con un ojo que es capaz de observar, con un alma que es capaz de sentir y una mano que los obedece». Para los pequeños las manualidades son una manera de expresarse, moverse y experimentar con distintos materiales. **El proceso tiene prioridad sobre el resultado.**

Algunos tipos de expresión:

- Con los más pequeños debemos comenzar dibujando. Busca crayones o lápices que se deslicen con facilidad sobre el papel. Los lápices gruesos son más fáciles de sujetar para los pequeños y pintan con más intensidad que los colores regulares. Los crayones hechos con materiales naturales como la cera de abejas o soya son maravillosos para dibujar.

- Después podemos añadir las acuarelas. Me gusta iniciar con uno o dos colores, pues, si añadimos más, al combinarse pueden volverse color café. La bandeja puede tener un pequeño bote para poner agua (los pequeños frascos de mermeladas de los hoteles son del tamaño perfecto), un pincel para acuarela y un plato con las pinturas. Podemos poner un pedazo de papel debajo para proteger la mesa, más papel por si se quiere repetir la actividad, y tener un trapo listo para las salpicaduras.

- También podemos introducir el uso de tijeras (con supervisión) alrededor de los 18 meses. Para cortar, usa tijeras de verdad con puntas redondeadas que corten bien y enséñale al niño cómo utilizarlas apropiadamente. Les mostraremos que debemos sentarnos en la mesa para usarlas y sujetar los mangos, no las cuchillas. Ofrécele pequeñas tiras de papel que serán más fáciles de recortar. El resultado de esto puede guardarse en un pequeño sobre y cerrarlo con una calcomanía.

- Alrededor de los 18 meses una actividad de pegar puede ser muy divertida y ayudará al niño a afinar sus movimientos al usar un pequeño pincel con un frasco de pegamento (o un lápiz adhesivo). Puede aplicar el pegamento en la parte trasera de una figura y pegarla en el papel.

- Las pinturas y los gises son divertidos para los pequeños. Cuando se trata de los más chicos, lo mejor es sacar las pinturas solo cuando podamos supervisarlos. Una vez más, los trapos húmedos deben estar listos para limpiar las manos, el suelo o el pizarrón.

- La arcilla, la plastilina o la arena kinética son maravillosas para los pequeños. Podemos añadir herramientas muy simples como un rodillo, cortadores de galletas, un cuchillo sin filo o alguna otra herramienta para hacer figuras y así poder manipular el material de muchas maneras. También me encanta hacer plastilina con ellos. (En la página 246 podrás encontrar mi receta favorita para hacer plastilina casera).

- Alrededor de los dos años y medio podemos ofrecerles actividades sencillas de coser. El *kit* de costura puede contener un estuche de agujas con una aguja capotera, un poco de hilo, un cuadrado de 10 cm × 10 cm con una diagonal hecha de agujeros.
- Breves visitas a los museos ayudarán a cultivar su apreciación por el arte. En el museo podemos buscar colores, texturas y animales. Podemos también llevar a cabo juegos sencillos, como elegir una postal de la tienda del museo y después buscar la pintura en la galería.

Consejos para manualidades

1. Intenta no ser normativa. En lugar de enseñarle al niño lo que debe hacer con los materiales artísticos, le enseñamos cómo usarlos y dejamos que experimente por su cuenta. Por esta razón, los guías Montessori prefieren no usar libros para colorear (por la «regla» de que el niño no debe salirse de las líneas). De la misma manera, intentamos no limitar a los niños a que solo usen el verde para el pasto y el azul para el cielo. Pueden ser creativos en sus decisiones.

2. Da retroalimentación. En el método Montessori, en lugar de decirle a un niño que su arte es «bueno», dejamos que él mismo decida si le gustó lo que hizo.

En lugar de eso podemos animarlo y darle retroalimentación. Podemos describir lo que vemos, por ejemplo: «Veo que hiciste una línea amarilla aquí». Esto puede tener mucho más significado que decir: «Buen trabajo». Entonces el niño realmente sabrá lo que apreciamos cuando vemos su trabajo.

Además, como la mayoría de los pequeños apenas están aprendiendo a expresarse, podemos preguntarles: «¿Quieres contarme acerca de tu pintura?», en lugar de decir: «¿Qué es esto?». Quizá no sea una pintura de nada en particular y solo sea una expresión de los movimientos de su cuerpo.

3. Usa materiales de buena calidad. Siempre recomiendo calidad antes que cantidad, lo cual es muy importante cuando trabajamos con materiales artísticos. Prefiero comprar unos cuantos lápices de buena calidad que tener muchos baratos, que se rompan con facilidad y no tengan colores brillantes.

4. Enséñales a través del ejemplo. Cuando les enseñamos a nuestros hijos cómo usar materiales artísticos es mejor hacer garabatos o palitos que un dibujo. Si les enseñamos a dibujar una flor perfecta y ellos solo pueden garabatear, algunos niños ni siquiera querrán intentarlo.

Y aunque es muy divertido y recomendable crear en conjunto, lado a lado, es mejor tomar nuestra propia hoja en blanco que hacerlo en la de los niños. No conocemos lo que tienen en mente. Piensa en el dibujo de un estudiante en una clase de pintura, ¿dibujarías un corazoncito en su autorretrato?

El mejor ejemplo para esto es decorar con piezas artísticas la casa y colocar algunas a la altura de los niños, para que toda la familia pueda apreciarlas.

05/LENGUAJE

«Existe un "periodo específico" para nombrar cosas... y si los adultos responden a esa hambre de palabras de una manera apropiada, pueden darles a sus hijos la riqueza y precisión de un lenguaje que durará toda la vida».

Doctora Silvana Montanaro, *Un ser humano*

Tenemos la increíble oportunidad de exponer a los niños a un lenguaje hermoso y enriquecedor que absorberán con facilidad. De la misma forma en la que un niño puede aprender el nombre de diferentes frutas (plátanos, manzanas, uvas y más), también puede aprender los nombres de vehículos, desde camiones de carga hasta grúas, o de diferentes pájaros, como el flamenco o el tucán. Diviértanse, es probable que encontremos huecos en nuestro propio vocabulario cuando no conozcamos el nombre de un pájaro, árbol o camión específico. Después podemos buscar los nombres con el pequeño para aprender un poco más.

Canastas de vocabulario (también conocidas como materiales de nomenclatura)

Para ayudar a los pequeños de uno a tres años a que deseen aprender palabras podemos crear canastas de vocabulario para ayudarlos a explorar. Estas tienen objetos clasificados por temas: cocina, animales australianos, herramientas o instrumentos musicales. Aprender palabras que estén dentro de un grupo de objetos familiares lo hace más fácil para nuestros niños.

- La primera canasta de vocabulario debe contener **objetos reales** que el niño pueda tocar, sentir y explorar mientras los nombramos, como árboles, frutas o verduras.

- El siguiente nivel es para los **objetos réplica**. No podemos tener elefantes en nuestros salones o casas, así que utilizamos réplicas que nos permiten representar la palabra. Al igual que con el nivel anterior, el niño puede tener el objeto en su mano mientras lo nombramos; eso le da un acercamiento táctil y didáctico mientras va adquiriendo el lenguaje.

- Después, el niño está listo para aprender que un objeto tridimensional es lo mismo que una imagen de dos dimensiones. Podemos hacer pares de **tarjetas idénticas con imágenes** de los objetos. Así, el niño puede relacionar el objeto con una imagen idéntica. Es una buena idea tomar fotos e imprimirlas para que las imágenes sean del mismo tamaño que el objeto real. Los niños aman colocar el objeto real sobre su imagen para «ocultarla».

(continúa en la página 60)

CÓMO TRABAJAR CON
MATERIALES DE LENGUAJE

UNA LECCIÓN DE TRES TIEMPOS

PRIMER TIEMPO: Nombra los objetos	El objetivo principal de las canastas de vocabulario es que el niño pueda aprender la palabra correcta de algo. Nombramos cada objeto al verlo, voltearlo, sentirlo y explorarlo. Solo damos el nombre del objeto, por ejemplo «jirafa», en vez de dar una descripción sobre su largo cuello o sus manchas.
SEGUNDO TIEMPO: Juega	Podemos jugar para ver qué objetos identifican. «¿Puedes encontrar la batidora?». Cuando nos muestra la batidora, podemos esconderla de nuevo y decir: «Encontraste la batidora».

Al trabajar con tarjetas podemos hacer varios juegos:

- Coloca las tarjetas en una mesa, una por una, y deja que el niño encuentre cada uno de los objetos.
- Pídele que elija un objeto y después muéstrale las tarjetas una por una hasta que él escoja la tarjeta correspondiente al objeto.
- Pon las tarjetas bocabajo, haz que elija una al azar y después que busque y encuentre el objeto al cual corresponde.

Si elige el objeto incorrecto, según la tarjeta que haya tomado, haz una nota mental sobre los objetos que está confundiendo. No debemos corregirlo o decirle «no», más bien debemos decir algo como: «Ah, veo que quisiste colocar el violín sobre el chelo». En otro momento podemos regresar al primer paso y mostrarle los nombres de nuevo.

TERCER TIEMPO: Pruébalo	Cuando un niño mayor de tres años haya aprendido el nombre de un objeto podemos preguntarle: «¿Qué es esto?». Se alegrará de conocer la respuesta y se sentirá orgulloso de sí mismo al decir el nombre del objeto. Cuando es menor de tres años no hay que llevar a cabo el tercer tiempo porque todavía no articula bien las palabras o podría cometer un error que merme su seguridad. Espera a que el niño conozca con seguridad los nombres de los objetos antes de llegar a este paso.

- Una vez que los niños logren relacionar las tarjetas con sus objetos, pueden empezar a juntar **tarjetas similares**. Podemos hacer una tarjeta con la imagen de un camión de basura y una con una imagen parecida, pero no idéntica. De esa manera, tendrán que extraer la esencia del camión de basura en vez de solo buscar una imagen con la misma forma, color o tamaño. Este paso puede darse también relacionando imágenes de una tarjeta con objetos reales en nuestro hogar. El niño podría tomar un pájaro de juguete y correr al librero para enseñarnos la imagen de un pájaro dentro de su libro favorito.

- El paso final son las **tarjetas de vocabulario**. Podemos darles a los niños tarjetas con imágenes de objetos de un mismo tema, como vehículos o herramientas de jardinería, para ayudarlos a que aprendan sus nombres.

Libros

Podemos elegir libros maravillosos para compartir con nuestros hijos y leerles en voz alta. Los niños menores de seis años basan su entendimiento del mundo en lo que ven a su alrededor. Por esa razón aman los libros que describen o hablan de cosas que hacen en su día a día: libros sobre ir de compras, visitar a los abuelos, vestirse, la vida citadina, las temporadas del año o los colores. Uno de los favoritos en nuestro ambiente es *Sunshine* de Jan Ormerod. Es un libro sin palabras que cuenta la historia de una niñita que se despierta y se prepara para salir de casa.

Que no te sorprenda si un niño lee un libro de brujas y cree que estas son reales y aterradoras. Recomendamos esperar a que los niños tengan más de seis años para introducirlos a la fantasía (especialmente a la fantasía de miedo), con el fin de que puedan entender la diferencia entre la realidad y la fantasía.

¿Qué debemos buscar en un libro?

- **Imágenes reales**. Esto es lo que los niños ven en su vida diaria y pueden identificar fácilmente. En lugar de ver a un oso manejando un coche, busca imágenes de personas al volante.

- **Imágenes hermosas.** Los niños absorberán la belleza de las ilustraciones del libro, así que busca imágenes encantadoras.

- **Número de palabras.** Para los más pequeños debemos buscar libros con palabras u oraciones sencillas en una página. Para niños un poco más grandes podemos tener oraciones completas. Los pequeños también disfrutarán de las rimas, así que no te olvides de los libros de poesía.

- **Diferentes tipos de páginas.** Empieza con libros de cartón; después elige libros con hojas de papel, cuando el niño aprenda a sostener un libro. Los libros «interactivos» también son divertidos para los pequeños y les enseñarán a tener cuidado al jugar con ellos.

- **Libros que disfrutemos.** Los niños aprenden el amor por la lectura de los adultos, así que elige libros que tú también quieras leer una y otra vez, ya que seguramente el niño gritará: «¡Otra vez! ¡Otra vez!».

- **Libros que reflejen diversidad.** Encuentra libros con diferentes tipos de familias, razas, nacionalidades y creencias.

Nosotros les enseñamos a los niños a sostener un libro de la misma forma que les enseñaremos a tomar un vaso de cristal. Podemos ser más cautelosos con nuestros movimientos al darle vuelta a la página o al tomarlo o devolverlo al librero.

De vez en cuando podríamos usar un libro que no esté anclado a la realidad y señalar de forma chistosa: «¿Los osos realmente van a las bibliotecas? Nooooo. Qué interesante. Esto es ficticio, pero veamos qué pasa».

Conversaciones con nuestros hijos

Describiendo el mundo a nuestro alrededor

Los adultos que rodean a los niños son su principal fuente de lenguaje, así que podemos aprovechar cualquier momento del día para describir lo que estamos haciendo. Esto podría ser desde caminar afuera o vestirnos por la mañana, hasta preparar la cena. Usa palabras enriquecedoras, el nombre correcto para las cosas que encuentras, como el nombre de perros, verduras, comida, vehículos, árboles o pájaros.

Autoexpresión

Hasta un niño muy pequeño puede tener una conversación. Esta ayuda a los niños a aprender que lo que dicen es importante y fomenta el desarrollo del lenguaje. Podemos detenernos un momento, verlos a los ojos, dejar que se tomen el tiempo necesario y, aunque nos cueste trabajo, evitar adivinar sus oraciones.

Si tu hijo dice «lo-ta» en lugar de pelota, podemos demostrar que lo escuchamos y, al mismo tiempo, incluir la palabra real en una oración. «Sí, dejaste la pelota en el jardín».

Podemos plantear preguntas sencillas para ayudarle a explicar lo que quiere contar o, si el niño aún no tiene ese nivel de lenguaje y no estamos seguros de lo que nos quiere decir, podemos pedirle que nos enseñe.

Momentos de silencio

Recuerda incluir momentos de silencio durante el día. Puede ser difícil alejarnos del ruido ajeno y no es ideal para aprender lenguaje nuevo. Además, a los adultos nos gusta exponerles a nuestros hijos comentarios sobre todo lo que hacen, pero a veces está bien quedarnos callados y permitirles que evalúen lo que han hecho.

Los niños entienden mucho más de lo que creemos, no es necesario balbucear o usar instrucciones sencillas. Quieren ser incluidos en la comunicación del día a día.

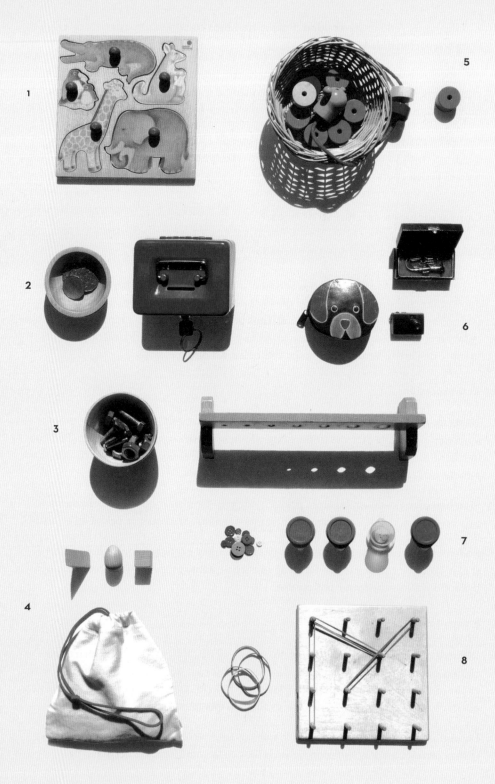

1

2

3

4

5

6

7

8

01/CORDINACIÓN VISOMOTORA

Núm. 1 ROMPECABEZAS DE CLAVIJA
Este rompecabezas de clavija tiene cinco partes, la cantidad perfecta para un infante. El tamaño de la clavija es ideal para ayudarle a mejorar su agarre o pinza. Se recomienda para pequeños de 18 meses.

Núm. 2 *POSTING*
El niño trabaja en mejorar sus habilidades de permanencia, como introducir una moneda en una ranura pequeña.

Núm. 3 TUERCAS Y TORNILLOS
Este *set* es perfecto para organizar las tuercas y tornillos del más pequeño al más grande y después enroscar el tornillo en la tuerca. El niño empieza colocando los tornillos en los agujeros correctos. Los más grandes amarán jugar con las tuercas. Se recomienda para niños de alrededor de dos años.

Núm. 4 BOLSAS MISTERIOSAS
Estas bolsas están diseñadas para aprender qué es un objeto usando solo el sentido del tacto. Podemos esconder objetos de un mismo tema, objetos pares e, incluso más difícil, objetos de la casa. Se recomienda para niños de alrededor de dos años y medio.

Núm. 5 ENSARTAR
Las actividades de ensartado son fantásticas para que el niño aprenda a trabajar con dos manos. Podemos cambiar el tamaño de las cuentas y el grosor del hilo dependiendo de su habilidad. Se recomienda para niños de alrededor de 16 meses.

Núm. 6 ABRIR Y CERRAR
A los niños les encanta encontrar pequeños objetos dentro de viejos bolsos, frascos tapados o recipientes con diferentes tipos de cierres, broches y hebillas. Se recomienda para niños de alrededor de 18 meses.

Núm. 7 CLASIFICAR
Organizar por tipo, tamaño y color es interesante para los niños. Clasificar pequeños botones por color lo es para mayores de dos años.

Núm. 8 TABLEROS Y LIGAS
Me encanta ver cómo los infantes desarrollan la coordinación visomotora con esta actividad. Aprenden a estirar las bandas elásticas sobre los tableros, lo cual requiere de mucha concentración. Los niños más grandes también los usan para crear figuras divertidas. Se recomienda para niños de alrededor de dos años.

02/MÚSICA Y MOVIMIENTO

Núm. 1 GOLPEAR

Generar sonidos pegando o golpeando un instrumento es perfecto tanto para los niños pequeños como para los grandes. Piensa en triángulos, tambores, bloques y xilófonos. Cuando los niños son más pequeños, puedes ayudarlos, en caso necesario, deteniendo el instrumento mientras lo golpean. Se recomienda para niños de cualquier edad.

Núm. 2 SACUDIR

Los instrumentos que hacen ruido al sacudirlos son los más fáciles para empezar. Me encanta la variedad de maracas disponibles, desde las que tienen forma de huevo hasta las más tradicionales. También busca los palos de lluvia, pueden ser relajantes. Se recomienda para niños de cualquier edad.

Núm. 3 CAJAS MUSICALES

Girar una manivela para crear música es divertido para los niños. Los más pequeños necesitarán un poco de ayuda al principio, tal vez el adulto tendrá que sostener la caja de música mientras ellos giran la manivela. Busca versiones grandes y sólidas para niños pequeños. Los niños más grandes disfrutarán de girar manivelas más pequeñas (como la que puedes ver en la página opuesta). Se recomienda para niños de cualquier edad.

Núm. 4 SOPLAR

Instrumentos sencillos como la harmónica o la flauta son divertidos para los pequeños. Pueden experimentar con ritmos, velocidad, volumen y quizá una variedad de tonos. Se recomienda para niños mayores de dos años.

Núm. 5 BICICLETA DE EQUILIBRIO

Cuando el niño tenga la altura apropiada, una bicicleta de equilibrio sin pedales puede ser una gran alternativa a los triciclos. Puede empujarse con los dos pies mientras avanza en dos ruedas. Poco a poco empezará a levantar los pies al rodar, se acostumbrará a balancearse solo, un paso importante para aprender a andar en una bicicleta tradicional. Con el tiempo y a su propio ritmo podrá andar en una bicicleta sin rueditas. Se recomienda para niños de alrededor de dos años.

Núm. 6 EXTERIORES

Salir a la naturaleza, tener colecciones naturales y crear tesoros con lo que recolectamos en nuestras caminatas son ejemplos de cómo los niños pueden disfrutar los paseos al aire libre. Salgan con frecuencia, solo usen ropa adecuada para el clima. Se recomienda para niños de cualquier edad.

Núm. 7 PELOTAS

Llevar una variedad de pelotas al exterior fomenta la coordinación, fuerza y diversión mientras las patean o ruedan. Para los niños es mejor usar las pelotas fuera del hogar, para que tengan suficiente espacio para jugar. Se recomienda para niños de cualquier edad.

Núm. 8 DESLIZARSE

Esta es una resbaladilla Pikler y puede usarse dentro del hogar. La altura de la resbaladilla puede ajustarse conforme crezca el niño. Disfrutarán tanto de subir la resbaladilla como de deslizarse por ella. De lo contrario, busca una en el parque, de preferencia una que puedan usar con libertad. Se recomienda para niños de cualquier edad,

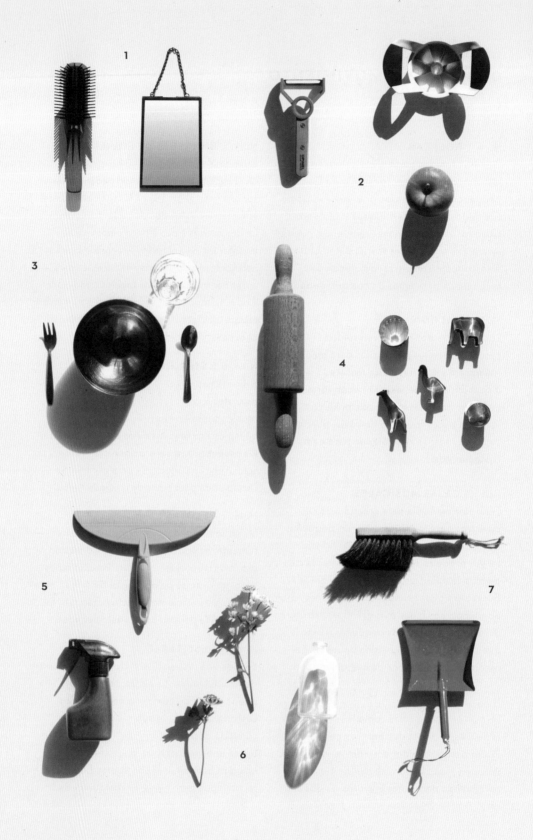

03/VIDA PRÁCTICA

Núm. 1 **CUIDADO PROPIO**

Habrá muchas oportunidades para que el niño aprenda a cuidarse mientras perfecciona sus habilidades para hacerlo cada vez más y mejor. Le encantará aprender tareas como cepillarse el cabello, lavarse los dientes, sonarse la nariz y lavarse las manos. Se recomienda para niños de alrededor de 15 meses.

Núm. 2 **PREPARACIÓN DE LOS ALIMENTOS**

A los niños les encanta preparar su propio refrigerio o ayudar en la preparación de los alimentos. Busca utensilios pequeños para que puedan hacerlo por su cuenta. Al principio necesitarán ayuda; por ejemplo, podemos enseñarles a pelar una manzana y si es necesario detenerla mientras lo hacen. La cáscara de la manzana deberá guardarse para después llevarla a nuestra composta. Debemos enseñarles a colocar las manos correctamente sobre el cortador de manzanas y, si es necesario, podemos cortarlas a la mitad para que les sea más fácil. Los niños mayores de dos años pueden aprender a cortar manzanas.

Núm. 3 **PONER LA MESA**

Usa estantes bajos para que los niños tengan acceso a sus propios platos, vasos y cubiertos, así podrán poner la mesa, al menos su parte. Si es necesario, usa un protector con guías sobre dónde va cada cosa para ayudarlo.

Núm. 4 **HORNEAR**

Los niños pueden ayudar a añadir ingredientes que ya hemos pesado, a mezclarlos con una cuchara de madera, a amasar, a usar moldes para galletas y a decorar postres horneados. Y claro, también pueden ayudarnos a probar los resultados. Se recomienda para niños de alrededor de 12 meses.

Núm. 5 **LIMPIEZA DE VENTANAS**

Es impresionante ver cómo los niños pueden apretar el gatillo de un atomizador para limpiar las ventanas, y el movimiento repetitivo los ayuda a mejorar la fuerza de sus manos. Después pueden limpiar la ventana de arriba abajo con una esponja o con un trapo para secarla. Podemos usar agua o agregar un poco de vinagre para que el cristal brille. Se recomienda para niños mayores de 18 meses.

Núm. 6 **ARREGLAR LAS FLORES**

Crear arreglos florales es un proceso de muchos pasos que les permite a los niños afinar sus habilidades motrices y practicar, cargar y verter agua con cuidado, al mismo tiempo que embellecen su hogar. Primero deberán llenar una jarra con agua de la llave; si es necesario pueden usar una bandeja para colectar ahí el agua que se derrame. Usando un embudo pueden vaciar agua en el florero. Después pueden colocar ahí las flores y el jarrón en un protector (este es un gran paso adicional para ayudarlos a desarrollar su concentración). Ten una esponja a la mano por si hay pequeños derrames. Se recomienda para niños de alrededor de 18 meses.

Núm. 7 **LIMPIEZA**

Tener listos pequeños utensilios para limpiar, como escoba, trapeador, recogedor, cepillo, guantes y esponjas, por ejemplo, le permite al niño aprender a cuidar el hogar. La mayoría de los pequeños ama ayudar a barrer, trapear y sacudir. El recogedor y el cepillo son útiles para recoger migajas, y además los ayuda a practicar el movimiento de ambas manos en conjunto. Se recomienda para niños de alrededor de 12 meses.

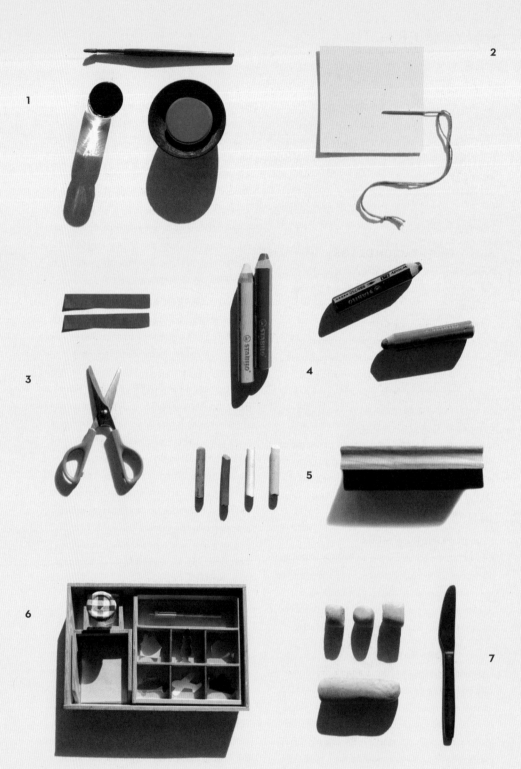

04/EXPRESIÓN

Núm. 1 ACUARELAS

Las acuarelas son perfectas para los niños que quieran pintar. Hasta un pequeño puede tener éxito sin hacer tanto lío como con la pintura o los plumones. Empieza con un solo color; puedes buscar acuarelas de varios colores y zafar una o recortarla si es necesario. El niño puede practicar al mojar el pincel, pasarlo por la acuarela y hacer marcas en el papel. A esta edad no está aprendiendo a dibujar, sino a usar los materiales y a expresar sus movimientos sobre papel. Se recomienda para niños desde los 18 meses.

Núm. 2 COSER

Empieza con una tarjeta de costura sencilla, una aguja sin punta y un hilo con nudos en ambos extremos. Podemos enseñarles a empujar la aguja por el orificio, a darle la vuelta a la tarjeta y a jalar la aguja por el otro lado. La aguja después entra en el siguiente orificio, volteamos la tarjeta, jalamos la aguja de nuevo y hacemos una puntada. Cuando la tarjeta esté terminada, corta el hilo con unas tijeras, remueve la aguja y haz un nudo. Se recomienda para niños desde los tres años.

Núm. 3 TIJERAS

Primero, el pequeño debe aprender a sostener las tijeras de forma segura mientras está sentado a la mesa. Al principio usará las dos manos para abrir y cerrar las tijeras. Podemos dejarlo practicar el abrir y cerrar. Después podemos introducir el cortar una tarjeta en tiras delgadas. Tú deberás sostener la tarjeta mientras el niño la corta. Las piezas pueden recolectarse en un sobre que después cerramos con una calcomanía. Repite la actividad y cuando la fuerza de su mano mejore, el mismo pequeño podrá sostener las tijeras en una mano y la tarjeta en la otra. Se recomienda para niños de alrededor de los dos años.

Núm. 4 GARABATEAR

Mis materiales favoritos para que los pequeños hagan garabatos son los lápices gordos y los crayones o bloques de cera de abeja. Podemos cambiar el tamaño del papel, color y material de vez en cuando para mantenerlos entretenidos. En este caso también están aprendiendo a usar los materiales y no a dibujar. Se recomienda para niños desde los 12 meses.

Núm. 5 GIS Y BORRADOR

Usa gises gruesos que quepan en la mano del niño y dale un ambiente grande, como un pizarrón o la banqueta. Una superficie grande le permitirá mover el brazo completo mientras usa el gis y después el borrador. Se recomienda para niños desde los 12 meses.

Núm. 6 PEGAR

Pegar pequeñas figuras sobre papel usando pegamento y un pincel lo ayudará a refinar sus movimientos. También puedes darle un lápiz adhesivo. El pegamento puede usarse en la parte trasera de una figura y después voltearla para que quede fija sobre un pedazo de papel. Se recomienda para niños desde los 18 meses.

Núm. 7 ARCILLA/PLASTILINA/ARENA KINÉTICA

Moldear plastilina con las manos y usar herramientas sencillas mejora la fortaleza de estas y la creatividad de los niños. La plastilina puede usarse como una masa plana, moldeada hasta que parezca un tronco, cortada en pedazos pequeños, rodada para hacer una pelotita o de mil maneras más. Me encanta cambiar la textura de la plastilina y en ocasiones utilizar arena kinética para darle al niño una variedad de experiencias sensoriales. Se recomienda para niños desde los 16 meses.

1

2

Sunshine — Jan Ormerod

Planting a Rainbow — by Lois Ehlert

3

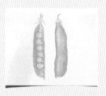

4

5

05/LENGUAJE

Núm. 1 OBJETOS RÉPLICA

Para aprender nuevas palabras podemos usar réplicas de un mismo tema, como utensilios de cocina, animales africanos o instrumentos musicales. El niño puede tocar y sentir el objeto al mismo tiempo que escucha su nombre; este es otro ejemplo de aprendizaje con materiales específicos. Se recomienda para niños de cualquier edad.

Núm. 2 TARJETAS

Cuando nuestro niño crece podemos ampliar las oportunidades para que aprenda nuevo vocabulario al utilizar tarjetas con dibujos sobre un mismo tema. Así evitamos que nos limiten las réplicas y objetos que tengamos a la mano. Aquí, por ejemplo, podemos ver arte de Vincent van Gogh. Se recomienda para niños desde los 18 meses.

Núm. 3 LIBROS

Leer con nuestros hijos es divertido cuando encontramos libros que ambos amemos. Busca libros sobre las estaciones, la vida diaria, animales, colores, formas, naturaleza y los temas favoritos de nuestros pequeños. Para niños más grandes podemos usar libros llenos de detalles para explorar o libros para contar. Se recomienda para niños de cualquier edad.

Núm. 4 OBJETOS REALES

La forma más directa para que un niño aprenda nuevas palabras es con objetos de la vida cotidiana. Así como aprende los nombres de las frutas, podemos nombrar las flores en nuestro hogar y en el supermercado, los árboles y pájaros que vemos en el parque y cualquier cosa que tengamos en la casa. Aquí vemos chícharos y tarjetas; de esta forma, el niño podrá aprender que un objeto tridimensional puede ser representado con un dibujo. Se recomienda para niños desde los 12 meses, pero con tarjetas desde los 14 meses.

Núm. 5 OBJETOS CON TARJETAS (IDÉNTICOS Y SIMILARES)

Podemos dibujar o usar fotografías de un objeto para crear un conjunto de tarjetas idénticas. Una vez que el niño aprenda a relacionar objetos y tarjetas idénticas, podemos aumentar la dificultad usando tarjetas con objetos similares, pero no idénticos. Por ejemplo, el objeto puede ser un camión de carga y podemos ofrecerle la imagen de cualquier camión de este tipo (de un modelo, color y tamaño diferente); esto le permite entender la esencia de un camión de carga. Podemos usar tarjetas desde los 14 meses.

UNA NOTA ADICIONAL SOBRE LAS ACTIVIDADES AL AIRE LIBRE Y LA NATURALEZA

«Deja que el niño sea libre; motívalo; déjalo correr mientras llueve; deja que se quite los zapatos cuando encuentre un charco de agua; y, cuando el pasto de la pradera esté mojado con rocío, déjalo correr y pisarlo con los pies descalzos; déjalo descansar pacíficamente cuando un árbol lo invite a dormir bajo su sombra; déjalo gritar y reír cuando el sol lo despierte por la mañana de la misma manera como despierta a todos los seres vivos que dividen sus días entre estar despiertos y dormidos».

Doctora María Montessori, *El descubrimiento del niño*

Me encanta cómo al inicio de 1900 la doctora Montessori tenía una idea tan holística acerca de los niños y su desarrollo, incluyendo la importancia de las actividades al aire libre y la naturaleza. Esta última tiene la habilidad de calmarnos, de conectarnos con la belleza y de reconectarnos con la tierra y el ambiente.

Los niños son aprendices sensoriales. La cita de la doctora Montessori expresa lo enriquecedoras que pueden ser sus experiencias. Incluso ahora, como adulta, mis recuerdos de infancia de haber caminado descalza sobre el pasto siguen siendo muy poderosos.

Si vives en la ciudad, puedes planear aventuras en la naturaleza cada determinados meses. Puede ser una tarde en la playa, o unas noches en una cabaña o en una tienda de campaña.

Aquí hay algunas maneras de incluir las actividades Montessori al aire libre o en la naturaleza.

1. **Actividades de temporada.** Dependiendo de la temporada, podemos ir a nuestro parque más cercano o al bosque con una canasta para recolectar hojas, bellotas, conchas, ramas, rocas y piñas. Recoger frutas también varía según la estación.

2. **Cultivar vegetales.** No es necesario tener un jardín para cultivar vegetales en casa. Arregla unas cuantas macetas con algo de tierra, algunas semillas y una pala; también ten lista una regadera. Hacer composta —poner desechos orgánicos en un bote compostero o en una granja de gusanos— ayuda a nuestros niños a aprender acerca del ciclo de los alimentos y de la importancia de devolver los nutrientes a la tierra.

3. **Oportunidades de movimiento.** Trepar árboles, equilibrarse en paredes o troncos de árboles, colgarse de las ramas, mecerse en un columpio de llanta, andar en una bicicleta de equilibrio, patear una pelota, saltar la cuerda, perseguirse, hacer carreritas y caminar despacio.

4. **Notar la belleza de los alrededores en familia.** Observar insectos trabajando, gotas de rocío en las hojas, los colores del atardecer, el paisaje de las montañas, la quietud o las olas de los lagos, el movimiento del océano, el viento en los árboles, o simplemente notar la maravilla de las flores y las abejas en el jardín de algún vecino. Utilicen una lupa para explorar más de cerca, sientan todo con sus manos, escuchen el movimiento de los árboles y el pasto, huelan la lluvia y las flores.

5. **Encuentra momentos de silencio.** Descubre un lugar para sentarte y observar las nubes, para quedarte en silencio o simplemente respirar.

6. **Organiza búsquedas del tesoro.** Haz una lista de imágenes y trabaja en conjunto con tu pequeño para encontrar todos los objetos que estén en ella. Pueden hacerlo en el jardín, el parque, el bosque o cualquier lugar al aire libre.

7. **Construye una cabaña, una casita, un camino de obstáculos e invita a varios amigos.**

8. **Haz arte al aire libre.** Utiliza lodo, agua, hojas, flores, tierra, semillas, pasto y cualquier otro tipo de tesoro de la naturaleza que te encuentres. Organízalos por patrones, haz figuras con ellos o crea la cara de un animal.

9. **Construye una pared musical.** Cuelga en el jardín viejas ollas, sartenes o cualquier otro objeto que haga algún sonido cuando lo golpees. Encuentra algunas ramas y crea música.

10. **Exploraciones climáticas.** No existe el mal tiempo, solo la ropa incorrecta. Así que consigue ropa y calzado para todo tipo de clima (tanto para niños como adultos) y prepárate para saltar en charcos, hacer un muñeco de nieve o ponerte un sombrero y protector solar para explorar la playa. Sal todos los días.

Bonus: **Todo lo que tenga que ver con agua.** Rociar las ventanas, llenar una cubeta y pintar ladrillos con una brocha, correr a través del agua de un aspersor, hacer ríos con agua y arena o usar una bomba de agua en el área de juegos.

¿QUÉ PASA CON LOS JUGUETES NO MONTESSORI?

Existe una diferencia entre un ambiente Montessori y un hogar Montessori. Aunque no incluiríamos estos juguetes en un ambiente, podemos optar por tener algunos muy bien seleccionados para que los niños jueguen libremente en casa. Si somos nuevos con el método Montessori, podemos comenzar con juguetes que ya tengamos en casa; deja los juguetes favoritos de los niños, dona los que ya no usen y guarda algunos juguetes que después volverás a incluir.

Aquí hay algunas ideas:
- Duplo/Lego
- Bloques de madera
- Vehículos de construcción, emergencia, agricultura
- Animales de la granja
- *Sets* de Playmobil de la vida cotidiana (evita los de fantasía, como los de princesas o piratas)
- Laberintos de madera para canicas
- Algunas cosas recolectadas en las actividades al aire libre
- *Sets* de construcción
- Trenes
- Juegos de mesa

Hay lugar para juegos libres en casa, pues el niño explorará con materiales de muchas maneras, descubrirá cosas por su cuenta e inventará escenarios imaginarios de su vida diaria. Sin embargo, no son un reemplazo para las actividades Montessori que hemos revisado en este capítulo, las cuales otorgan al pequeño un sentimiento de satisfacción al dominarlas, además de que cumplen con muchísimas de las necesidades de desarrollo de los infantes.

Si un niño comienza un programa en casa de niños Montessori, sugiero no replicar los materiales de la escuela para que su interés crezca en el ambiente. En lugar de eso, en casa podemos seguir con las enseñanzas Montessori al tomar en cuenta al pequeño en las actividades diarias y asegurándonos de que tenga tiempo para jugar sin estructuras, a fin de crear oportunidades, momentos al aire libre y descanso. Seguirá practicando sus habilidades en la vida diaria a través de las manualidades, del movimiento, la música y los libros.

PRACTIQUEMOS

1. ¿Podemos proporcionarles a nuestros niños actividades para la coordinación visomotora que reten sus habilidades motrices delicadas?
2. ¿Podemos ofrecerles oportunidades de música y movimiento enriquecedoras?
3. ¿Podemos incluir a nuestros pequeños en actividades de la vida diaria: preparación de comida/cuidado de sí mismos/preservación del entorno?
4. ¿Qué manualidades están a tu alcance?
5. ¿Cómo podemos promover un entorno con un lenguaje enriquecedor en casa: objetos/libros/conversación?

En este capítulo hemos descubierto cómo observar los intereses y habilidades de nuestros hijos y proporcionarles actividades interesantes y hermosas que tienen como resultado el desarrollo de un niño pleno.

Podemos usar objetos que ya tengamos en casa. Además, las actividades Montessori no tienen que estar completamente integradas desde el primer día. En lugar de eso, podemos intentar algunas cosas para conseguir que el método Montessori también funcione en casa, como observar más a nuestro pequeño y darle seguimiento, así como reforzar la confianza en nosotros mismos.

Y no olvidemos las cosas más simples, aquellas que crearán recuerdos:

- Gocemos las risas y las carcajadas.
- Invitemos a nuestros hijos a compartir y participar en las actividades del día a día en casa.
- Disfrutemos los charcos cuando llueva.
- Coleccionemos las hojas del otoño y colguémoslas en la ventana.
- Construyamos casitas en los interiores de nuestro hogar.
- Permitamos que el pequeño explore durante más tiempo.
- Caminemos por la playa y recojamos conchas, sin importar la estación que sea.
- Abracemos durante más tiempo a nuestros seres queridos.
- Disfrutemos del aire en nuestro rostro mientras andamos en bicicleta por la ciudad.

ORGANIZAR
EL HOGAR

4

CREANDO ESPACIOS MONTESSORI

Cuando entras a un ambiente Montessori por primera vez, resulta evidente que el ambiente fue arreglado de una manera muy hermosa pensando en las necesidades de los niños.

Ese mismo principio puede aplicarse en el hogar. Nuestro objetivo no es tener un hogar perfecto, pero sí podemos poner una intención en la forma en que arreglamos nuestros ambientes.

No todos tienen que ser del tamaño del niño; después de todo, hay personas de diferentes tamaños con diferentes necesidades en el hogar. Sin embargo, sí es posible tener un ambiente en cada habitación de la casa que esté diseñado para que el niño se sienta cómodo.

Ocho consejos para arreglar tu hogar

1. **Tamaño infantil.** Busca muebles que los niños puedan utilizar sin ayuda. En especial sillas y mesas que estén a una altura que les permita tener los pies en el suelo. Si es necesario, corta las patas de algunos muebles.
2. **Belleza en el ambiente.** Coloca arte y plantas a la altura de los niños para que puedan disfrutarlas.
3. **Independencia.** Coloca actividades y materiales en bandejas y canastas para que los niños puedan tener todo a su alcance en caso de ser necesario. Encuentra formas de ayudarlos para que puedan ayudarse a sí mismos.
4. **Actividades atractivas.** Pon actividades acordes a la edad de tu hijo sobre algunos estantes en lugar de cajas, así los invitarás a que las usen.
5. **Menos es más.** Exhibe solo algunas actividades para que el niño pueda concentrarse en ellas. Usa solo las que está tratando de perfeccionar para no agobiarlo.
6. **Un lugar para todo y todo en su lugar.** Los niños tienen un gran sentido del orden. Cuando tenemos un lugar para todo y todo está en su lugar, les ayudas a aprender dónde van las cosas (y dónde guardarlas).
7. **Ve el lugar a través de sus ojos.** Agáchate para estar a la altura de tu hijo y poder ver el lugar desde su perspectiva. Así descubrirás algunos cables que le puedan llamar la atención o cosas escondidas debajo de los estantes; tal vez hasta te sientas abrumada.
8. **Guarda y rota.** Crea un espacio de almacenamiento que idealmente esté fuera de la vista del niño; por ejemplo, puedes usar un estante alto del mismo color que la pared de fondo, un espacio en el tapanco, contenedores que puedas apilar en una bodega o esconder detrás del sillón. Guarda la mayoría de las actividades del niño ahí y rótalas cuando busquen nuevos retos.

HABITACIÓN POR HABITACIÓN

Veamos las diferentes áreas de nuestro hogar y cómo podemos aplicar estos principios en cada una de ellas. (Para ver una lista de recursos ve a la página 92).

Estas solo son algunas ideas y no deben ser tomadas como una fórmula prestablecida. Adáptalas según tus necesidades, limitaciones de ambiente o luz. Aprovecha cualquier oportunidad para ser creativa.

Entrada

- Coloca ganchos a la altura del niño para que pueda colgar su mochila, bolsa, chamarra, gorra y rompevientos.
- Ten una canasta o estante para los zapatos.
- Puede ser una buena idea tener una canasta para objetos de temporada, como guantes, bufandas, gorros o lentes de sol.
- Cuelga un espejo con una mesa pequeña o un estante y coloca ahí pañuelos, pasadores para el cabello o protector solar.
- Coloca una silla o banquito donde puedan sentarse para ponerse los zapatos y quitárselos más tarde.

Nota: Si tenemos más de un hijo, quizá sea buena idea tener una canasta por niño.

Sala

- Ten estantes con dos o tres espacios para acomodar las actividades. Si tienes más de un niño puedes tener dos estantes, uno más alto para el niño más grande y uno bajo para el más pequeño. Solo asegúrate de que el estante alto no esté al alcance del más pequeño y trata de evitar contenedores que no pueda abrir. Como referencia, los estantes en mi ambiente son de alrededor de un metro y 20 centímetros de largo por 30 de ancho y 40 de alto.
- De ser posible, coloca una pequeña mesa y silla al lado de una ventana; si es necesario, corta las patas de los muebles para que el niño pueda tener los pies firmes sobre el piso. Por ejemplo, si el asiento de la silla está a 20 centímetros del suelo, la mesa deberá estar a 35.
- Coloca tapetes fáciles de enrollar, de 70 centímetros por 50, en una canasta, y úsalos para marcar el ambiente destinado para una actividad específica.

Cocina

- Usa cajones, estantes o gabinetes para guardar platos, vasos, cubiertos y tapetes del tamaño ideal para el niño.
  - Es importante que sean vasos, platos y cubiertos reales; los niños aprenderán a cargar estos utensilios con cuidado si saben que pueden romperse. Podemos recordarles que el cristal es frágil y deben usar sus dos manos al cargarlo (en vez de decir: «No tires el vaso»).
- Una escalera, una torre de aprendizaje o un banquito pueden servir para que el niño llegue a la barra de la cocina para ayudar o, si es posible, lleva los alimentos que deben ser preparados a una mesa más baja.
- Asegúrate de que el niño tenga materiales de limpieza de su tamaño:
  - Escoba, trapeador, recogedor y cepillo.
  - Guantes o trapos que pueda usar para limpiar derrames.
  - Esponjas del tamaño de sus manos.
  - Trapos.
  - Delantal de su tamaño.
- Utensilios de cocina para niños:
  - Cortador de manzanas.
  - Exprimidor de jugo metálico o eléctrico para poder tener jugo de naranja fresco.
  - Cuchillos para mantequilla que el niño pueda usar para untar sus *toppings* favoritos en pequeñas galletas.
- Utensilios para cortar:
  - Empieza con cuchillos para mantequilla sin filo, a fin de que el niño pueda cortar cosas suaves como plátanos.
  - Ten un cuchillo con algunos dientes para frutas y verduras más firmes.
  - Incrementa la dificultad conforme mejoren las habilidades del niño; por ejemplo, los cuchillos con filo pueden introducirse, con la ayuda de unas guías de corte, cuando el niño está en preescolar (siempre bajo la supervisión de un adulto).
- Una fuente de agua para que el niño pueda servirse algo de beber. Debe estar a su alcance, pero puede ser un grifo bajo o una jarra de agua; solo recuerda darle un trapo o esponja para estar listos en caso de que haya derrames.
- Recipientes que puedan ser abiertos fácilmente con refrigerios nutritivos; recuerda solo poner la cantidad de comida que puedan consumir durante el día; si se la acaban justo después del desayuno, no podrán tener más.
- Tazas y cucharas medidoras, una báscula y utensilios para mezclar.
- Atomizadores y esponjas para limpiar ventanas.
- Una regadera para plantas en caso de que tengamos alguna dentro de la casa.

Nota sobre la seguridad: Mantén los cuchillos lejos del alcance de los niños y enséñales a usarlos solo cuando estén listos, pero siempre bajo tu supervisión.

Comedor

- Para los refrigerios, los niños pueden usar su mesa y silla bajas; motívalos para que siempre tengan la comida sobre la mesa y no se vayan a otro lado con ella.
- A la hora de la comida me gusta que nos sentemos todos, como familia, en la mesa de la cocina. Para eso es necesario que el niño tenga una silla de la que pueda subirse y bajarse sin ayuda de nadie, como una silla Stokke o alguna similar.
- Ten una jarra del tamaño adecuado para el niño en la mesa y llénala de agua o de leche para que pueda servirse por sí mismo. Solo sirve la cantidad de agua que tengas disposición de limpiar.
- Ten a la mano esponjas o trapos listos por si necesitas limpiar.
- Podemos usar una pequeña canasta para llevar cosas de la cocina a la mesa. Si estamos poniendo la mesa para la cena, tal vez necesitemos una escalera para que el niño pueda llegar sin problemas.
- Un mantelito con una guía que muestre dónde poner el plato, los cubiertos y los vasos puede ayudar al niño. Uno de los padres de mi salón tuvo la brillante idea de tomarle una foto al plato de su hijo, mandarla a imprimir en tamaño oficio y laminarla; es una guía perfecta para que su hijo aprenda a poner la mesa.
- Unas cuantas flores en la mesa hacen que las comidas sean una ocasión especial todos los días.

Recámara

- Usa un colchón a nivel del suelo o una cama para niños de la que tu hijo pueda subir y bajar sin ayuda.
- Si el ambiente te lo permite, ten un estante para colocar algunas actividades con las que puedan interactuar en silencio cuando estén despiertos.
- Coloca una canasta o estante para libros.
- Cuelga un espejo de cuerpo completo, esto le ayuda al niño a verse entero y le será útil para vestirse solo.
- Asegúrate de que tenga un pequeño clóset con repisas, cajones y espacio para colgar la ropa a su altura. También puedes usar una canasta con opciones limitadas para que elijan la ropa del día según la época del año. Guarda, lejos de la vista del niño, la ropa que esté fuera de temporada para evitar batallas potenciales.
- El cuarto tendrá que ser completamente a prueba de niños; esto quiere decir que los enchufes deberán estar tapados, no podrá haber cables sueltos y se recomienda instalar seguros en las ventanas para que el niño no pueda abrirlas.

Baño

- Ten un espacio para cambiar al niño. Una vez que logra pararse por su cuenta, es difícil que le guste que le cambien el pañal acostado. Podemos cambiarlos mientras están parados en el baño y, así, empezar a introducir la idea de que ahí será donde harán sus necesidades. También podemos empezar a promover el uso de la bacinica o el escusado como parte de la rutina diaria (hablaremos más sobre esto en el capítulo siete).

- Coloca una escalera pequeña para que puedan alcanzar el lavabo o entrar a la tina sin problemas.

- Dales un jabón o dispensador de jabón para que puedan lavarse las manos sin tu ayuda.

- El niño deberá tener cepillo de dientes, pasta de dientes y cepillo para el cabello a su alcance.

- Cuelga un espejo a su altura.

- Ubica un cesto para la ropa sucia o mojada en alguna esquina del baño (o en el cuarto de lavado).

- Coloca un gancho bajo para que el niño pueda tener acceso a su toalla cuando quiera.

- Usa botellas pequeñas, como las que te llevas de viaje, y llénalas de jabón, champú o acondicionador para que el niño pueda bañarse por su cuenta. Si es necesario, rellénalas todos los días. Si al niño le gusta apretar las botellas, asegúrate de no llenarlas a tope siempre o gastará más de lo necesario.

Área de expresión y manualidades

- Coloca los materiales de arte en un pequeño cajón con lápices, papel, pegamento, estampas y materiales para hacer un *collage*.

- Cuando el niño crezca podrás sumar tijeras, cinta adhesiva y engrapadora.

- Escoge menos materiales, pero de mayor calidad.

- Para los niños pequeños, las actividades pueden ser colocadas en una bandeja que los ayude a enfocarse en una actividad. Por ejemplo, usa una bandeja para dibujar y otra para pegar.

- Alrededor de los tres años, al niño le empezará a gustar coleccionar cosas, así que usa un contenedor para que guarde piezas de arte que quizá después le gustaría exponer.

- Haz que guardar las cosas sea fácil. Ten un espacio para que su arte se seque, otro para guardar pedazos de papel que puedan ser reutilizados y uno más para reciclar.

- A los pequeños les interesa más el proceso que el resultado, así que estas son algunas ideas para los proyectos terminados:
  - Usa separadores o bandejas de oficina para guardar cosas que quieran volver a usar más tarde. Cuando se llenen, elige algunas piezas para pegar en un *scrapbook*.
  - Tómales fotos a los proyectos de arte que sean demasiado grandes para guardar.

- Utiliza algunos dibujos o pinturas como papel para envolver.
- Promueve que el niño utilice ambos lados de una hoja.
- Crea una galería para exponer algunas piezas del niño; por ejemplo, utiliza algunos marcos y cambia constantemente lo que se exhibe ahí; usa un hilo en el que puedas colgar sus dibujos o bien, imanes para pegarlos en el refrigerador.

Un rincón de lectura

- Ten un librero o estante que esté colocado de frente para que el niño pueda ver con facilidad las portadas de los libros. También puedes usar una canasta.

- Muestra solo unos pocos libros y cambia constantemente la selección.

- Coloca cojines, sillas, tapetes o sillones cómodos para él.

- Una ventana es perfecta para que tenga luz natural para leer.

- Crea un ambiente acogedor dentro de un viejo guardarropas quitando las puertas o un pequeño tipi donde pueda entrar el niño para leer.

Exteriores

- Crea oportunidades de movimiento con actividades como correr, brincar, saltar, columpiarse como changuito, resbalarse, bailar, colgarse de una cuerda; o si es posible, cuelga un columpio.

- Para la jardinería dale las herramientas necesarias, como un rastrillo pequeño, palas o una carretilla.

- Siembra una pequeña huerta que pueda ayudar a cuidar. Si podemos cultivar frutas y verduras en un jardín, en macetas o dentro de nuestra casa, el niño aprenderá a apreciar de dónde viene la comida y cuánto esfuerzo y tiempo necesita.

- Encuentra un lugar en donde pueda sentarse o acostarse en silencio y ver las nubes.

- Asegúrate de tener agua y un pincel para pintar los ladrillos o la banqueta, y un atomizador, grifo o cubeta con agua para lavar las ventanas.

- Si es posible, instala un arenero.

- Crea laberintos con caminos de pequeñas piedras.

- Ten un lugar cerca de la entrada en donde puedan guardar sus zapatos de jardinería o limpiarse los zapatos antes de entrar.

- Siempre debería haber canastas o jarras para recolectar elementos de la naturaleza propios de la temporada.

- Está bien que el niño cave en la tierra o haga lodo, es una forma de reconectarse con el planeta.

- Puedes ayudarlo a construir cabañas o túneles con ramas.

- Crea caminos secretos que el niño pueda explorar.

Hay muchas fuentes de inspiración para ambientes exteriores. A mí me encanta ver áreas de juegos en donde los elementos de la naturaleza se incorporan al diseño. Por ejemplo, una resbaladilla sobre una colina, caminos delimitados con piedras o materiales naturales. Si necesitas inspiración, busca a Rusty Keeler, que crea ambientes así para niños.

Nota: si no hay un espacio al aire libre en tu hogar, trata de darle al niño momentos así en el parque, el bosque, la playa, el lago o las montañas.

SET INICIAL PARA EL HOGAR MONTESSORI

Aquí hay ocho piezas básicas para introducir la enseñanza Montessori en el hogar a un bajo precio.

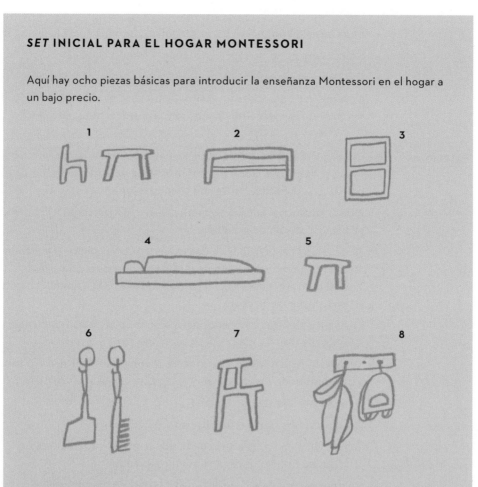

1. Mesa y silla pequeñas **2.** Estante bajo **3.** Librero o caja para libros **4.** Cama baja o en el suelo a la que el niño puede subirse solo **5.** Banquito para que el niño pueda alcanzar el lavabo, baño o cualquier cosa **6.** Ganchos bajos con utensilios de limpieza **7.** Escaleras o torres de aprendizaje para ayudar en la cocina **8.** Ganchos bajos para colgar abrigos o bolsas en la entrada.

REGLAS GENERALES PARA TENER EN MENTE

Derrotar el desorden

Algunos pensarán: «Yo nunca puedo tener ordenada la casa. Hay demasiadas cosas».

El primer paso es reducir la cantidad de juguetes, libros y materiales para manualidades, además del desorden general que acumulamos en casa. Pon en una caja las actividades y juguetes que el niño no esté usando con tanta frecuencia o cosas que encuentre difíciles. Esta caja la puedes guardar por el momento; podemos rotarla y reintroducirla cuando el niño necesite nuevos retos. Pon en una segunda caja las cosas que son para más pequeños, actividades que ya no usen o sean muy fáciles. Encuentra un nuevo hogar para estas o guárdalas para un hermano menor.

Conserva las cosas que el niño use mucho. Siempre debes encontrar el número correcto de actividades para mantenerlo interesado y comprometido, y dejar a un lado aquellas que ya no le interesan.

Este es un proceso continuo que eventualmente incluirá a nuestro pequeño, donde desarrollaremos ideas como el reúso, el reciclaje, la donación y el cuidado de los juguetes bajo la noción de que eventualmente se le entregarán a alguien más cuando ellos ya estén listos para algo nuevo.

Los pequeños no suelen soltar sus cosas con facilidad. Acostúmbralos a la idea de que estos objetos se donarán a otra familia. Ofréceles una última oportunidad para jugar; después pueden poner todo en la caja cuando hayan terminado. Más adelante pueden ayudarte a sacarlos de la casa para llevarlos a otro lugar. Y si la caja no puede entregarse inmediatamente, ponla fuera de su vista para que el niño no tenga que repetir el proceso de separación.

Para aquellos interesados en adoptar en casa un estilo de vida minimalista, recomiendo investigar sobre Marie Kondo, la autora de *La magia del orden*. Ella recomienda conservar solo aquellas cosas que nos den alegría y sean útiles. Imagina aplicar esta misma regla a las actividades y ropa de tu hijo. También sugiere agradecerles a aquellas cosas que ya no necesitemos antes de dejarlas ir.

Hazlo acogedor

Deshacerte de lo que no necesitas no quiere decir que nuestro hogar no tenga personalidad. Podemos poner cojines, sábanas, plantas y arte a la altura de los niños. Elige materiales naturales para canastas y alfombras para añadir algo de calidez a tu casa.

Nuestros hogares están hechos para el país y la época en la que vivimos. Al tener distintos orígenes, podemos exponer tesoros y muebles de esas culturas, además de incorporar sus rituales y tradiciones.

Me encanta añadir elementos hechos a mano como banderines de papel, elementos bordados o cosidos y otras manualidades que haya creado la familia. Estos detalles hacen que el hogar se distinga y sea especial, algo que nuestro hijo absorberá y apreciará.

Los objetos *vintage* pueden hacer que el hogar sea único y esté lleno de personalidad sin que se sienta precisamente atiborrado.

Todos estos elementos hacen que una casa se convierta en un hogar, con el objetivo de hacer que el ambiente se sienta tranquilo, cálido y accesible para nuestro pequeño.

Ordenar nuestro hogar para ahorrarnos trabajo

Criar a niños de uno a tres años implica mucho trabajo y podemos cansarnos con facilidad. Así pues, podemos arreglar nuestro hogar para que las cosas sean más fáciles para ellos y, por ende, para nosotros.

Ordena todo para que los niños puedan actuar con mayor independencia y satisfacción. Pon cosas que necesiten a su altura para que sean accesibles. Retira aquellos objetos que no sean aptos para ellos. No dejes de hacer ajustes e innovar, sobre todo mientras el niño está en crecimiento.

Susan Stephenson, una guía Montessori con mucha experiencia, compartió su historia conmigo. Ella registraba cada vez que un niño pedía ayuda en su clase y después organizaba una manera para que la siguiente vez él mismo pudiera ayudarse de manera independiente. Si el niño pedía un pañuelo, ella colocaría una caja de pañuelos a su alcance; si sacaba todos los pañuelos, pondría una pequeña canasta que contendría solo algunos pañuelos doblados cuidadosamente, listos para usarse, y la cual sería rellenada por el adulto cuando fuera necesario.

Recuerda, buscamos que nuestros hogares sean ambientes que inviten a nuestros pequeños a sentirse seguros para explorar (ambientes que digan «sí»). Cuando nos encontramos negándonos a algo —por ejemplo, cuando nuestro hijo toque algo peligroso o golpee vidrio— podemos encontrar maneras de reordenar el ambiente para reducir la tentación. Podemos cubrir un enchufe eléctrico que parezca tentador, mover muebles para bloquear ambientes que no queramos que exploren, usar seguros para niños en alacenas que no queremos que sean abiertas o guardar alguna pieza frágil de cristal hasta que nuestro pequeño crezca un poco más.

Si no podemos hacer que todo nuestro hogar sea seguro, al menos hagamos que un área sí lo sea, para que el niño juegue con libertad, incluso si se necesita una reja para bebés en la puerta. (Queremos que sean capaces de moverse mucho, así que evita los corrales, que solo limitarán su movimiento).

Compartir ambientes

Si tienes más de un hijo, aquí hay unas cuantas cosas que debes considerar:

- Organiza los ambientes según la edad.
  - Utiliza estantes más bajos para las actividades del niño más pequeño o de cualquier edad; pon estantes más altos para actividades que tengan partes más pequeñas, más apropiadas para niños mayores.
  - Guarda las partes pequeñas en contenedores que sean difíciles de abrir para los más pequeños.
  - Determina un lugar o dos a los que cada niño pueda ir por su cuenta. Esto puede ser tan simple como hacer un espacio para esconderse con dos sillas y una sábana. También podemos colgar un letrero afuera que diga «Privado» y señalarlo cuando su hermano se acerque. Podemos decirle: «Ahí dice privado. Parece que tu hermano quiere estar solo en este momento. Encontremos algo distinto para nosotros».
  - Si uno de los más pequeños insiste en interferir, simplifica la actividad para que pueda participar.

- Compartir juguetes.
  - Elabora un plan sobre cómo se compartirán los juguetes y las actividades. (En el capítulo siete encontrarás más información sobre compartir).

- Compartir la recámara.
  - Personaliza el área de cada niño con un estante cerca de su cama donde pueda colocar objetos personales como fotos y colecciones.
  - Dales privacidad, en caso de que la necesiten, utilizando una cortina que divida la habitación.
  - Lleguen a acuerdos sobre cómo utilizar el ambiente, por ejemplo, cuándo apagar las luces.
  - Organiza el ambiente para que cada niño pueda estar solo en algún lugar.

Espacios pequeños

Puede pensarse que sería más sencillo aplicar estos principios si tuviéramos una casa más grande. Sin embargo, es posible —y tal vez esencial— utilizar estas ideas si nuestro hogar es pequeño. Debemos aprovechar al máximo el espacio disponible, pues de otra manera es fácil que se vea desordenado y se sienta abrumador. Encuentro las limitantes de los espacios pequeños como oportunidades para desarrollar la creatividad.

Aquí hay algunas ideas que pueden ayudar:

- Utiliza literas, camas altas o guárdalas durante el día utilizando la técnica japonesa del futón.
- Compra muebles multifuncionales o deshazte de algunos con el fin de hacer espacio para jugar.
- Busca muebles ligeros y que no estorben mucho, elige una paleta neutra para dar la sensación de tener más espacio.
- No tengas muchas cosas a la vista para evitar que el ambiente se sienta desordenado.
- Utiliza el espacio de las paredes (tableros de clavijas para colgar materiales, por ejemplo) o espacios de almacenamiento que casi no utilices (debajo de las camas), oculta gabinetes de almacenamiento cerca del techo (tal vez pintándolos del mismo color que las paredes).

LA IMPORTANCIA DEL AMBIENTE EN EL HOGAR

Estas ideas pueden inspirarnos a reducir el caos y crear ambientes más atractivos para nuestro pequeño.

Otros beneficios son:

- Alentar al niño para que tenga un papel en nuestra vida cotidiana.
- Apoyar su independencia.
- Proporcionar ambientes pacíficos, educativos y creativos para toda la familia.
- Ayudar a reforzar la concentración del niño con menos desorden y actividades más específicas.
- Permitir que el niño absorba y aprecie la belleza.
- Enseñarle a ser responsable por sus cosas.
- Ayudarlo a absorber la cultura en la que vive.

Organizar nuestros hogares puede aportar calma a nuestra vida. Espero que estas ideas te sirvan de inspiración para hacer algunos cambios desde ahora. Siempre podemos seguir trabajando para mejorar nuestro hogar, hacer que poco a poco todo sea más accesible, atractivo e inspirador para nuestro pequeño.

PRACTIQUEMOS

1. ¿Podemos aportar...
   - muebles infantiles?
   - belleza, con plantas o arte, por ejemplo?
   - opciones para que nuestros pequeños sean independientes?
   - actividades atractivas?
   - menos desorden?
   - un ambiente para que todo esté en su lugar?
   - almacenamiento?
2. ¿Podemos ver el ambiente a través de los ojos de nuestro pequeño?
3. ¿Podemos hacer un ambiente para el niño en cada habitación de la casa?

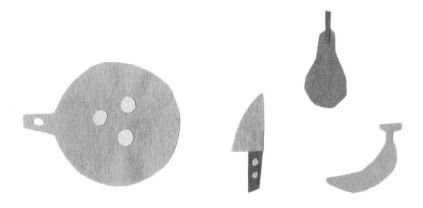

TOUR DE HOGARES

Austria

Es momento de inspirarnos con el hogar de Anna, de Eltern vom Mars

Veamos el hogar de Anna en Austria. Cada cosa está a la altura de sus pequeños; el ambiente es simple y hermoso. El niño tiene todo listo y en su lugar. La paleta de colores sencilla es muy relajante. ¿Podemos mudarnos ya?

Área de cuidado personal

Esta pequeña área de cuidado personal es simple y
atractiva. Aquí el niño puede sonarse la nariz, limpiarse
la cara o cepillarse el cabello. Un banco bajito tiene dos
canastas encima, una con pañuelos desechables y la otra
con un cepillo. Otra pequeña canasta debajo sirve para
depositar los pañuelos sucios. El espejo está en posición
vertical y le permite al niño verse de cuerpo completo; es
perfecto para un vistazo rápido antes de salir de casa.

Área de expresión y manualidades

Esta área está pensada para un niño de alrededor de tres años. Los estantes abiertos son accesibles y le extienden una invitación para acercarse; el uso de bandejas y contenedores hace que sea más fácil ver todo lo que está disponible.

Los lápices en la repisa superior se ven muy atractivos y están ordenados por color en tarros reutilizados de cristal con una etiqueta según el tono.

Unos pequeños botecitos que contienen cuentas e hilo para actividades de ensartado; materiales como *washi tape*, una perforadora y tijeras están listos para usarse; los marcadores están expuestos en un contenedor transparente; y también están a la mano unas acuarelas y pinceles.

Una planta suaviza el ambiente y un reproductor de música está al alcance del niño para que pueda elegir lo que quiera escuchar.

Unas pequeñas mesa y silla están justo al lado de estos estantes para que pueda usar los materiales (no puede verse en la fotografía).

Cocina

Un cajón bajo en la cocina permite que el niño tenga a su
alcance utensilios para la preparación de la comida.

Los cubiertos están acomodados en tarros, y las canastas
tienen rodillos, una batidora manual y un pelador.
También están a la mano un rallador pequeño, un
exprimidor para jugo, un cortador de huevos y otro de
manzanas.

Exterior

El patio se ha transformado en un increíble ambiente exterior listo para ser explorado.

Podemos ver una escoba y herramientas de jardinería colgadas en ganchos al alcance de los niños, junto con una regadera para plantas y una cubeta. Es divertido regar las plantas en macetas, y se han utilizado unas repisas para tener un poco más de estas.

Cuando el clima lo permite, esta área también se utiliza para trabajar en otras actividades usando solo una bandeja para llevar el desayuno o sentándose en una mesa y una silla.

CRIAR A UN NIÑO CURIOSO
QUE SE SIENTA VISTO Y ESCUCHADO

5

PRIMERA PARTE

MOTIVAR LA CURIOSIDAD
EN NUESTRO HIJO

Como lo discutimos en el capítulo dos, los guías Montessori no creen que el niño sea una vasija que debe llenarse con datos. El niño genuinamente ama aprender, hacer descubrimientos por su cuenta y encontrar soluciones creativas.

Como padres, podemos promover la curiosidad de nuestros hijos en la casa aprovechando estos cinco ingredientes.

CINCO INGREDIENTES PARA LA CURIOSIDAD

1. Confía en el niño

La doctora Montessori nos motiva a confiar en que el niño desea aprender y crecer, y que intrínsecamente sabe lo que necesita para desarrollarse como debe. Esto quiere decir que, si le proporcionamos un ambiente enriquecedor para explorar, no necesitamos forzarlo a aprender o a preocuparse por que se desarrolle de una manera «diferente» a la de sus compañeros.

Debemos confiar en que su desarrollo sigue su camino único, su manera singular y su propio tiempo.

También debemos confiar en que conocerán los límites de su cuerpo y de sí mismos. Los niños son aprendices curiosos que quieren explorar el mundo que los rodea. Puede que haya accidentes en el camino que no podamos prevenir (y quizá debamos dejar que sucedan). Después de todo así es como nuestros hijos aprenden, y siempre estaremos ahí si nos necesitan. Podemos decir: «Ay. ¿Eso te asustó? Es difícil ver cómo te lastimas. Estoy muy orgullosa de que tu cuerpo esté hecho para sanarse solo. ¿No es sorprendente?».

¿Nos preocupamos constantemente por el desarrollo de nuestro hijo o si se lastimará? ¿Podemos practicar para hacer a un lado las preocupaciones sobre el futuro y disfrutar el momento en el que se encuentra hoy, en su camino tan único?

2. Un ambiente de aprendizaje enriquecedor

Para que un niño desarrolle la curiosidad en el mundo que lo rodea y desee aprender, debemos proporcionarle un ambiente de aprendizaje enriquecedor y tiempo para explorarlo.

Este ambiente no tiene que estar lleno de materiales costosos. Explorar la naturaleza puede ser totalmente gratuito, arrojar una cadena o un listón en un tubo de cartón no cuesta nada y separar algunos frijoles secos puede costar muy poco.

Lo que aprendimos en el capítulo tres acerca de las actividades fue para observar a nuestro hijo y ofrecerle oportunidades para practicar lo que está empezando a perfeccionar.

¿Cómo se ve el ambiente de nuestros pequeños: el físico, el social, incluso los adultos que los rodean? ¿Les proporciona oportunidades enriquecedoras para explorar?

3. Tiempo

Para que los niños se desarrollen y tengan la urgencia de descubrir, explorar e imaginar, necesitan tiempo. Tiempo que no esté agendado o programado. Tiempo que no sea apresurado. Incluso necesitan momentos en los cuales se sientan aburridos.

Dales tiempo para explorar. Dales tiempo para moverse. Dales tiempo para conversar y desarrollar su lenguaje. Dales tiempo para fortalecer conexiones. Dales tiempo para la imaginación y la curiosidad.

Ya sea que trabajemos o estemos con nuestro pequeño de tiempo completo, pensemos creativamente en nuestros días y semanas. ¿Podemos cambiar algo para tener 15 o 30 minutos sin planear cada día? ¿Tal vez una o dos horas durante el fin de semana? ¿De qué compromisos podemos prescindir?

4. Un lugar seguro

Como padres podemos darles seguridad emocional y física. Mantenemos a salvo a nuestros niños lejos de enchufes eléctricos, avenidas transitadas y otros peligros. Nuestros hogares se vuelven seguros para los niños, o al menos un área de estos, para que nuestros pequeños puedan explorar libremente.

Emocionalmente también podemos darles seguridad. Aceptarlos por quienes son. Además, pueden confiar en que estaremos ahí para ellos aun cuando tengan un momento difícil.

Este sentido de seguridad le permite al niño ser libre para sentirse curioso del mundo.

¿Hay maneras de mostrarles a nuestros pequeños que estamos ahí para ellos, incluso (y específicamente) cuando la están pasando mal? ¿Podemos mirarlos a los ojos y reconocer los enormes sentimientos que experimentan acerca de cosas que parecen tan pequeñas para nosotros?

5. Fomentar su capacidad de asombro

Podemos hacerle preguntas a nuestro pequeño acerca del mundo que observa, invitarlo a que lo explore con todos sus sentidos e interactúe con la naturaleza tanto como sea posible.

¿Le enseñamos a nuestro hijo a asombrarse? ¿Le permitimos explorar con todos sus sentidos? ¿Aprovechamos la naturaleza para inspirar esa capacidad de maravillarse?

SIETE REGLAS PARA SERES HUMANOS CURIOSOS

Una vez que nos aseguremos de que estos cinco ingredientes están presentes en la vida de nuestros hijos, tendremos una base sólida para que puedan sentirse curiosos acerca del mundo que los rodea y así desarrollar la habilidad para pensar y hacer cosas por su cuenta.

Con esos cinco ingredientes básicos podemos aplicar estas siete reglas para ayudarlos a convertirse en seres humanos curiosos.

1. Sigue al niño, deja que te guíe.

2. Incentiva el aprendizaje práctico, deja que explore.

3. Incluye al pequeño en tu vida diaria, haz que se sienta parte de eso.

4. Ve lento, deja que te indique su ritmo.

5. Ayúdame a ayudarme, deja que sea independiente y responsable.

6. Motiva su creatividad, permítele asombrarse.

7. Observa, déjalo que te enseñe.

Vamos a profundizar en cada uno para explorar la manera en que esto puede ayudarnos a que el método Montessori forme parte de nuestro día a día.

1. Sigue al niño

«Esta es la manera en la que el niño aprenderá. Este es el camino que seguirá. Él aprende todo sin saber que lo está haciendo... él camina siempre por los senderos de la alegría y el amor».

Doctora María Montessori, *La mente absorbente del niño*

Ya hemos hablado sobre la importancia de dejar que sea el niño quien lidere y no interrumpirlo cuando está profundamente concentrado en algo (al menos lo más que él puede), y de seguir sus intereses. Pero no creo que repetirlo muchas veces sea suficiente, pues esta es la base del acercamiento Montessori.

Esto significa que, si elegimos salir de paseo, hay que dejar que él lidere. Podemos detenernos y seguir su ritmo.

Puede significar también que hablemos todo el tiempo acerca de faros, visitemos faros, leamos libros acerca de faros y hagamos maquetas de faros con nuestro hijo si ese es su interés en ese momento.

También puede significar dejar todo listo en la noche si es que nuestro niño no es una persona matutina.

Dejarnos guiar por el niño significa seguir su propio ritmo, observar en dónde está en este momento y no imponer nuestra idea de lo que debe estar aprendiendo o cuándo.

Seré un poco más clara. **Dejarte guiar por el niño no significa ser permisiva o dejarlo hacer lo que quiera.** Pondremos límites cuando sean necesarios, teniendo como prioridad su seguridad y el cuidado de sí mismo, de su ambiente y de quienes lo rodean.

Pero tampoco se trata de ser mandones. Cuando nos escuchemos dando órdenes, lecciones o demasiada información, podemos recordar: «Ah, sí, ¿cómo puedo dar un paso atrás y dejar que él sea quien me guíe?».

«Aun así tenemos que hacer cosas», pensamos con frecuencia. «Necesitamos arreglarnos; tenemos que llevarlos a la guardería; debemos cenar; tenemos que bañarnos». Haremos que estas cosas sucedan, pero de una manera que nos permita ser «guiadas por nuestros hijos». Podemos aprender a trabajar con nuestro hijo en lugar de sobornarlo, amenazarlo o castigarlo. Encontraremos maneras de establecer límites y promover la cooperación con nuestro pequeño en el capítulo seis.

2. Incentiva el aprendizaje práctico

Los pequeños aprenden mejor cuando tocan, huelen, escuchan, ven o prueban algo. Para criar aprendices curiosos, encuentra maneras de brindarles experiencias prácticas que puedan llevar a cabo solos.

Cuando aprenden a hacer preguntas, en lugar de simplemente darles la respuesta, podemos decir: «No sé, descubrámoslo juntos». Después podemos hacer un pequeño experimento o explorar juntos, como sacar una lupa y dejarlos ver más de cerca aquello que les causa curiosidad. También podemos visitar el zoológico, ir a la biblioteca por algunos libros o preguntarle a algún vecino que sepa acerca del tema.

Nuestros pequeños están aprendiendo que, si no saben algo, pueden ser ingeniosos y descubrirlo, a veces de una manera práctica y concreta.

En casa pueden explorar su ambiente tocando y sintiendo las cosas. En lugar de decir: «No, no toques», podemos observar la habilidad que están poniendo en práctica y buscar una manera para redirigirla hacia una actividad que sea más apropiada. Si están tomando los libros del estante, podemos volver a ponerlos en su lugar para que practiquen una y otra vez. O si no nos dan ganas de poner en práctica tal juego, podemos colocar otras cosas que puedan vaciar, como unas mascadas en una canasta. Cuando los encontremos revisando nuestras carteras y que sacan todas las tarjetas y el dinero, podemos preparar otros contenedores en una canasta para que puedan abrir y cerrar y encontrar cosas en su interior. En mi ambiente incluso tenemos una vieja cartera con algunas de mis tarjetas de lealtad y de la biblioteca.

Una vez más, la naturaleza es un gran lugar para aprender de manera práctica y sensorial: del viento o del sol en sus caras; de la arena o de la tierra en sus dedos; del sonido de las olas o del crujir de las hojas; del aroma del mar o de las plantas en el bosque.

3. Incluye al pequeño en tu vida diaria

A los niños les da curiosidad saber qué hacemos. Quieren ser un miembro importante de la familia, no solo intentan enloquecernos al no soltarse de nuestras piernas.

En el capítulo tres estudiamos varias actividades prácticas del día a día en las que podemos incluir a nuestros pequeños. Quizá puedan ayudarnos con la preparación de la comida. Podemos invitarlos diciéndoles: «Estamos preparando la cena. ¿Qué quieres hacer tú?». Pueden pasarnos cosas o subirse en un banco para acompañarnos, tener un delantal en un ganchito que puedan usar, dejarlos lavarse las manos, que corten lechuga para la ensalada, dejar que sequen las hojas. Incluso permitirles irse si pierden el interés.

En lugar de pensar: «Tengo que lavar ropa», podemos ver en eso una actividad para compartir. Recuerdo que cuando mi hijo tenía esa edad lo cargaba para que alcanzara los botones de la lavadora. A menudo me ayudaba a sacar la ropa y jugábamos con las pinzas mientras yo la colgaba. (También puedes poner un tendedero más bajo para que él te ayude a colgarla). En ese entonces teníamos la suerte de vivir en Australia, donde contábamos con espacio para un tendedero exterior. Mi hija se quedaba en un pequeño tapete, donde pataleaba y nos miraba mientras todos conversábamos. A veces aquello parecía una bendición hogareña. La mayoría de los días se veía como un caos ordenado, pero era muy divertido.

Involucrar a los pequeños en las actividades diarias significa que las cosas podrán resultar más desordenadas y lentas, pero estamos generando conexiones y recuerdos que durarán de por vida. Para aquellos a quienes les resulte difícil incorporar esto a sus días y semanas con los compromisos de trabajo y de la vida diaria, pueden empezar con momentos en los cuales tengan tiempo libre. Esto puede significar apartar una o dos horas cada fin de semana cuando estén en casa para lavar ropa juntos, hornear algo o cuidar las plantas y el jardín. Debemos reconocer que entre semana quizá no tengamos el tiempo o la paciencia para dejar que nuestros hijos nos ayuden a cocinar, pero pueden poner la mesa, servirse agua durante la cena y llevar su plato al fregadero después de comer. Podemos comenzar con las cosas que más disfrutamos y amamos hacer con nuestros pequeños.

Para más ideas regresa a la lista de «actividades de la vida diaria» en el capítulo tres o revisa las actividades sugeridas en el apéndice.

4. Ve lento

> «Ve rápido cuando tenga sentido hacerlo y más lento cuando sea necesario. Vive según lo que los músicos llaman *tempo giusto*, la velocidad adecuada».
>
> Carl Honoré, *Elogio de la lentitud*

Con los pequeños, el *tempo giusto* puede ser mucho más lento de lo que estamos acostumbrados. A ellos no les gusta apresurarse (a menos que vean un gran espacio abierto, entonces sentirán la necesidad de salir corriendo).

Detente y vean juntos las grietas del pavimento y disfruten del proceso en lugar del resultado. Ir más lento ayuda a que nuestro pequeño explore y sea curioso. Además, haríamos bien en aprender de ellos, pues nos recuerdan que es importante bajarle a la velocidad y estar presentes; podemos dejar de hacer listas mentales y también de preocuparnos por el pasado y el futuro.

Si queremos su cooperación, debemos ir más lento. Esto significa evitar decir cada mañana: «¡Otra vez se nos hizo tarde!», pues solo los estresaremos y ellos se resistirán; por ende, se nos hará más tarde. (Puedes encontrar algunas ideas para que no se nos haga tarde en la página 154).

Si vivimos más lento, en esas ocasiones cuando tengamos que apresurarnos —por ejemplo, al tomar un autobús o si no nos despertamos cuando sonó nuestra alarma— nuestro pequeño será mucho más comprensivo. Cuando todo el tiempo vivimos con prisa, nuestro hijo podrá ignorar nuestras solicitudes cuando realmente necesitemos su ayuda.

5. Ayúdame a ayudarme

«Ayúdame a ayudarme» es una expresión comúnmente usada en el método Montessori que significa:

- Organizar las cosas para que nuestro pequeño sea exitoso por sí mismo.
- **Intervenir lo menos posible y tanto como sea necesario**, después volver a alejarte para que el niño siga intentando.
- Otorgar tiempo para practicar.
- Demostrar nuestra aceptación y apoyo.

Cómo enseñarle a nuestro pequeño nuevas habilidades

Divide la tarea en **pequeños pasos** y enséñaselos **lentamente**. Los pequeños lo entenderán con mayor facilidad si **no hablamos** al mismo tiempo que les enseñamos. Simplemente dile: «¡Mira!», y muéstrale con movimientos claros y lentos.

Habilidades complementarias

Me encanta cómo los materiales Montessori en un ambiente se complementan entre sí. Mientras el niño trabaja con ellos del más fácil al más complejo, cada habilidad se suma a la siguiente.

Podemos aplicar el mismo principio para enseñarle a nuestro hijo a hacer las cosas por su cuenta en casa. Complementamos las habilidades mientras el niño adquiere competencia y madurez. Las habilidades se vuelven más difíciles o tienen más pasos o requieren que sigamos instrucciones con muchos pasos.

Por ejemplo, primero podemos enseñarle al pequeño a poner el pie en el zapato. Después podemos enseñarle a jalar el velcro para ajustar los zapatos. Una vez que lo perfeccione puede aprender a pegar el velcro para cerrarlo. Finalmente podemos invitarlo a que se ponga los zapatos por su cuenta.

Dales tiempo

Cuando tenemos suficiente tiempo en nuestra rutina diaria podemos ayudar a los niños a ayudarse. Por ejemplo, podemos dejarlos vestirse a su propio ritmo. Eso no significa darles tiempo ilimitado, pero puede significar darles diez o 15 minutos mientras nos sentamos cerca, en el suelo, con una taza de té, para relajarnos y disfrutar del proceso de ayudar a nuestro pequeño a aprender a vestirse.

También podemos practicar en un día lluvioso, por ejemplo, dejar que nuestro hijo se quite los calcetines y vuelva a ponérselos, una y otra vez.

Estas actividades diarias pueden brindar momentos de conexión y oportunidades de aprendizaje cuando nuestro hijo aprenda a hacer cosas por su cuenta y se sienta más seguro de sus habilidades.

Si comenzamos a sentirnos frustrados cuando creamos que esto nos está tomando mucho tiempo, en lugar de enojarnos, podemos ayudarlos por una ocasión y volver a intentar al día siguiente.

Sé amigable con los errores

> «Nada puede quitarles la iniciativa tan rápido como cuando volvemos a hacer algo que ellos hicieron».
>
> Jean K. Miller/Marianne White Dunlap,
> *The Power of Conscious Parenting*

Los errores son oportunidades para aprender. Nuestros pequeños cometerán errores, romperán y derramarán cosas e incluso llegarán a lastimarse. O, cuando ofrezcan su ayuda, quizá no harán la labor tan bien como si nosotros la hubiéramos hecho.

En lugar de castigarlos, aleccionarlos o corregirlos, intenta lo siguiente:

1. Si dicen algo mal, podemos hacer una nota mental para recordar que aún no conocen esa palabra. Después podemos enseñárselas (en un momento neutral). Estarán más receptivos para aprenderlo después que en ese momento si los corregimos. En el método Montessori tenemos una frase para esto: **«Enséñales enseñándoles, no corrigiéndolos»**.

2. Si rompen o tiran algo, ten a la mano herramientas que les permitan limpiar.

3. Podemos apoyarlos cuando se disculpen con alguien a quien lastimaron.

4. Debemos enseñarles a no tomarse tan en serio cuando cometen errores y mostrarles que nosotros también nos disculpamos. «Lo siento. Lo que quise decir fue…» o «Lo que debí haber hecho es…».

Ofrece ayuda

En lugar de correr a ayudar a nuestro pequeño, debemos esperar a ver qué tanto puede resolverlo por su cuenta. Si tiene dificultades o la tarea es más compleja o nueva, podemos ofrecerle ayuda.

«¿Quieres que yo o alguien más te ayude a hacer eso?».
«¿Quieres ver cómo lo hice?».
«¿Has intentado…?».

Después los ayudamos solo si ellos quieren.

6. Motiva la creatividad

«Mientras más experiencia tenga el niño con actividades reales y llenas de propósito, así como con problemas que pueda resolver, más útil, creativa y efectiva será su imaginación».

Susan Stephenson, *The Joyful Child*

Existe una falsa idea de que el acercamiento Montessori no apoya ni motiva la creatividad e imaginación del niño. Entre las razones mencionadas se incluye el hecho de que los materiales Montessori tienen propósitos específicos en lugar de ser más libres, que no tenemos una zona específica para jugar en los salones y que no promovemos la fantasía en niños menores de seis años (en lugar de eso nos enfocamos en el mundo concreto alrededor de ellos).

La imaginación es distinta a la fantasía

La fantasía es inventar algo que no existe en la realidad. Los niños menores a seis años no entienden las diferencias entre algo inventado y algo real. En una investigación, «Do Monsters Dream? Young Children's Understanding of the Fantasy/Reality Distinction» (¿Los monstruos sueñan? Cómo entienden los niños la distinción entre la fantasía y la realidad), de Tanya Sharon y Jacqueline D. Woolley, a los niños se les enseñaron fotos fantásticas y reales de algunos animales. Los que tenían tres años tuvieron dificultades para distinguir entre las escenas reales y las fantásticas.

Podemos ser testigos de esto cuando a un niño lo asusta algo que vio en un libro o en algún otro medio, desde dragones y monstruos hasta imágenes que vio en las noticias; todo esto le puede parecer muy real.

Por otro lado, la imaginación se utiliza cuando nuestra mente toma la información que hemos recolectado y crea posibilidades creativas. En el método Montessori establecemos las bases de nuestros niños en los primeros años al sembrar las semillas para su vida como ciudadanos creativos e imaginativos. Para establecer una base sólida, podemos darles experiencias prácticas en el mundo real en estos primeros años. Alrededor de los dos años y medio, veremos cómo nuestros pequeños comienzan a fingir que juegan. Esto es un indicador de que están procesando lo que ven a su alrededor (imaginación). Juegan a la familia, a hornear galletas y a ser maestros. Están intentando ser creativos sin sentirse abrumados por la idea de los dragones, los monstruos u otras cosas que no pueden ver o experimentar directamente (fantasía).

Cuando les proporcionamos materiales para esos juegos podemos hacer que las cosas sean menos normativas; las mascadas u otros objetos pueden usarse de muchas maneras, mientras un traje de bombero puede usarse de una sola.

El enfoque en la realidad no limitará su creatividad; más bien, la incrementará. Y esto florecerá cuando la imaginación se vuelva particularmente sólida y comience a pensar en soluciones creativas para los problemas del mundo y para un cambio social.

¿Qué sucede con la creatividad artística?

Tal como lo discutimos en el capítulo cuatro, podemos brindarles a los niños un área enriquecedora y atractiva para la creatividad artística. Podemos:

- Poner hermosos materiales a la altura de nuestros pequeños.

- Invitarlos a explorar su creatividad poniéndoles a su alcance bandejas bonitas con materiales apropiados para su edad.

- Hacer que la belleza sea parte de nuestro hogar, incluyendo el arte y las plantas. Ellos absorberán esto y se sentirán inspirados.

- Elegir calidad en lugar de cantidad cuando se trate de materiales.

Además de eso, hay reglas clave para que podamos motivar el desarrollo de la creatividad artística de nuestro pequeño. Podemos:

- Utilizar materiales libremente (evita el uso de «kits artísticos» o de libros para colorear, los cuales son más normativos).

- Prepararnos para motivar la creatividad. Haz tiempo para esto y sé más abierta con respecto al desorden y a la exploración; prepara un ambiente en el cual esté bien ensuciarse; relájate, únete y crea en conjunto.

- Pregunta, no des órdenes. En lugar de dar instrucciones a tu pequeño, motiva su exploración.

- Permite el aburrimiento. Cuando tenemos tiempo libre en nuestro día para sentarnos sin tener nada planeado (y sin tecnología que nos entretenga), nuestro pequeño tiene la oportunidad de aburrirse. Su mente puede divagar y soñar, se le pueden ocurrir nuevas ideas y puede establecer nuevas conexiones. Cuando la mente se aburre busca estimulación y se vuelve aún más creativa.

- Que el proceso sea lo interesante, no el resultado. Enfócate en el esfuerzo del niño describiéndoselo: «Hiciste unos grandes círculos», «Veo que combinaste esos dos colores».

- Muéstrale al niño que no hay errores en este trabajo. Podemos experimentar y aprender cuando las cosas no salgan como lo planeamos.

Pero, más que cualquier otra cosa, podemos divertirnos inspirándonos, explorando y creando con nuestro pequeño.

7. Observación

A menudo los guías Montessori les dicen a los padres: «Solo observa a tu hijo». Y entonces te preguntarás: «¿Qué tengo que observar? ¿Por qué? ¿Cómo?».

Observar es mirar o percibir algo sin ningún tipo de juicio o análisis. Significa convertirte en una videocámara, la cual, en teoría, solo graba la situación y no analiza lo que se está viendo.

Por ejemplo, un guía Montessori puede hacer las siguientes observaciones sobre un estudiante: «John suelta el lápiz con la mano derecha. Se cae al suelo. Mira a través de la ventana. Pasa todo su peso del pie izquierdo al derecho. Dobla las rodillas. Recoge el lápiz con su pulgar y dedo índice de la mano derecha».

Al observar, estamos grabando científicamente lo que vemos en lugar de apresurarnos a reaccionar o hacer cualquier tipo de suposición. **Con esa información podemos responder en lugar de reaccionar.**

Vemos más detalles, nos damos cuenta cuando algo cambia y podemos practicar no juzgar lo que vemos. Nos permite ver al niño con ojos frescos cada día.

¿Qué hacemos con estas observaciones?

Estas observaciones ayudarán de muchos modos.

Aprendemos a ver el desarrollo de nuestro hijo a su manera. Somos capaces de seguir sus intereses y mantenerlo curioso acerca del mundo que lo rodea.

Podemos detenernos antes de entrometernos, ver oportunidades en lugar de limitar su curiosidad y creatividad. También vemos aquellas ocasiones en las que necesitamos acercarnos para mantenerlo a salvo.

Cuando lo observemos durante un tiempo, comenzaremos a notar diferencias sutiles acerca de nuestro pequeño que, de otra manera, nos perderíamos.

También identificaremos factores en el ambiente o con los adultos que ayudan o dificultan la independencia, el movimiento, la comunicación u otras áreas de desarrollo.

La observación nos ayuda a apoyar a nuestros pequeños para que sean los aprendices curiosos que son. Observarlos nos permite mirar a nuestros pequeños con claridad y sin juicios o ideas preconcebidas de lo que son capaces de hacer.

ALGUNAS COSAS QUE PODEMOS OBSERVAR

HABILIDADES MOTRICES FINAS

- Cómo toman y sostienen los objetos
- Qué dedos y qué mano usan
- Cómo agarran un pincel o un lápiz
- Qué habilidades y actividades motrices finas están practicando, como usar unas pinzas, ensartar, etcétera

HABILIDADES MOTRICES GRUESAS

- Cómo se paran o se sientan
- Cómo caminan: la distancia entre las piernas o los movimientos de los brazos
- Equilibrio
- Actividades motrices gruesas que estén practicando
- Qué tanto eligen actividades que empleen actividades motrices gruesas
- Qué tanto los ayuda o los limita el ambiente

COMUNICACIÓN

- Sonidos o palabras que emiten para comunicarse
- Sonreír
- Llorar: intensidad y duración
- Otro lenguaje corporal
- Cómo se expresan a sí mismos
- Contacto visual durante las conversaciones
- Cómo les respondes cuando se comunican

DESARROLLO COGNITIVO

- Qué les interesa
- Qué están practicando y aprendiendo a perfeccionar. Qué actividades pueden completar
- Cuánto tiempo juegan una misma actividad

DESARROLLO SOCIAL

- Interacciones con otros: compañeros y adultos
- Qué tanto observan a los demás
- Cómo piden ayuda
- Cómo ayudan a los demás

DESARROLLO EMOCIONAL

- Cuándo lloran, sonríen y se ríen
- Cómo los consuelan o se consuelan
- Cómo responden a los extraños
- Cómo sobrellevan los momentos de separación
- Cómo le hacen cuando las cosas no salen como quieren

ALIMENTACIÓN

- Qué comen y cuánto
- ¿Comen pasiva o activamente? ¿Les gusta que los alimenten o alimentarse por su cuenta?

DORMIR

- Cuáles son sus patrones de sueño
- Cómo se quedan dormidos
- Calidad de sueño
- Posición mientras duermen
- Cómo hacen la transición de dormir a despertar

INDEPENDENCIA

- Señales de independencia
- Relaciones con adultos

VESTIMENTA

- Qué tanto su vestimenta ayuda o limita su movimiento e independencia
- Qué tanto quieren ponerse y quitarse su ropa
- Qué tanto muestran preferencia por su vestimenta

AUTOOBSERVACIÓN

- Grabar nuestra comunicación, lo que decimos y cómo interactuamos con nuestro pequeño
- Si algo se nos ocurre mientras observamos al pequeño
- Cómo respondemos si nuestro pequeño no come o duerme
- Lo que decimos cuando nuestro hijo hace algo que nos gusta o no nos gusta

INGREDIENTES Y REGLAS PARA MOTIVAR LA CREATIVIDAD

CINCO INGREDIENTES

1. Confiar en el niño

2. Un entorno de aprendizaje enriquecedor

3. Tiempo

4. Un lugar seguro

5. Fomentar su capacidad de asombro

SIETE REGLAS

1. Sigue al niño, deja que te guíe

2. Incentiva el aprendizaje práctico, deja que explore

3. Incluye al pequeño en tu vida diaria, haz que se sienta parte de eso

4. Ve lento, deja que te indique su ritmo

5. Ayúdame a ayudarme, deja que sea independiente y responsable

6. Motiva la creatividad, permítele asombrarse

7. Observa, déjalo que te enseñe

SEGUNDA PARTE

ACEPTAR A NUESTRO HIJO POR LO QUE ES

Los niños quieren sentir que valen, pertenecen y son aceptados por quienes son. Si logramos entender esto, podemos dejar de pelear con ellos o que nos molesten las cosas que hacen y abrir el camino para ser guías, apoyo y líderes para ellos.

DALES A LOS NIÑOS VALOR, PERTENENCIA Y ACEPTACIÓN POR QUIENES SON

Ver el mundo desde los ojos de un niño nos permite **entender su perspectiva**. Esto significa empatizar o ser compasivos con nuestro hijo. Sin importar el camino, debemos reconocer que todos tienen razón desde su punto de vista.

Si nuestro pequeño arrebata un juguete de las manos de otro, no está tratando de ser malo. Si lo vemos desde su punto de vista, podemos notar que lo único que quiere es entretenerse con ese juguete *en ese momento*. Entonces podemos observarlo, ver si necesita ayuda y estar listos en caso de que nos necesite.

Podemos pensar que nuestro hijo está siendo destructivo porque está sacando la tierra de las macetas dentro de nuestro hogar, pero al verlo desde su perspectiva podemos entender que detectó algo en su ambiente que debe ser explorado *en ese preciso momento*. Podemos observarlo y decidir si sería mejor cambiar de lugar la planta o cubrir la tierra.

En vez de pensar que nuestro hijo está tratando de molestarnos al sacar la lengua y reírse, podemos intentar ver las cosas desde su punto de vista. Está probando un sonido nuevo, viendo nuestra reacción y entendiendo la dinámica de causa y efecto. Observemos y veamos si se detiene por su propia cuenta o si quizá debamos decir algo como: «No me gusta que saques la lengua y te rías de mí, pero qué te parece si vamos a jugar en la alfombra de allá».

Cuando nos detenemos a observar y dejamos de lado nuestro juicio, nos abrimos a la posibilidad de ver a nuestro hijo y aceptarlo por quien es.

Cuando nos preguntamos: «¿Cómo puedo hacer que mi hijo sea menos tímido/se concentre más/se interese más por el arte/sea más activo?», no lo estamos aceptando por quien es. Debemos trabajar para enseñarle que lo amamos como es y por lo que es en ese momento. En realidad eso es lo que cualquier persona quiere.

Valor. Pertenencia. Aceptación por lo que somos.

SÉ SU TRADUCTOR

Cuando vemos las cosas desde la perspectiva de nuestro niño, también podemos ser su traductor en caso de que sea necesario, como si estuviéramos buscando en un diccionario lo que está tratando de decir.

«¿Estás tratando de decirme que...?» es una frase útil para traducir las necesidades de nuestro niño a palabras y oraciones completas.

Cuando avienta su comida al suelo podemos decir: «¿Estás tratando de decirme que ya no tienes hambre?».

También podemos hacer esto con niños más grandes que están siendo groseros o actuando inapropiadamente con otras personas: «Me parece que estás enojado en este momento, ¿estás tratando de decirme que no te gusta cuando tocan tus cosas?».

Además, podemos traducir para nuestra pareja o para los abuelos del niño si notamos que se están poniendo de malas. «Suena a que es importante para tu papá/abuelo que te sientes a comer en la mesa y lo que tú quieres hacer es caminar con tu comida».

A VECES NUESTRO
TABAJO ES SER EL
TRADUCTOR DE
NUESTRO HIJO

PERMITE LOS SENTIMIENTOS, PERO NO TODOS LOS COMPORTAMIENTOS

Quizá pensemos: «Si acepto a mis hijos por quienes son, si veo las cosas desde su punto de vista y permito que tengan sus propios sentimientos, ¿debo aceptar todos sus comportamientos?».

Absolutamente no. Si es necesario debemos detenerlos de cualquier comportamiento inapropiado. Como el adulto, comúnmente debemos actuar como la corteza prefrontal de nuestro niño (la parte racional de su cerebro) que sigue en desarrollo. Podemos detenerlo para mantenerlo seguro, para mantener seguros a los demás y para mantenernos seguros a nosotros. Para enseñarle cómo estar en desacuerdo con los demás de una forma respetuosa y cómo ser un ser humano responsable.

Por ejemplo:

«Está bien estar en desacuerdo, pero no puedo dejar que lastimes a tu hermano/ hermana. Tú siéntate de este lado y tú del otro».

«No puedo dejar que me lastimes/que me hables de esa manera/que te lastimes a ti mismo. Pero veo que algo importante está pasando y trataré de entenderlo».

DALE A TU HIJO RETROALIMENTACIÓN
EN LUGAR DE ELOGIOS

A los maestros Montessori les gusta ayudar a los niños a construir su propia identidad, a aceptarse por quienes son y a aprender que la forma en que tratan a los demás puede hacer que ellos se sientan bien.

Desde las décadas de los setenta y los ochenta ha habido una fuerte corriente que les pide a los padres que elogien cada cosa que hace su hijo para reforzar su autoestima. Por eso escuchamos a padres diciendo: «buen trabajo», «bien hecho», «bien pensado». En neerlandés existe la frase *«goedzo»* («bien hecho») y la usamos como respuesta para todo. Elogiamos a los niños por sus pinturas, por usar el baño; les aplaudimos y declaramos cada logro como un triunfo.

Este tipo de elogios son motivaciones extrínsecas que no provienen del interior del niño.

Alfie Kohn escribió un artículo muy útil, «Five Reasons to Stop Saying "Good Job"» («Cinco razones para dejar de decir "¡buen trabajo!"»), en el que señala:

- Los elogios pueden ser usados para manipular al niño cuando los usamos como herramienta de negociación para motivarlos.
- Pueden volverlos adictos a los elogios.
- Pueden eliminar la diversión. Los niños buscarán esa seguridad al final del camino, en vez de disfrutar la experiencia y el logro.
- Los niños pueden volverse menos motivados cuando solo hacen algo por elogios; eso les quita el valor que ellos se darían a sí mismos.
- Los elogios pueden disminuir los logros. Cuando una actividad está ligada a la presión de hacer una tarea, el interés o el gusto del niño por dicha tarea disminuye o toma menos riesgos.

Los maestros Montessori creen que el niño aprenderá a comportarse si lo ayudamos a desarrollar una motivación intrínseca. Su radar interno le dirá cuando algo esté bien (o mal) y reconocerá cuando algo ayuda (o daña) a alguien más o a sí mismo.

Qué podemos decir...

Al principio puede sorprendernos la cantidad de veces que decimos «bien hecho». Si empezamos a identificar conscientemente esas frases, podemos cambiarlas. Cuando buscamos alternativas, la mejor guía es pensar en qué le diríamos a otro adulto al tratar de darle **retroalimentación.**

Estas son algunas ideas de lo que aprendí en el libro *Cómo hablar para que los niños escuchen y cómo escuchar para que los niños hablen,* de Adele Faber y Elaine Mazlish. Lo que me encanta de estas sugerencias es que le hacen saber al niño lo que valoramos y al mismo tiempo le enseñamos un vocabulario más descriptivo que un simple «bien hecho».

1. Describe lo que ves

Enfócate en el proceso en vez de en el producto y describe lo que el niño ha hecho. Dale retroalimentación usando descripciones positivas y basadas en hechos de sus acciones y logros.

«Llevaste tu plato a la cocina».
«Te ves contento contigo mismo».
«Te vestiste solo».
«Guardaste los bloques en la canasta y la canasta en el estante».
«Usaste la pintura azul y roja. Veo un remolino por ahí».

2. Resúmelo en una palabra

«Hiciste tu maleta y estás listo para ir a la playa. ¡A eso le llamo *independencia*!».
«Ayudaste a la abuela con su bolsa. A eso le llamo ser *atento*».
«Limpiaste el agua del suelo usando un trapeador sin que te lo pidiera. Eso es ser *responsable*».

3. Describe cómo te sientes

«Estoy muy emocionado por ti».
«Es un placer entrar a la sala cuando todo ha sido recogido y puesto en su lugar».

ROLES Y ETIQUETAS

Otra parte de aceptar a nuestro niño por quien es implica poder verlo sin prejuicios o ideas preconcebidas del mismo.

Como los adultos de sus vidas, debemos ser cuidadosos al etiquetar a nuestros hijos.

Es posible que tengamos a alguien en nuestra vida a quien hayamos etiquetado como «payaso», «tímido», «travieso», etc. Incluso las etiquetas positivas pueden ser difíciles de cumplir, como «astuto» o «atlético».

Estas etiquetas pueden durar toda la vida, pueden ser algo que nunca se deje atrás.

Lo mejor es poder darles **otra visión de ellos mismos.** Cuenta historias sobre ellos, especialmente de momentos en los que han salido adelante a pesar de dificultades. Haz que escuchen cómo hablas con alguien más acerca de ellos y sobre cómo se han sobrepuesto a las adversidades. Por ejemplo, podemos decir algo como: «Me gusta ver cómo llevas con tanto cuidado ese vaso a la mesa y usas ambas manos»; este tipo de mensajes funciona particularmente bien con niños a los que se les etiqueta como «torpes».

Las etiquetas también se usan con hermanos. Cuando llega un bebé nuevo a la familia, el hijo más grande se convierte de pronto en «el hermano/hermana mayor». Es una enorme responsabilidad el tener que ser el niño más responsable siempre o enseñarle al hermano menor cómo ser un niño grande. Por ejemplo, en lugar de dejar que el niño más grande sea siempre el que esté a cargo, cuando vayamos al baño podemos dejar que los niños **se cuiden entre ellos** sin importar su edad. Podemos asegurarnos de que los niños más pequeños tengan responsabilidades acordes a su edad en vez de dejarle todo al niño más grande.

Observemos a nuestro pequeño y aceptémoslo por quien es. En momentos de alegría y también cuando la estén pasando mal. Todos y cada uno de los días.

Permitamos que nuestro niño sea curioso y démosle valor, pertenencia y aceptación, pues esto nos da una **base sólida de conexión y confianza** con él. Así podremos cultivar cooperación e imponer límites cuando sean necesarios.

Sin conexión no obtendremos cooperación; sin confianza no podremos imponer límites.

PRACTIQUEMOS

1. ¿Cómo podemos permitir que nuestro hijo sea más curioso?
   - ¿Nuestro hijo siente que confiamos en él?
   - ¿Está en un ambiente de aprendizaje?
   - ¿Le damos el tiempo suficiente para que explore y avance a su propio ritmo?
   - ¿Está en un lugar seguro, física y psicológicamente?
   - ¿Cómo podemos crear un sentido de curiosidad?
2. Practica observando a tu hijo durante diez o 15 minutos al día.
   - Sé curioso.
   - Sé objetivo.
   - Evita el análisis.
3. ¿Cómo podemos darle a nuestro hijo un sentido de valor y pertenencia y, al mismo tiempo, asegurarnos de que sepa que lo aceptamos por quién es?
   - Ve las cosas desde su punto de vista.
   - Sé su traductor.
   - Dale retroalimentación en lugar de elogios.
   - Evita roles y etiquetas.

PROMOVER LA COOPERACIÓN Y LA RESPONSABILIDAD EN NUESTRO HIJO

6

PRIMERA PARTE

CULTIVAR LA COOPERACIÓN

CUANDO TU HIJO NO TE ESCUCHA

Cultivar la cooperación en un pequeño de uno a tres años es algo complicado. Los niños son naturalmente curiosos, impulsivos y responden a su voluntad. Algunas maneras comunes de hacer que los niños cooperen incluyen amenazas, sobornos, castigos y repeticiones constantes.

Pensamos todo el tiempo: «¿Por qué no me escucha?».

> «Si ya le dijiste algo a un niño cien veces y aún no aprende, entonces no es él quien es de lento aprendizaje».
>
> Walter B. Barbe

POR QUÉ LA ENSEÑANZA MONTESSORI NO EMPLEA AMENAZAS, SOBORNOS O CASTIGOS

La palabra *disciplina* proviene del latín *disciplina*, que significa «enseñar, aprender». Por eso, debemos tener en cuenta **qué estamos enseñando a nuestros niños y qué están aprendiendo ellos** de la manera en que los disciplinamos.

Las amenazas, sobornos y castigos son motivaciones extrínsecas. El niño puede cooperar para evitar el castigo o conseguir una estampa o un helado; pero ese tipo de disciplina raramente tiene un efecto a largo plazo. Es una solución temporal, si es que funciona. También puede ser una distracción del asunto que se está tratando.

Una vez me castigaron en la escuela por escribir algo grosero acerca de una maestra (en mi defensa, daba mucho miedo, aunque nunca debí llamarla dragón). Por supuesto, la maestra encontró la nota. Yo estaba tan disgustada que le dije a todo el salón que ella era mala. ¿El castigo funcionó? Para nada. En lugar de sentirme mal por haber dicho eso sobre la maestra, sentí que ella era quien había hecho algo malo.

Cuando amenazamos a un niño con castigos como mandarlo a su cuarto erosionamos la confianza entre el padre y el hijo. Y pueden suceder dos cosas: sentir miedo hacia el adulto y cooperar debido al temor, o encontrar una manera de hacer lo que quiere a escondidas, sin que el padre se entere.

De la misma manera, las amenazas y los sobornos pueden hacer que el niño coopere, pero no necesariamente porque quiera ayudarnos. Simplemente quiere evitar las consecuencias negativas (el castigo) o tomar ventaja de las positivas (las recompensas). Las amenazas y los sobornos tienen que ir en incremento y volverse más elaborados conforme el niño va creciendo. Si aprendió a hacer algo solamente porque obtenía una estampa, el «precio» de su cooperación irá en aumento.

Estos métodos para hacer que el pequeño coopere son exhaustivos, pues toda la responsabilidad recae en nosotros, los adultos. Entonces pensamos: «¿Cómo haré que mi hijo se vista/coma/se lave las manos?». Terminamos molestos y, además, el niño dejará de escucharnos.

Pero existe otra manera.

Cada vez que nos sentimos retados por nuestro hijo, podemos ver esa situación como una oportunidad de enseñarle algo y aprender de él.

Agreguemos eso a nuestra caja de herramientas para cultivar la cooperación y encontremos una manera de trabajar con nuestro pequeño para hacer que coopere (sin perder nuestro temple).

- Preguntémonos: «¿Cómo puedo apoyar a mi hijo en este momento?».
- Cultivar la cooperación implica:
- Resolución de problemas con el pequeño.
- Maneras de involucrar al niño.
- Cómo hablarle de una manera que lo invite a escuchar.
- Controlar las expectativas.
- Un pequeño *bonus*.

Nota: Necesitaremos un fundamento sólido de conexión y confianza con nuestro pequeño para conseguir su cooperación, así que, cuando todo parezca una batalla, puedes volver unas páginas atrás y revisar algunas ideas del capítulo previo.

RESOLUCIÓN DE PROBLEMAS
CON EL PEQUEÑO

Me gusta comenzar encontrando una manera de trabajar con el niño para que sienta que tiene control de la situación. Aunque son pequeños, a los niños de uno a tres años les gusta sentirse involucrados en la manera como suceden las cosas.

El niño no está a cargo, pero puede aportar al modo en que se resuelven los problemas. Podemos preguntarle: «¿Cómo podemos resolver el problema?», y después encontrar soluciones en conjunto.

Quizá seamos nosotros quienes tenemos la mayoría de las ideas, pero el pequeño está aprendiendo el proceso, no lo subestimes. A veces puede tener grandes ideas (en ocasiones mucho más creativas que las nuestras).

- «Te quieres quedar en el parque y yo estoy lista para irme. Me pregunto cómo podemos resolver el problema».
- «¿Te gustaría terminar el rompecabezas y después ponerte la playera? Muy bien, entonces me iré a arreglar y después regresaré para ver si necesitas ayuda».
- «Hay dos niños y un juguete, me pregunto cómo lo resolverán».

Incluso un niño que aún no sabe hablar puede ayudar. Por ejemplo, si el hermanito que gatea tomó uno de sus juguetes, podría ocurrírsele la idea de traerle otro para que juegue con él.

Si el problema es más grande, podemos hacer una lista de soluciones. Incluye ideas bobas si es que surgen. Después podemos revisar la lista juntos y encontrar soluciones que les parezcan adecuadas a todos. Podemos elegir una para probar y establecer un tiempo para ver si está funcionando o si necesita algún ajuste. Puede que este proceso no sea tan formal con un pequeño, pero estará aprendiendo una práctica que puede perfeccionar mientras crece.

Además, es muy común que el pequeño se adueñe de la solución y la lleve a cabo. También es una gran habilidad para resolver problemas con otros. (Esta es una idea a la que volveremos cuando hablemos de hermanos en el capítulo siete).

Cuando nuestros pequeños se involucren en la resolución de problemas, nos relajaremos mucho más, pues compartiremos un poco de la responsabilidad. Además, nos mantendremos abiertos y curiosos acerca de cómo se resolverá todo de una manera inesperada, sin forzar nada.

Haz una lista con el pequeño

Una forma de resolver problemas con los niños es hacer una lista sencilla con ellos (específicamente una que tenga dibujos).

Si se resisten a vestirse en las mañanas, podemos hacer un cuadro con la rutina matutina que cuente con todos los pasos que necesitan para alistarse. Si la hora de dormir es difícil, la lista debe incluir todas las cosas que necesitan hacer antes de irse a dormir, incluyendo tomar un poco de agua e ir al baño.

Podemos hacer dibujos en cada uno de los pasos o tomar fotos y pegarlas. Si quieren cambiar el orden cada día, podemos utilizar notas adhesivas para cada paso o enmicar algunas fotografías o dibujos y ponerles velcro en la parte posterior para que sea fácil moverlas y pegarlas.

Después podemos ver el cuadro y saber qué necesitamos hacer después. De esa manera es el cuadro el que hace el trabajo, no nosotros. «¿Puedes ver lo que sigue en la lista?» o «La lista dice que lo que sigue es lavarse los dientes».

Cuando se involucran en crear y usar la lista, se adueñan de las soluciones.

LISTA MATUTINA

HACER LA CAMA

DESAYUNAR

VESTIRSE

CEPILLARSE EL CABELLO

LAVARSE LOS DIENTES

PONERSE ZAPATOS Y ABRIGO

LISTA NOCTURNA

CENAR

BAÑARSE

PONERSE LA PIYAMA

LAVARSE LOS DIENTES

TOMAR AGUA

IR AL BAÑO/CAMBIAR EL PAÑAL

LECTURA

ABRAZOS

DORMIR

MANERAS DE INVOLUCRAR AL NIÑO

Dale opciones adecuadas para su edad

Podemos ofrecer a nuestro pequeño opciones que motiven la cooperación. No se trata de decisiones grandes como a qué escuela irá, sino más bien alternativas adecuadas a su edad, como el color de playera que le gustaría usar (entre dos opciones apropiadas para la estación), o en qué momento tomará su baño. Podemos ofrecerle saltar como un canguro o caminar como un cangrejo.

Esto le da al niño una sensación de control de la situación y lo involucra en el proceso.

Nota: A algunos niños no les gustan las opciones. Al igual que en cualquiera de estas sugerencias, utiliza la que le funcione a tu hijo y olvida las demás.

Dales información

En lugar de dar órdenes («Pon la cáscara de la naranja en el bote de basura, por favor»), podemos darles información: «La cáscara de la naranja va en el bote de la basura». Entonces podrán entender por su cuenta que necesitan llevarla al basurero. Se convierte en algo que eligen hacer y no en una orden del adulto.

Utiliza solo una palabra

A veces utilizamos muchas palabras para darles instrucciones a nuestros hijos: «Vamos a ir al parque. Necesitaremos ponernos los zapatos. Los zapatos protegen nuestros pies. ¿Dónde están tus zapatos? ¿Ya te los pusiste?». Y esto puede seguir y seguir.

Intenta utilizar solo una palabra: «zapatos». Una vez más, el niño deberá entender por su cuenta lo que necesita hacer, dándole un poco de control sobre la situación.

Además, les estamos enseñando cómo comunicarse con respeto, y lo entenderán. Un día estaba por salir de casa con mi familia y nos estábamos poniendo los abrigos y los zapatos en la puerta principal, un espacio muy apretado. Mi hijo (en ese entonces de alrededor de siete años) me dijo: «Mamá, agujetas». Miré hacia abajo y, en efecto, yo estaba pisando su agujeta. Él pudo haber volteado la mirada y dicho: «Mamáaaaa, ¿tienes que pisarme las agujetas?», o algo peor.

Este es otro recordatorio de que nuestras *acciones* dicen mucho más que nuestras *palabras*.

Consigue que estén de acuerdo

Hacer que el pequeño se sienta integrado y parte del proceso ayudará a conseguir su cooperación. Si sabemos que nuestro hijo tiene problemas para salir de casa o para irse del parque, podemos hacerle saber que nos iremos en cinco minutos. Después **podemos asegurarnos de que nos escuchó y hacer un plan con él.** Quizá no entienda cuánto duran cinco minutos, pero, con el tiempo, irá entendiendo el concepto.

Podemos decir: «Veo que estás armando ese rompecabezas, pero nos iremos en cinco minutos y me preocupa que no puedas terminarlo antes de que nos vayamos. ¿Quieres ponerlo en algún lugar seguro para que, cuando volvamos, puedas continuar, o quieres deshacerlo y armarlo más tarde?».

En el parque podemos decirle: «Tenemos cinco minutos antes de irnos. ¿Qué quieres hacer antes de eso?».

No me encanta usar una alarma para recordarle (si la usas mucho esto se convertirá en una motivación extrínseca). Sin embargo, si la usas de vez en vez puede convertirse en una manera efectiva de llegar a un acuerdo, especialmente si se involucran en programar la alarma. Y, al igual que una lista, es el reloj el que les dice que el tiempo se agotó, no nosotros.

CÓMO HABLARLES DE UNA MANERA QUE LOS INVITE A ESCUCHAR

Usa lenguaje positivo

En lugar de decirle a un niño *qué no debe hacer*, podemos utilizar un lenguaje positivo y decirle *qué sí puede hacer* en lugar de eso. En vez de decir: «No corras» (lo que no debe hacer), podemos decir: «En casa caminamos» (lo que sí puede hacer).

En lugar de: «No te subas ahí», puedes decir: «Puedes mantener tus pies en el suelo o salir al jardín a subirte a los árboles».

Si le decimos al pequeño: «¡Deja de gritar!», es muy probable que alcemos la voz. En primer lugar, intentará imitarnos y nos gritará; en segundo lugar, escuchará precisamente lo que no queremos que haga. En lugar de eso podemos decir (quizá en un susurro): «Hablemos en voz bajita».

Habla con tono y actitud respetuosos

Nuestro tono de voz les indica a nuestros pequeños que los respetamos. Un tono quejumbroso, una voz insegura, una estricta o una amenazante pueden distorsionar la mejor de las intenciones y no le muestran a nuestro hijo que lo valoramos y queremos colaborar.

Si podemos recordarlo, ayuda mucho verificar nuestra voz y si esta proviene de un lugar en calma en nuestro corazón. (En el capítulo ocho podrás encontrar maneras de tranquilizarte). Incluso podemos susurrar de vez en cuando. Los oídos de nuestros pequeños seguramente estarán listos para escuchar.

Pídeles ayuda

A los niños les encanta sentirse involucrados, así que, si queremos que nuestro hijo entre a casa, podemos pedirle su ayuda cargando las llaves o una bolsa pesada. En el supermercado podemos pedirle que nos ayude haciendo una lista visual de lo que necesitamos y que esté a cargo de eso (incluso podemos recortar fotos de alguna revista de comida o hacer algunos dibujos); deja que tome las cosas de los anaqueles o que te ayude a poner los alimentos en la banda de la caja registradora.

Di «sí»

Si decimos que no cien veces al día, nuestro hijo eventualmente comenzará a ignorarlo. Es mejor que te guardes el no para ocasiones en las que su seguridad se pone en riesgo.

En lugar de decir que no para poner un límite, podemos encontrar alternativas para expresar lo que queremos decir, estar de acuerdo con ellos y decir que sí.

Imagina que el pequeño quiere otra galleta, pero no se ha terminado la primera. Podemos decirle de una manera amable: «Sí, puedes tener otra galleta… una vez que termines con la que tienes». O si ya se acabaron: «Sí, puedes tener más galletas… cuando vayamos a la tienda. Vamos a anotarlo en nuestra lista».

Romper este hábito lleva tiempo. Puede ser útil anotar todas las veces que decimos no y después hacer una lluvia de ideas (quizá con una amiga) para encontrar maneras positivas de contestar la siguiente ocasión.

Utiliza el sentido del humor

Los niños responden bien al sentido del humor y es una manera desenfadada de motivar la cooperación.

A veces, cuando ayudo a un niño a vestirse y se resiste, finjo que me voy a poner su zapato en mi pie. El niño se ríe y me dice: «No, Simone, ese va en mi pie» En ese momento se lo pone.

El sentido del humor es particularmente útil cuando estamos a punto de perder los estribos. A veces es tan sencillo como cantar una canción boba y esto puede disminuir nuestra tensión y hacer que ellos sonrían. Es una manera fácil de volver a comenzar.

Si nuestro hijo está atravesando una etapa «no», ajustemos nuestro lenguaje

Es fácil saber cuándo un pequeño está atravesando esta etapa. Pregúntale si necesita ir al baño, vestirse o si quiere chocolate, y a todo responderá con un *no*.

Durante esta etapa quizá debamos ajustar nuestro lenguaje para explicarle lo que está sucediendo en lugar de preguntárselo. Podemos decir: «Es hora de comer/bañarse/irnos del parque». Esto puede hacerse con respeto, usando un tono amable y palabras dulces, pero siendo su líder.

Muéstrales

A veces necesitamos levantarnos y ejemplificar lo que deben hacer en lugar de repetírselos desde el otro lado de la habitación. Si aún no están seguros de qué hacer con la cáscara de naranja, podemos ir al bote de basura y tocarlo o señalarlo y decir: «Aquí va». Muéstrales.

Las acciones dicen más que las palabras.

CONTROLA LAS EXPECTATIVAS

Ten expectativas apropiadas para su edad y prepárate

No podemos esperar que el niño de uno a tres años se porte como queremos siempre. Sentarse en silencio en el consultorio del doctor, en un café o en un tren puede ser muy difícil. Recuerda que los pequeños tienen muchas ganas de explorar, moverse, comunicarse y son muy impulsivos. Esto no quiere decir que justifiques su comportamiento. Sin embargo, sí nos permite prepararnos.

Primero necesitamos ajustar nuestras expectativas: quizá no podamos leer una revista, checar nuestro teléfono o hacer una llamada. En un café o en un restaurante prepárate para llevarlos a dar un paseo cuando comiencen a agitarse o a hacer mucho ruido; tal vez ver al chef trabajando o ir a ver el estanque de peces funcione. Cuando estamos esperando en el aeropuerto podemos acercarnos a la ventana y ver toda la acción de afuera, así será más fácil esperar nuestra salida.

En segundo lugar, prepárate. No olvides empacar mucha agua, comida, algunos de sus libros favoritos y una bolsa pequeña con los juguetes que más le gustan: unos cochecitos, una botella con una ranura para que deposite una moneda, algunas conchitas y más. Si hay algún retraso de cualquier tipo estaremos listos para apoyar a nuestros pequeños y ayudarlos a cooperar.

Intenta esperar a que terminen una tarea antes de pedirles algo

Si un niño está ocupado armando un rompecabezas y le pedimos que se prepare para salir, a menudo no responderá. «¡Nunca me escucha!», quizá sea lo que pensemos.

Cuando estoy en una situación similar —como que alguien me interrumpa cuando estoy contestando un correo—, puede ser muy irritante. Solo quiero terminar lo que estoy haciendo, después ya puedo poner atención completamente.

Por eso, si queremos que nuestro pequeño venga a comer o recordarle que debe ir al baño, podemos esperar a que termine lo que esté haciendo y después preguntarle, antes de que comience su siguiente actividad.

Dale tiempo para procesar

A un niño de uno a tres años (o incluso a uno mayor) le puede tomar un momento entender lo que le decimos.

Quizá le pidamos que se ponga la piyama y no tengamos respuesta alguna. Podemos intentar contar hasta diez mentalmente, no en voz alta. Esto es para nosotros, para ayudarnos a esperar a que entienda lo que dijimos.

Para el tres o el cuatro, definitivamente ya habría repetido lo que dije, y en el siete ya habría preguntado de nuevo. Para el ocho o el nueve, a menudo me doy cuenta de que ya comenzó a responder.

No es que no escuchen, solo están procesando lo que dijimos.

Mantén un ritmo diario

No subestimemos lo mucho que le gusta a un niño tener el mismo ritmo todos los días. Podemos aprovechar eso para controlar las expectativas: despertar, vestirse, desayunar, salir de casa, comer, hacer la siesta, cenar, ir al baño, alistarse para dormir. No necesita ser una agenda muy rígida, pero mientras más constante sea la rutina, menos resistencia tendremos. (En el capítulo siete puedes encontrar más sobre el ritmo diario).

UN PEQUEÑO *BONUS*

Escribe una nota

La mayoría de los niños entre uno y tres años no puede leer todavía, pero aun así las notas pueden ser muy poderosas. Podemos escribir una nota que diga: «No subirse» y ponerla en la mesa. Después podemos señalarla e indicar: «Ahí dice que no puedes subirte». El hecho de que esté escrito le da cierto peso y autoridad al mensaje. Es la nota la que pone la regla en lugar del adulto. Y siempre es muy consistente.

Podemos usar una nota en la cocina si el horno está a la altura del niño. Cuando esté encendido podemos enseñarle que vamos a poner una nota que dice: «CALIENTE» para recordarle que el horno está encendido y es peligroso tocarlo.

Las notas son muy efectivas, incluso con los niños que no leen, pero úsalas con moderación, pues si están pegadas en todas partes, definitivamente perderán su efectividad.

Otra manera de usar las notas es con una libreta. Si nuestro pequeño se enoja porque tiene que irse o algo no sale como quiere, podemos anotarlo en la libreta y hacer un dibujo. Esto le deja en claro al niño que lo escuchamos y a veces es lo único que necesita.

IDEAS PARA
CULTIVAR LA COOPERACIÓN

RESOLUCIÓN DE PROBLEMAS CON EL PEQUEÑO

- Pregunta «¿Cómo podemos resolver este problema?».
- Haz una lista con el pequeño.

MANERAS DE INVOLUCRAR AL NIÑO

- Dale opciones adecuadas para su edad.
- Dale información.
- Utiliza solo una palabra.
- Consigue que esté de acuerdo.

CÓMO HABLARLE DE UNA MANERA QUE LO INVITE A ESCUCHAR

- Usa lenguaje positivo.
- Habla con tono y actitud respetuosos.
- Pídele ayuda.
- Di «sí».
- Utiliza el sentido del humor.
- Si nuestro hijo está atravesando una etapa «no», ajustemos nuestro lenguaje.
- Enséñale.

CONTROLA LAS EXPECTATIVAS

- Ten expectativas apropiadas para su edad y prepárate.
- Intenta esperar a que termine una tarea antes de pedirle algo.
- Dale tiempo para procesar.
- Mantén un ritmo diario.

UN PEQUEÑO *BONUS*

- Escribe una nota.

SEGUNDA PARTE

ESTABLECIENDO LÍMITES

AYUDANDO A NUESTROS HIJOS A SER RESPONSABLES

La cooperación puede desarrollarse sin tener que recurrir a amenazas, sobornos o castigos.

Esta es la parte más difícil de criar a un niño usando el método Montessori. Queremos darles tanta libertad como sea posible para que exploren y así se mantengan curiosos, pero dentro de los márgenes de la seguridad, del respeto y estableciendo nuestros propios límites.

En Holanda he notado que la gente (generalizando un poco, por supuesto) parece hacer esto de forma natural. No veo a muchos padres o cuidadores holandeses batallando con su niño o teniendo peleas que terminan con gritos. De vez en cuando veo a un niño llorando mientras viaja en la parte trasera de una bicicleta, pero el padre al volante se mantiene tranquilo, siguiendo con su vida al mismo tiempo que le ofrece palabras de ánimo a su hijo.

Voy a enseñarte a hacer lo mismo, a poner límites de forma respetuosa tanto para el niño como para el resto de la familia. Esto tomará un poco de práctica, ya que debemos aprender un lenguaje nuevo. Puede ser más fácil aprender si recibimos apoyo de otras personas que estén educando a su hijo de una forma similar; así podemos aprender el uno del otro en momentos complicados y, cuando las cosas salgan mal, podemos recordarnos que estamos haciendo nuestro mejor esfuerzo y tomarlo como una oportunidad para disculparnos con nuestros hijos.

ESTÁ BIEN PONER LÍMITES

Cuando mis hijos eran pequeños pensaba que mi trabajo principal era hacerlos felices y, para ser honestos, esa fue la parte más fácil. Como padres estamos aquí para ayudarlos a lidiar con todo lo que la vida les pondrá enfrente: para celebrar con ellos y para apoyarlos en momentos de decepción y de dolor, en las buenas y en las malas.

A veces es necesario que pongamos límites para mantenerlos seguros, para enseñarles a ser respetuosos, para intervenir cuando no estén tomando una decisión positiva o para ayudarlos a convertirse en adultos responsables.

Poner límites puede ser difícil. Nuestro hijo puede no estar contento con ellos, pero si lo hacemos de una forma comprensiva y cariñosa, aprenderá a confiar en nosotros, ya que lo único que queremos es lo mejor para él y eso fortalecerá nuestra conexión.

Los momentos difíciles nos ayudan a crecer y ayudan a que nuestro hijo crezca. Y qué mejor que nuestros hijos sepan que los amamos hasta cuando están haciendo un berrinche, jalan nuestro cabello o se rehúsan a vestirse.

ESTABLECE LÍMITES CLAROS

CREA REGLAS BÁSICAS PARA EL HOGAR

Los niños, sobre todo los más pequeños, necesitan orden. Necesitan saber qué esperar, que las cosas son constantes y predecibles. Que sus padres los mantendrán a salvo y seguros. Que recibirán la misma respuesta sin importar si su padre durmió ocho horas o si casi no descansó por los llantos del bebé.

Es bueno tener unas cuantas reglas que sean importantes para la familia. Si tenemos demasiadas, parecerá una dictadura, pero unas pocas reglas, claras y simples, ayudarán a que todos estén seguros y la convivencia sea pacífica. Esto sucede de la misma forma en la que hemos aceptado algunas reglas básicas para vivir en sociedad.

¿Cuántos de nosotros ya tenemos algunas reglas en nuestros hogares? ¿Tal vez pegadas en el refrigerador? ¿Tal vez una lista de reglas familiares en la pared de la sala? ¿O tal vez solo las discutimos entre los adultos de la casa?

Cuando hago esta pregunta en mis talleres de crianza me doy cuenta de que la mayoría de los participantes no tiene ni una sola regla. Eso quiere decir que seguramente improvisan, inventan cosas cuando es necesario. Eso hace que sea difícil recordar las reglas o límites que le pusimos a nuestro hijo y también corremos el riesgo de confundirlo. Imagina que de un día a otro cambian las reglas de los semáforos, de repente el rojo significa avanza y el verde detente. Así se sienten los niños cuando cambiamos de parecer.

Estos son algunos ejemplos de reglas que podemos tener en casa, ajústalas según sea necesario para tu familia:

Ejemplos de reglas básicas para el hogar

- **Seamos amables con los demás.** Esto quiere decir que aunque discutamos, no nos lastimaremos físicamente ni nos molestaremos. Así le enseñamos al niño a ser respetuoso consigo mismo y con los demás.
- **Nos sentamos en el comedor para comer.** Esta regla es práctica y evita que haya comida por doquier. También le recuerda a la gente que comer es una actividad social y que no jugamos al mismo tiempo que comemos.
- **Contribuimos al hogar.** No importa la edad, todos ayudamos en la casa y todo tipo de ayuda se agradece.
- **Solo jugamos brusco si todos están de acuerdo.** Esta regla puede ser complicada para niños pequeños, pero si la explicas seguro entenderán. Si alguien dice: «para», quiere decir que no se está divirtiendo y el juego debe detenerse.

Estas reglas para el hogar pueden ser una buena base a la cual siempre regresar; cuando nuestros hijos crezcan podemos revisarlas y ajustarlas según sea necesario. Pero nunca mientras discutimos, hazlo en un momento neutral y de preferencia que hayas planeado.

SÉ COHERENTE, CLARA Y ATENTA EN TUS ACCIONES

«Si lo dices, es en serio. Si es en serio, actúa con acciones atentas y firmes».

Jane Nelsen, *Disciplina positiva: los tres primeros años*

Si, a pesar de nuestros mejores esfuerzos, nuestro hijo no coopera, entonces debemos tomar **acciones claras y precisas.**

Digamos que no quiere que le cambiemos el pañal, está aventando la comida o no quiere irse del parque. Entonces **reconocemos sus sentimientos**, pero tomamos acción. Nosotros somos el líder, pero un líder respetuoso.

Lo tocamos con gentileza en caso de ser necesario, lo cargamos si no hay otra opción, pero mientras nos vamos siempre damos una explicación corta. Cambiamos el pañal, lo ayudamos a llevar su plato a la cocina o nos vamos del parque. Creamos límites claros pero cariñosos para nuestro niño.

Haz que sea lógico y apropiado

La consecuencia debe estar directamente ligada al comportamiento. Los niños pequeños no pueden seguir la lógica de nuestras acciones cuando no hay relación. Para ellos no tiene sentido que, si no nos escuchan, no puedan ir al parque o comer helado por la tarde.

Una vez estaba en un avión cuando escuché a un padre decir: «Si no te comportas, vamos a pedirle al avión que dé la vuelta y regresaremos a casa». Esa es una amenaza muy difícil de cumplir.

Por cierto, olvídate de las estrellitas en la frente, que es una forma de sobornarlos.

Mejor busca una consecuencia lógica. Digamos que está aventando la pelota dentro de la casa y le pedimos que se detenga. Una consecuencia lógica sería guardar la pelota y dejar que el niño lo intente más tarde.

Permíteme compartir un ejemplo de cuando mis hijos eran un poco más grandes, pero que muestra claramente las consecuencias lógicas.

Tenían alrededor de siete y ocho años y estaban sentados en una *bakfiets*, una bicicleta aquí en Holanda con una canasta al frente en donde caben hasta cuatro niños sentados. Estaban molestos el uno con el otro e invadían su ambiente personal constantemente. Empezaron a pisarse, lo cual hizo que a mí me costara trabajo concentrarme en el camino, así que les pedí que se detuvieran. Cuando no lo hicieron, decidí orillar mi bicicleta en silencio y les pedí que se bajaran. Caminaríamos hasta que estuvieran listos para sentarse uno al lado del otro en calma.

Fue difícil poder seguir con esta acción; al principio mis hijos estaban muy enojados, pero yo mantuve la calma. «Sí, están molestos porque tuvimos que bajarnos de la bicicleta». Pero poco a poco se fueron tranquilizando y después de caminar un poco les pregunté si estaban listos para intentarlo de nuevo. Después de eso, no recuerdo que se hayan vuelto a pelear en la *bakfiets*.

Expresa los límites con claridad

Yo me siento más cómoda poniendo límites usando frases como «No puedo dejar que…» o «Voy a… ». Así el límite es claro y nos responsabilizamos como padres. Además, es respetuoso tanto para el niño como para el padre. También podemos asegurarnos de que nos escuchen acercándonos a ellos y poniéndonos a su nivel.

- «No puedo dejar que les quites ese juguete. Voy a usar mis manos para quitar las tuyas con cuidado».
- «No puedo dejar que le pegues a ese niño. Te voy a separar de él».

- «Voy a poner una almohada aquí para que no te lastimes».
- «Voy a bajarte; si tienes hambre, puedes comer esta manzana».

No tenemos que explicar los límites todo el tiempo

Una vez que el niño conoce el límite, no es necesario que se lo expliquemos cada vez que sea necesario.

Digamos que nuestro hijo avienta comida cada vez que tiene alimentos enfrente. Tenemos la misma conversación una y otra vez con el pequeño sobre por qué no podemos dejar que aviente la comida, que es solo para comerse, etc. No tenemos por qué entrar en una negociación o darle más de una oportunidad.

Si el comportamiento continúa, es un recordatorio para hablar menos y tener más acciones claras y atentas. Podemos decir: «Parece que ya acabaste de comer, tu plato va en la cocina». (Ve a la página 158 para más consejos sobre este tema con la comida).

Establece límites por su seguridad

Si nuestro niño pequeño está haciendo algo peligroso, debemos detenerlo para mantenerlo seguro. Esta es la única vez que digo «no» y eso me permite tener su atención cuando está cerca del peligro.

Algunas de las cosas que considero peligrosas son tocar algo caliente, acercarse a una toma de corriente, correr hacia una calle, alejarse demasiado de nosotros en la vía pública o acercarse demasiado a una ventana abierta.

Cárgalo, di: «No puedo dejar que hagas eso», y aléjalo del peligro.

Quizá necesitemos repetir esto si sigue haciendo lo que lo pone en riesgo. Si es necesario, yo buscaría una forma de quitar u ocultar el peligro por completo. Pon una caja sobre el contacto eléctrico, mueve el sillón a otro lado o lleva lo que lo pone en riesgo a otra habitación en la cual el niño no pueda entrar.

Si se ríen

Es difícil poner un límite si el niño se ríe. A pesar de eso, yo intentaría seguir con la acción de manera atenta y clara. Si están acostumbrados a que reacciones de cierta forma, intenta mantenerte tranquila y di algo como: «Sé que quieres divertirte, pero no puedo dejar que lastimes a tu hermano».

RECONOCE LOS SENTIMIENTOS NEGATIVOS

Es posible que los niños se sientan infelices al ponerles un límite, pero recuerda siempre reconocer sus sentimientos y ver las cosas desde su perspectiva.

Adivina su emoción

He aprendido a través de la Comunicación No Violenta que podemos ayudar al niño a adivinar sus emociones.

- Parece que tú…
- ¿Me estás diciendo qué…?
- ¿Te sientes…?
- Puede ser que…
- Creo que te sientes…

Pregúntale si se siente decepcionado o trata de adivinar cómo se siente («¿Me estás diciendo que te sientes triste porque nos fuimos del parque?») o describe cómo se ve («Te ves muy enojado en este momento»).

Tal vez adivines el sentimiento equivocado, pero está bien; el niño solo gritará algo como «¡No es cierto!» o «¡No lo estoy!»; aun así, habrás ayudado a aclarar sus emociones.

Conviértete en un comentarista

También podemos usar la técnica del comentarista que le escuché por primera vez a Janet Lansbury, autora de los libros *Los niños malos no existen: Disciplina sin vergüenza para los más pequeños* y *Hacia otro nivel de cuidado: Guía para la crianza con respeto*. De la misma forma en la que un comentarista deportivo opina sobre un juego de futbol, tú puedes describir lo que sucede basándote en los hechos. Esto te dará un poco de distancia emocional durante el momento difícil y te permitirá observar, nombrar lo que ves y evitar que seas tú quien trate de solucionar el problema.

«Te estás aferrando al columpio. Tus manos están cada vez más apretadas, pero yo ayudo con mi suave tacto a soltarte. Te estoy abrazando mientras nos vamos del parque».

Deja que salgan las grandes emociones

También podemos reconocer sus emociones cuando las cosas no salen como lo esperan, como cuando quieren ponerse algo que no está disponible o es inapropiado. Deja que se enojen, abrázalos si te lo permiten o mantenlos a salvo si no y ofrece un abrazo cuando se hayan tranquilizado.

Permite que sientan todas sus emociones, hasta aquellas que consideramos «negativas»; enséñales que podemos amarlos hasta en su peor momento. Una vez que se tranquilicen, podemos arreglar las cosas si es necesario.

Consejo: He notado que cuando los niños pequeños procesan sus sentimientos y están tranquilos, normalmente respiran profundo o dejan escapar un gran suspiro. Podemos buscar esta señal física para asegurarnos de que estén en calma.

LIDIANDO CON BERRINCHES

Cuando los niños hacen un berrinche, es para comunicar que algo no salió como querían, que están teniendo un mal momento. Quizá hicieron algo malo, pero en ese momento lo único que necesitan es tu **ayuda para tranquilizarse.**

Amo la analogía que usan Daniel Siegel y Tina Payne Bryson en su libro *El cerebro del niño*: cuando un pequeño está molesto, «se le bota la canica». Esto quiere decir que la parte alta del cerebro, el córtex cerebral —la parte encargada de tomar decisiones racionales y que permite el autocontrol— no está disponible.

Por ende, todas las palabras racionales o explicaciones que demos serán ignoradas. Primero tenemos que ayudar al niño a volver a colocar ese tapón apoyándolo para que se tranquilice.

Podemos ofrecer una caricia, pero no asumamos que quiere una. A algunos niños les gusta que los abracen para tranquilizarse, otros prefieren tener un poco más de espacio. Si los alejan, solo asegúrense de que esté a salvo y ofrezcan ese abrazo cuando se haya tranquilizado.

Estamos diciendo que está bien que se enojen. En vez de tratar de detener el berrinche cuanto antes, mejor permite que exprese sus sentimientos de forma segura hasta que se tranquilice y demuestra que estás ahí para ayudar en caso de ser necesario. Una vez que se calme, puedes arreglar las cosas si es preciso.

Eso es todo.

Puede pasar en la calle, en el súper o en el parque, y está bien. Muévelo de lugar si es posible para no estorbar y dale tiempo para tranquilizarse. Tú también mantente tranquila y evita tratar de acelerar el proceso o distraerlo. **Deja que se exprese.**

Cuando mi hijo tenía dos años, hizo un berrinche que duró casi 45 minutos porque no quería vestirse. Primero estaba furioso, después se puso triste y al final se avergonzó. Pasó por todas las emociones y finalmente su llanto disminuyó. Respiró profundo y dijo: «Estoy listo para vestirme». Yo me mantuve tranquila y nuestra conexión no se perdió, o quizá hasta se incrementó, pues entendió que lo amaría incluso si estaba enojado.

Si ese día hubiera sido necesario que saliéramos de la casa rápido, lo habría ayudado a vestirse de la forma más gentil posible y utilizado la técnica del comentarista que mencionamos antes: «¿La estás pasando mal vistiéndote? Puedes vestirte tú solo o puedo ayudarte. Ya veo que tendré que ayudarte, sí. Estás jalando tu brazo, no quieres que entre en la playera, así que cuidadosamente estoy poniéndote la camisa por la cabeza. Sigues tratando de quitártela. Gracias por decirme que esto es difícil para ti».

¿Debería ignorar un berrinche?

He escuchado a varias personas decir que es mejor ignorar por completo un berrinche. Esta idea se basa en que ayudar al niño o prestarle atención a un comportamiento indeseado solo lo motiva para hacerlo de nuevo. No estoy de acuerdo.

Imagina que yo tuviera un mal vuelo en el avión y le dijera a mi amigo que mi equipaje se perdió, que estaba decepcionada de la aerolínea y que nadie me ayudó. Si mi amigo me ignorara y se fuera de la habitación, pensaría que no me quiere. Me enojaría con él porque lo único que necesitaba era que me escucharan, que me ayudaran a tranquilizarme y después me preguntaran si necesitaba un poco de espacio.

Ignorar el berrinche hace que los sentimientos de nuestro niño se dirijan hacia nosotros en vez de al problema que los ocasionó. Crea conflicto cuando lo único que necesita es conexión.

La calma y aceptación lo incita a expresar sus emociones. Con el tiempo encontrará formas más saludables de expresarse, pero no tendrá miedo de manifestar sus sentimientos con nosotros porque sabrá que somos capaces de ser atentos y mantenernos tranquilos aun cuando sus sentimientos sean aterradores.

Creando un ambiente de calma

En *Disciplina positiva: los tres primeros años*, Jane Nelsen habla sobre crear un ambiente de calma para un niño de alrededor de tres años, un lugar con algunas de sus cosas favoritas al que puedan ir cada vez que quieran tranquilizarse. Esto es diferente a mandarlo a su habitación; el niño puede elegir cuándo y por cuánto tiempo estar ahí, y nunca debemos usarlo como una amenaza.

Más bien, si vemos que se está alterando, podemos sugerirlo: «¿Te gustaría ir a tu ambiente de calma para intentar tranquilizarte?» o «¿Quieres que vayamos juntos a tu ambiente de calma?». Si rechaza la invitación y nosotros tenemos que calmarnos, podemos decir algo como: «Creo que iré sola al ambiente de calma». Si cuando salga del ambiente de calma sigue enojado, podemos sugerirle tranquilamente que regrese y salga hasta que se sienta mejor.

El objetivo de este paso no es decir que aceptamos su comportamiento, sino que podemos ayudarlo a tranquilizarse.

RECONECTANDO CUANDO ESTÉN TRANQUILOS

Cuando estén tranquilos, los niños podrán hablar sobre lo que pasó. Podemos ofrecerles un abrazo o esperar a que pidan uno. Podemos reconocer sus sentimientos y ver las cosas desde su perspectiva. «Guau, eso fue difícil, ¿cierto? Parecía que no estabas disfrutándolo, te veías muy enojado».

HACIENDO LAS PACES

«Cuando todos se hayan calmado, cualquier daño deberá ser atendido. Las cosas que se aventaron pueden ser recogidas; los papeles rotos, levantados o desechados, y las almohadas pueden ser llevadas de vuelta al sillón o a la cama. Los adultos pueden ayudar a los niños con estas tareas. También está bien que ayudes a tu hijo a reparar lo que se haya dañado, como un juguete roto. Es una forma muy real de enseñarle a enmendar las cosas».

Jane Nelsen, *Disciplina positiva: los tres primeros años*

Una vez que nuestro niño se haya calmado, podemos ayudarlo a hacer las paces. Esto le ayudará a aprender a responsabilizarse de sus acciones. Ese es un paso muy importante para aprender. La justicia restaurativa —«¿cómo puedo mejorar esto?»— es preferible al castigo o a quitarle algo.

Sí, acepta todos sus sentimientos, hasta los más feos, y ayúdalo a tranquilizarse. Cuando esté tranquilo, ayúdalo a responsabilizarse de sus acciones.

Si hacemos esto antes de que nuestro pequeño se haya calmado, se resistirá y no querrá enmendar las cosas. Por eso es importante asegurarnos de que esté tranquilo; así sí aprenderá a hacer las paces con las personas.

LIDIANDO CON BERRINCHES

CONOCE LOS DETONANTES Y EVÍTALOS SI ES POSIBLE

- Frustración.
- Enojo o ira cuando las cosas no salen como esperaban.
- Querer estar en control.
- Problemas para comunicarse, pues su lenguaje sigue siendo limitado.

AYUDA A QUE TU HIJO SE CALME

- Ofrécele un abrazo, frota su espalda, sostenlo o cántale mientras atraviesa por su gama de emociones: del enojo a la frustración intensa, a la tristeza y, a veces, hasta el arrepentimiento.
- Si te empuja, asegúrate de que esté a salvo y no se haga daño a él o a alguien más. Mantente cerca y ofrécele ayuda: «Estoy aquí por si necesitas ayuda para calmarte o podemos abrazarnos cuando estés listo».
- Si está lanzando juguetes a su hermano o tratando de golpearte, llévalo a otro lugar para que todos estén seguros. «No puedo dejar que me pegues. Mi seguridad es importante. ¿Quisieras golpear estas almohadas mejor?».

NIÑOS MÁS GRANDES

- Un niño mayor de tres años puede tener un ambiente de calma al que pueda ir cuando esté molesto. Este lugar puede ser una cabañita con almohadas y sus cosas favoritas o una esquina de la casa con trenes.
- Puedes preguntarle si quisiera ir a su ambiente de calma. Si aún regresa enojado, podemos decirle con cuidado que todavía se ve molesto y quizá necesite más tiempo en su lugar especial; nosotros lo esperaremos a que esté listo para regresar.

HACER LAS PACES, NO TE SALTES ESTE PASO

Una vez que esté más calmado, ayúdalo a arreglar la situación; por ejemplo, si rayó la pared, puede ayudarte a limpiarla, o si rompió el juguete de su hermano, puede intentar arreglarlo.

De esta forma aprenderá a responsabilizarse de sus acciones si estas no salen como esperaba.

Cómo arreglar las cosas

Si nuestro hijo le pegó a alguien y ya está tranquilo, podemos ayudarlo a ver si el otro niño está bien y darle un pañuelo. Le preguntaremos a nuestro pequeño si quiere disculparse o hacer algo al respecto.

Con frecuencia uso un ejemplo de cuando mis hijos eran lo suficientemente mayores para enseñarles a arreglar las cosas en sus propios tiempos. Mi hija había invitado a una amiga a dormir a la casa. Mi hijo se sentía un poco excluido y puso una alarma a las cuatro de la mañana. Cuando los escuché en la mañana, mi hija y su amiga estaban furiosas porque la alarma las despertó en la madrugada. Yo me acerqué a ofrecer un poco de ayuda, reconociendo tanto el sentimiento de mi hijo de saberse excluido como el enojo de las niñas por haber sido despertadas. Al final acordamos que él les prepararía el desayuno y quedó muy satisfecho de hacerles pan francés. No hace falta decir que, cuando la amiga volvió a quedarse en casa, le pregunté a mi hijo si las volvería a despertar; él rápidamente dijo que no lo haría, y no ha vuelto a suceder.

Enséñales a arreglar las cosas

Si todavía son pequeños, podemos enseñarles con nuestro ejemplo. «Veamos si nuestro amigo está bien», «Siento mucho que mi hijo te haya lastimado, ¿te sientes bien?». Darles el ejemplo es mucho más efectivo que forzarlos a disculparse si no lo sienten, a hacer que apenas murmuren un «lo siento» o lo digan en un tono sarcástico.

Podemos enseñarles a disculparse cuando olvidamos cosas, le quedamos mal a alguien o chocamos con una persona por accidente. También podemos mostrarles cómo hacer las paces cuando estamos arrepentidos por cómo manejamos un conflicto con ellos. Conforme vaya creciendo, nuestro pequeño aprenderá a disculparse genuinamente.

Para mí, ayudar a un niño a **hacerse responsable** cuando ha hecho algo mal es la parte más difícil. Sin embargo, esta es una de las acciones más esenciales para hacer que estas semillas germinen en un ser humano respetuoso.

CONSEJOS PARA ESTABLECER LÍMITES

Establece límites a tiempo

Es difícil ser respetuoso con nuestros hijos si todo el tiempo dejamos que hagan las cosas más allá de nuestros límites. Cuando les damos demasiado, cuando intentamos ser complacientes y les damos un exceso de libertad, terminamos perdiendo nuestro temperamento y nos enojamos.

Si empezamos a sentirnos incómodos con algo que está haciendo nuestro hijo, podemos hacer algo a tiempo para establecer un límite claro y con cariño, sin perder la paciencia o gritar.

O, tal vez, al inicio nos sintamos bien con algo que está haciendo, pero después nos damos cuenta de que nos molesta. No es demasiado tarde, podemos decirle: «Lo siento. Pensé que estaba bien que aventaras arena, pero cambié de parecer y no puedo dejarte hacerlo». (Si se enojan, ve a la página 137, donde encontrarás algunos consejos para reconocer sentimientos negativos y lidiar con los berrinches).

Cuando comenzamos a enojarnos

Recuerda que los padres somos los guías de nuestros pequeños y no podemos ser buenos guías cuando nos enojamos. Ellos buscan en nosotros dirección. Si nos enojamos por una situación difícil, es como si nuestro pequeño tuviera un problema y lo convirtiera en el nuestro. Parte de nuestro trabajo es apoyarlos cuando tienen un momento difícil. No tenemos que resolverlo por ellos.

- Cuando intentamos una y otra vez que nuestro pequeño cene, ya lo convertimos en nuestro problema.
- Cuando buscamos todas las maneras posibles para que se vista, ya lo convertimos en nuestro problema.
- Cuando hacemos nuestro mayor esfuerzo para que el niño se quiera ir del parque, ya lo convertimos en nuestro problema.

Dejemos que ellos resuelvan sus problemas con nuestra ayuda.

- Dales cenas nutritivas, pero deja que ellos decidan cuánto comer.
- Utiliza una lista para ayudarlo a pensar en un método para que se vista, pero sal con él de casa en piyama si no quiere cooperar.
- Hazle saber que se irán del parque en cinco minutos. No cambies el plan y te pongas a platicar con otro padre. Comienza a caminar para irte y ayúdalo en caso de que lo necesite.

Consistencia

Una última nota sobre la consistencia. Los pequeños intentan que el mundo que los rodea tenga sentido para ellos. Probarán los límites para saber si son los mismos todos los días (a menudo más de una vez al día). Les ayuda mucho que nosotros conozcamos nuestros límites. Aprenderán a que cuando decimos «no», realmente lo decimos en serio. Somos responsables, dignos de confianza y queremos lo mejor para ellos.

Si decimos que no, pero después cambiamos de parecer porque no dejan de molestar y de estar irritables, muy pronto aprenderán que esto funciona. Es lo que los psicólogos llaman *refuerzo intermitente*. Si obtienen una respuesta distinta cada vez, siempre insistirán.

Si no tenemos certeza, podemos decir: «No estoy segura» o «Déjame pensarlo».

Nota: Podemos preguntarnos por qué decimos que no, antes que nada. Si terminamos comprándoles el helado después de que se portaron mal, quizá debimos haber aceptado desde el inicio y así habríamos evitado ser inconsistentes.

PRACTIQUEMOS

1. ¿Cómo podemos promover la cooperación en nuestro pequeño?
   - ¿Hay una manera de resolver el problema en conjunto?
   - ¿Existe la posibilidad de darle una opción?
   - ¿Podemos hablar de una manera distinta?
   - ¿Necesitamos controlar sus expectativas o las nuestras?
   - ¿Podemos escribir una nota?
2. Cuando establecemos límites, ¿somos amables y claros?
   - ¿Tenemos reglas claras en casa y fuera de ella?
   - ¿El niño está aprendiendo algo?
3. ¿Reconocemos sus sentimientos negativos para ayudarlos a procesar sus emociones?
4. ¿Los ayudamos a arreglar las cosas una vez que se han tranquilizado?

Los niños necesitan padres que les demuestren que los aman cuando:

- Los aceptan completamente por quienes son.
- Les dan la libertad de explorar y ser curiosos.
- Trabajan en conjunto para promover la cooperación.
- Establecen límites para que estén seguros y aprendan a convertirse en seres humanos respetuosos y responsables.

Seamos los guías de nuestros hijos; ellos no necesitan un jefe o un sirviente.

«La libertad del niño debe tener como límite el interés colectivo de la comunidad en la que se desenvuelve; y esto se expresa a través de lo que llamamos gracia y buen comportamiento. Es nuestro deber proteger al niño de hacer algo que pueda ofender o lastimar a otros, y atender cualquier comportamiento que sea impropio o maleducado. Pero, con respecto a todo lo demás, cada acción que tenga un propósito útil, el que sea que fuere y de la manera que sea, no solo debe permitirse, sino también observarse; ese es el punto clave».

Doctora María Montessori, *The Discovery of the Child*

UNA GUÍA ÚTIL PARA ESTABLECER LÍMITES

¿HAY CLARIDAD?

- Ten unas cuantas reglas en casa.
- Sé consistente con los límites.

¿HAY AMOR EN NUESTROS LÍMITES?

- Ponte a su nivel.
- Usa un tono claro y cariñoso.
- Primero controla tu enojo.
- Dale respeto y comprensión si se siente enojado o frustrado.
- Intenta estar ahí para calmarlo o mantenerlo a salvo si pierde el control.

¿EXISTE UNA RAZÓN DETRÁS DEL LÍMITE?

- ¿Está relacionado con su seguridad, respeto a los demás, a su ambiente o a sí mismo?
- «Porque lo digo yo» no es una razón suficientemente buena.

¿EL LÍMITE ES APROPIADO PARA LA EDAD Y HABILIDADES DEL NIÑO?

- Los límites pueden reconsiderarse conforme el niño crece.

¿LOS LÍMITES AYUDAN A QUE EL NIÑO ENCUENTRE SOLUCIONES?

- A veces las mejores ideas las encuentran los niños.

LLEVARLO
A LA PRÁCTICA

7

PRIMERA PARTE

CUIDADO DIARIO

Creo que podemos tomar las dificultades diarias que tenemos con nuestros pequeños y transformarlas en momentos pacíficos de conexión. ¿Había mencionado ya que soy una idealista?

RITMO DIARIO

Los pequeños tienen grandes progresos cuando tienen un ritmo regular. Les gusta lo predecible, saber qué está sucediendo y qué pasará después. Les brinda un sentido de seguridad.

No necesitan una agenda fija en la que se planee cada minuto. En lugar de eso, puede ser valioso tener un ritmo que siga el mismo patrón a diario. Al niño le será fácil predecir lo que sucederá después, lo cual ayudará a minimizar esos difíciles momentos de transición. El ritmo acompaña su energía y sus intereses. De vez en cuando esto puede variar. Podemos entonces saber con anticipación qué puede ser difícil para el niño y, por ende, prepararnos (y al pequeño) para afrontarlo.

Momentos de cuidado = momentos de conexión

Pasamos gran parte del día cuidando a nuestro pequeño: le ayudamos a vestirse, comemos juntos, le cambiamos los pañales, le enseñamos a ir al baño, lo bañamos. En lugar de ver esas actividades de cuidado diarias como algo que debemos hacer rápido, también podemos verlas como momentos de conexión con él.

Estos momentos pueden ser para sonreír, hacer contacto visual, platicar con nuestros pequeños sobre lo que está sucediendo, escucharlos mientras se comunican (aun cuando todavía no utilicen palabras), turnarnos en la conversación, enseñarles maneras respetuosas de tocar y compartir abrazos.

Los niños nos muestran muchas oportunidades para simplemente vivir juntos. Y vivir juntos simplemente.

Un ejemplo de ritmo diario para un pequeño

- Despertar.
- Jugar en el cuarto.
- Acurrucarse con los papás, leer libros.
- Utilizar la bacinica/cambiar el pañal.
- Desayunar.
- Vestirse, lavarse la cara, cepillarse los dientes.
- Jugar en casa/paseo matutino/visita al mercado/llevarlo a la guardería (en caso de que aplique).
- Comer.
- Utilizar la bacinica/cambiar el pañal.
- Siesta/tiempo de descanso.
- Utilizar la bacinica/cambiar el pañal
- Jugar en casa/paseo vespertino.
- Refrigerio de media tarde
- Recogerlo de la guardería (en caso de que aplique).
- Jugar en casa.
- Cenar.
- Baño.
- Usar la bacinica/cambiar el pañal.
- Hora del cuento.
- Dormir.

RITUALES

Los rituales en nuestra familia pueden utilizarse para señalar momentos y crear recuerdos.

A lo largo del año, en momentos especiales, deberíamos plantearnos hacer rituales alrededor de eventos como:

- Cumpleaños.
- Días festivos.
- Estaciones: manualidades según la estación, comida, salidas.
- Vacaciones anuales.
- Rituales semanales cotidianos como ir al parque los viernes por la tarde o hacer un desayuno especial los domingos.

Conforme pasa el tiempo, estos rituales se vuelven comunes para nuestro pequeño, algo que podemos esperar con entusiasmo. Por lo general, los momentos que más recuerdan nuestros hijos son los de su infancia. Así como los niños disfrutan lo predecible de los ritmos diarios, también aman saber qué esperar en estos eventos.

Si los padres vienen de distintos contextos, culturas o nacionalidades, es una oportunidad de encontrar una manera única de celebrar sus orígenes y crear tradiciones especiales, únicas y nuevas en nuestras familias.

Los rituales pueden crearse alrededor de nuestros alimentos, las canciones, las personas con quienes celebramos o las cosas que hacemos, como las decoraciones acordes a la estación en nuestras casas.

En un ambiente Montessori tenemos una celebración especial para los cumpleaños de los niños. El pequeño camina alrededor de una representación del sol el mismo número de veces que los años que han pasado desde su nacimiento. Esta es una manera concreta de mostrar el paso del tiempo y nuestra relación en la Tierra con el Sol.

Cuando era niña sabía exactamente qué comida se prepararía en nuestros cumpleaños en el jardín y las actividades que jugaríamos. El verano significaba muchos mangos y cerezas, usar traje de baño todo el día y correr descalza sobre el pasto (y que se me pegaran en los pies unas hierbas espinosas australianas). Me siento sorprendentemente nostálgica ahora, incluso por los pies espinados.

Aquí en Ámsterdam nuestra familia tiene muchas tradiciones para el último mes del año. El 1 de diciembre hacemos un calendario de adviento casero en el cual escondemos algunos papeles con algo divertido para hacer cada día, como dar un paseo nocturno para ver las luces navideñas, hornear galletas y hacer manualidades. El 5 de diciembre celebramos Sinterklaas, como le llaman a la Víspera de San Nicolás, una tradición holandesa de escribir poemas y hacerse regalos sorpresa los unos a los otros. Más adelante, durante Janucá, encendemos algunas velas y cantamos «Maoz Tzur». Y el día de Navidad intercambiamos algunos regalos y tenemos una comida familiar. Intentamos que estas celebraciones sean sencillas, poco costosas y nada elaboradas. Lo importante es estar juntos, en lugar de siempre intentar que todo sea perfecto.

 Para echarles un vistazo más profundo a algunos hermosos rituales y tradiciones familiares, recomiendo leer *The Creative Family* de Amanda Blake Soule.

VESTIRSE Y SALIR DE CASA

Esto no tiene que implicar un pleito siempre. En lugar de eso, podemos emplear los principios para guiar al niño y encontrar maneras de colaborar en lugar de amenazarlo o sobornarlo.

Una vez más, vestirse puede ser un momento de conexión, incluso cuando somos padres de familia que trabajan fuera de casa.

Tipo de vestimenta

Cuando tu pequeño comience a hacer cosas por su cuenta —«¡Yo hago!»—, busca ropa mucho más sencilla para que pueda ponérsela solo o con muy poca ayuda.

Buenas elecciones:

- Shorts y pantalones con elástico en la cintura para que puedan subirse sin tener que bajar el cierre o desabotonarse.
- Playeras con grandes aperturas en el cuello para que su cabeza pase fácilmente (un botón de presión en el hombro puede ayudarlo a que se abra con más facilidad).
- Zapatos con velcro o hebillas —son más sencillos que las agujetas—, o bien, zapatos que solo tengan que meterse.

Evita:

- Vestidos largos que sean difíciles de manejar o que restrinjan el movimiento.
- Overoles que sean difíciles para que el niño se ponga por su cuenta.
- Pantalones entubados u otro tipo de ropa que sea muy restrictiva.

Un lugar para todo y todo en su lugar

Tal como lo exploramos en el capítulo cuatro, podemos ordenar nuestra casa de manera que las cosas sean más fáciles para todos. Cuando tenemos un lugar para cada cosa, entonces todo (o casi todo) está en su lugar y es fácil encontrarlo. Además, es mucho menos probable que nos volvamos locos buscando un guante o un zapato perdido.

Por ejemplo, es útil tener en la entrada de casa lo siguiente:

- Ganchos para colgar abrigos y bufandas.
- Una canasta para guantes y sombreros.
- Un lugar para guardar zapatos.
- Un lugar para sentarse mientras te quitas o te pones los zapatos.

Con tales ajustes, esta área será atractiva y funcional para cuando queramos salir (y también para cuando regresemos). Nos evitaremos el típico: «¿En dónde está el otro zapato?». En lugar de eso diremos: «¿Hoy quieres usar los zapatos azules o los negros?». En lugar de una salida caótica, esto puede ser una oportunidad de trabajar en conjunto y crear conexiones.

Aprender a hacerlo por su cuenta

No olvides que podemos tomarnos el tiempo necesario para enseñarles a los niños las habilidades para vestirse cuando no nos sentimos apresurados por salir de casa. A los pequeños de uno a tres años les encanta hacer las cosas por su cuenta. Por ejemplo, podemos enseñarles el truco del abrigo para que puedan aprender a ponérselo ellos mismos.

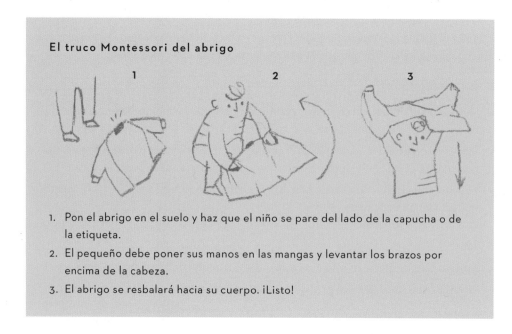

El truco Montessori del abrigo

1
2
3

1. Pon el abrigo en el suelo y haz que el niño se pare del lado de la capucha o de la etiqueta.
2. El pequeño debe poner sus manos en las mangas y levantar los brazos por encima de la cabeza.
3. El abrigo se resbalará hacia su cuerpo. ¡Listo!

Habilidades complementarias

Tal vez los niños más pequeños necesiten algo de ayuda para vestirse. Esta es una gran oportunidad para practicar las actividades complementarias. Ellos aprenderán a vestirse si dividimos la gran tarea en muchos pasos pequeños, que se construyan entre sí y que, con el tiempo, puedan perfeccionar más y más el proceso por su cuenta.

Observa siempre cuánta ayuda necesitan. Primero déjalos intentarlo por sí mismos. Siéntate sobre tus manos si es necesario, pues es muy satisfactorio para ellos si logran hacer la tarea por sí solos. Incluso podemos poner la playera sobre su cabeza y ver si pueden meter sus brazos en las mangas.

Cuando empiecen a frustrarse podemos ofrecer algo de ayuda. Acercarnos para ayudar un poco y después alejarnos para ver qué tal lo hacen. Si no pueden ponerse los zapatos, podemos intentar sujetar la parte de atrás del zapato mientras ellos meten el pie y ver si lo logran desde ese punto.

Si no quieren nada de ayuda, podemos decir: «Bueno, solo avísame si quieres que te ayude en algo. Aquí estoy».

Mientras nuestro pequeño crece es capaz de lograr hacer más cosas por su cuenta. Podemos intentar vestirnos y alistarnos al mismo tiempo en la misma habitación. O, eventualmente, nos daremos cuenta de que podemos salir del cuarto y de vez en cuando volver para saber si todo está bien.

Desacelera. Da tiempo. Conéctate

¿Cuánto tiempo les toma a todos estar listos cuando no tienen que salir de casa? ¿Quizá 15 minutos? 25? Podemos utilizar la misma cantidad de tiempo cuando necesitamos salir para ir a la escuela, al trabajo o a cualquier otro lugar.

Si se nos dificulta sentarnos y observar al pequeño alistarse a su ritmo, podemos encontrar una manera de hacer que el proceso sea disfrutable, como tomarnos una taza de té o café (mantén las bebidas calientes fuera del alcance de los niños), o bien, puedes poner algo de música relajante o alegre.

Cuando no quieren vestirse

Prepárate para los momentos en los que los niños no quieran vestirse por sí mismos. Puede ser frustrante ver a nuestro pequeño rehusarse a ponerse los zapatos cuando apenas un día antes parecía estar satisfecho por haberlo logrado por su cuenta. Recuerda, a nosotros tampoco se nos antoja cocinar la cena todos los días. Prepárate para ayudarlo, incluso puedes decirle: «¿Te gustaría que te ayudara con los zapatos hoy?».

Recuerda que los pequeños están en el proceso de volverse independientes de nosotros; algunos días querrán que los ayudemos y otros querrán hacerlo por su cuenta. A mí me gusta llamarle *crisis de independencia*.

Si esto es un problema en aumento, podemos volver al capítulo seis y revisar algunas ideas que es posible trabajar con nuestro pequeño para motivar la cooperación. Aquí hay algunas que pueden ser útiles a la hora de alistarse:

- Esperar hasta que haya acabado la actividad.
- Permitirle el tiempo de procesar lo que le pedimos.
- Ofrecerle opciones de vestimenta.
- Utilizar el sentido del humor.
- Hacer que nuestras expectativas sean acordes con su edad.
- Utilizar una lista.

Nota: Si no quieren que les cambies el pañal, quizá sea porque no les gusta estar recostados mientras sucede. Pueden sentirse en una posición muy vulnerable. Y aunque para nosotros puede ser mucho más conveniente que estén acostados, con un poco de práctica podemos sentarnos en un banquito pequeño y cambiarlos mientras están parados entre nuestras rodillas. En el caso de que no se trate de pipí, sino de popó, podemos hacer que el pequeño se incline y se sujete de algún borde, como el de la tina de baño, o de un banquito, por ejemplo, mientras lo limpiamos.

Cuando tenemos que irnos

Aunque podemos darles tiempo a los niños para ir lento, no necesitamos ser santos y darles tiempo ilimitado. Si no tenemos tiempo, podemos decir algo como: «Quieres vestirte por tu cuenta, pero ya es hora de irnos. Voy a ayudarte a ponerte lo demás». Conozcamos nuestros límites y marquémoslos cuando sea necesario.

Utiliza tus manos con delicadeza y ve contándoles todo lo que estás haciendo para ayudarlos a reconocer cualquier tipo de resistencia que opongan: «Estoy poniéndote la playera. Sí, tú te estás resistiendo. ¿Estás tratando de decirme que no te gusta cuando pasa por tu cabeza? Ahora voy a ayudarte con tu brazo izquierdo…».

También puedes ir a pararte a la puerta principal. Y, en lugar de decir: «Me voy a ir sin ti», puedes decir con claridad y calma: «No me voy a ir sin ti. Me voy a poner los zapatos y estaré en la puerta principal».

COMER

Las horas de comida son momentos para conectar; para nuestros pequeños es importante aprender que las comidas son momentos sociales, pero también la hora de nutrir nuestro cuerpo.

Puede haber mucho estrés alrededor de las comidas. Como padres queremos asegurarnos de que nuestros pequeños coman lo suficiente para mantenerse saludables y, quizá, para que no despierten hambrientos durante la noche. Tal vez tengamos ya el hábito de dejarlos andar por ahí con algún refrigerio o darles de comer mientras juegan para asegurarnos de que lo hagan. A veces sucede lo contrario y nos preocupa que nuestro pequeño esté comiendo mucho.

En el método Montessori, el acercamiento a la alimentación es muy diferente. Organizamos un ambiente hermoso, quizá con algunas flores en la mesa. El niño puede ayudarnos a preparar la comida y a poner la mesa (al inicio con algo de ayuda), y tanto como sea posible, nos sentamos todos a tener una comida en familia.

El rol de los adultos

Estamos estableciendo las bases de la relación del niño con la comida y con los buenos hábitos alimenticios. El adulto decide cuándo, dónde y qué comerá el niño. En lugar de que el padre o la madre lo alimenten, ponen todo en orden para que el niño pueda hacerlo por su cuenta y elija cuánto quiere comer a su propio ritmo. Nada de avioncitos, de chantajes con helado o de usar la televisión o el iPad para distraerlo.

Establecer reglas como sentarnos a comer en la mesa ayuda al niño a aprender lo siguiente:

- Las comidas son ocasiones sociales y momentos para conectar.
- Sentarnos a la mesa es más seguro que caminar por ahí con la comida en la boca.
- Necesitamos hacer una cosa a la vez (comer o jugar, no ambas).
- La comida se queda en la mesa.

Justo como lo discutimos en el capítulo cuatro, podemos organizar nuestra cocina para que el pequeño pueda ser independiente y también involucrarse en la preparación de los alimentos. Los niños a veces tienen un mayor interés en la comida cuando los involucran en su preparación, y pueden aprender a tomar agua cuando lo necesitan si la tienen a su alcance.

Dónde: un lugar para comer

Sé que los niños suelen comer a una hora temprana de la tarde y que, a esas horas del día, nuestras agendas puedan saturarse si combinamos hijos y trabajo. Sin embargo, nosotros somos el mejor modelo para que ellos aprendan modales y que las comidas son ocasiones sociales. Así que puede ser increíble sentarnos en familia para compartir los alimentos con nuestros hijos. Si no queremos comer tan temprano, podemos elegir algo pequeño, como un tazón de sopa.

En lo personal, me gusta hacer las comidas principales en el comedor, así que es muy útil encontrar un asiento con el que el niño pueda entrar y salir con independencia, en lugar de esas sillas altas que tienen correas y una bandeja al frente, lo cual los aleja de la mesa y los hace necesitar nuestra ayuda.

Incluso podemos tener una mesa más baja para que se siente en una silla pequeña con los pies en el suelo. Me gusta usarla a la hora del refrigerio y sentarme también en una silla a su altura o en un cojín, para que nos sintamos más cerca. Conozco gente que hace esto en todas las comidas, pero eso depende de cada familia.

No esperemos que los pequeños permanezcan en la mesa hasta que todos terminen su comida. En nuestra casa, cuando los niños terminaban de comer, llevaban su plato a la cocina y se iban a jugar. Conforme crecen se quedan más tiempo en la mesa y disfrutan de la conversación.

Si quieren irse de la mesa con comida o con un cubierto en la mano, podemos decirles: «Yo me quedo con esto (con la comida/cubierto). Está bien si quieres irte». Digo esto en mis clases todo el tiempo cuando los niños están aprendiendo a sentarse en la mesa de refrigerios. Si quieren seguir comiendo, tendrán que sentarse con sus alimentos. Si no, con mi ejemplo, les enseño que, al irse, han decidido que ya terminaron.

¿Cuándo?: la hora de comer

Para mantener el ritmo diario que discutimos anteriormente, me gusta darles de comer en momentos específicos durante el día, en lugar de tener la cocina «abierta» todo el tiempo. Esto quiere decir, tres comidas al día (desayuno, comida y cena) y un pequeño refrigerio durante la mañana o la tarde. Esto les da tiempo a sus cuerpos para digerir y evita que se llenen demasiado con refrigerios.

¿Qué?: tipos de alimentos

Como adultos, nosotros decidimos qué alimentos preferimos que coma nuestra familia. Si queremos darles alternativas, podemos ofrecerles a los pequeños dos opciones que encontremos aceptables. Ellos aún no son capaces de tomar buenas decisiones alimenticias por su cuenta, pero aprenderán por la comida que nosotros les demos y las conversaciones que tengamos.

A los 12 meses un niño ya no necesita una mamila para beber leche, ya puede tomarla en un vaso durante las comidas. Comienza con una pequeña cantidad en un vaso pequeño, y solo sirve lo que tengas disposición de limpiar. Conforme pasa el tiempo aprenderá a perfeccionar esa habilidad y no necesitaremos mamila ni vaso entrenador. Quizá todavía los amamantemos en ciertos momentos del día.

A mis hijos a veces les permitía comer algo dulce, aplicando la frase «todo con moderación». De vez en cuando todavía comen azúcar, pero son sorprendentemente disciplinados. Una vez más, esto es una decisión personal, solo sé consistente.

¿Cuánto?: la elección del niño

Afortunadamente, los días en los cuales nos pedían que nos acabáramos todo lo que había en nuestro plato han quedado atrás. Queremos que nuestros hijos escuchen a su cuerpo y entiendan cuando están satisfechos. En lugar de llenar el plato del niño (lo cual puede hacerlo sentir abrumado o que todo termine en el piso), podemos comenzar con una pequeña porción de comida y dejarlo servirse más si lo desea.

Deja que el niño se haga cargo, confía en que está comiendo lo suficiente. Generalmente, los niños a esta edad no pasan hambre. Comerán lo necesario si dejamos de controlar lo que comen y confiamos en que escuchan a su cuerpo.

Si nuestro pequeño no come mucho, observaremos que su apetito fluctúa conforme pasa el tiempo. A veces parece que no se termina nada de su plato, pero durante los estirones en su crecimiento es posible que haga las tres comidas del día y los refrigerios, y aun así seguir hambriento. Su cuerpo sabe exactamente lo que necesita.

Un niño pequeño puede aprender a usar los cubiertos para alimentarse por su cuenta. Al inicio es más fácil utilizar un tenedor que una cuchara. Podemos enseñarles a picar un pedazo de comida con un tenedor y dejarlo frente a ellos para que puedan llevarlo a su boca. Después darán más pasos por su cuenta. Para aprender a usar una cuchara, podemos servirles alimentos más espesos, como avena, hasta que perfeccionen su habilidad.

Problemas para comer

Si necesitamos alimentar al niño con nuestras manos, sobornarlo o distraerlo con libros o la televisión para hacerlo comer, entonces está haciendo que el momento de alimentarse sea nuestro problema. Entonces, es necesario restablecer los buenos hábitos alimenticios.

Podemos simplemente explicarle que hemos cambiado de parecer acerca de la hora de comer. Decirle que queremos disfrutar la comida en familia y que es importante que aprenda a escuchar su cuerpo para decidir por su cuenta qué tanto quiere comer.

Puedes comenzar con el desayuno. Dale algo nutritivo, siéntate con él a comer y platícale cualquier cosa (¡menos de comida!). Si no come nada, simplemente pregúntale si ya terminó (sin tono de regaño) y ayúdalo a llevar su plato a la cocina. Podemos decirle: «Escuchaste a tu cuerpo y dijo que estaba satisfecho». Si después vuelve pidiendo comida, podemos mostrarnos comprensivos, pero debes aclarar que la hora de comer se acabó y habrá más comida hasta el siguiente momento de comer. Repite esto durante la hora de la comida y de la cena.

Es una buena idea evitar los refrigerios unos cuantos días para que no se llene mientras estamos intentando mejorar los hábitos alimenticios. Si no ha estado comiendo mucho es muy probable que al final del día tenga hambre y coma algo durante la cena. Incluye algunas de sus comidas favoritas, pero no hagas algo distinto si te lo exige. También está aprendiendo a comer lo que el resto de la familia come.

Continúa así durante una semana y mantén un diario de lo que come el niño. Anota todo, pega la lista en el refrigerador y no te agobies con el resultado. No hagas de la comida un tema ni lo menciones todo el tiempo. Confía en el proceso. Pueden pasar solo unos días antes de que las batallas a la hora de comer sean remplazadas por un niño que se siente a la mesa y se alimente por su cuenta.

Nota: Asegúrate de que el niño no tenga algún problema médico y que por eso se rehúse a comer, o bien, que no tenga algún otro trastorno relacionado con la comida. Si su alimentación no mejora después de una semana o si tienes alguna otra preocupación, consulta a un médico. Es probable que identifiques algún cambio en las excreciones del pequeño mientras su digestión se ajusta.

Tirar comida

A los pequeños les gusta explorar el mundo que los rodea. Arrojar comida de su plato puede ser un experimento para ver qué sucede cuando cae. Usualmente comienzan a tirarla cuando ya se sienten satisfechos: **nos están indicando que ya acabaron.** Podemos preguntarles: «¿Me estás diciendo que ya terminaste?». Podemos hacerles una señal con nuestras manos, levantándolas: «Puedes decir "ya terminé", alzando las manos así. Ahora llevemos nuestros platos a la cocina. Dime si necesitas ayuda».

Si no ha terminado y sigue tirando su comida, podemos ser **amables y claros** y decirle que lo ayudaremos a llevar el plato a la cocina. Una vez más, evita el tono amenazante, simplemente establece un límite claro. A menudo esto solo es una etapa. Mantente en calma y (sí) sé consistente. Pasará.

Lo mismo sucede si tirara el agua a propósito, yo les quitaría el vaso. «Voy a poner el vaso aquí. Avísame si quieres usarlo para beber agua». Si lo pide, pero vuelve a hacer lo mismo, con mucha calma le quitaría el vaso por el resto de la comida.

DORMIR

Podemos aplicar los principios Montessori a la hora de dormir, ya sea que decidamos que el niño duerma en su habitación, en una cama que esté en nuestra habitación o en nuestra cama. En nuestro entrenamiento Montessori nos recomendaron que el niño tuviera su propia habitación, pero esto es una decisión personal, así que encuentra la manera que mejor le acomode a la familia.

Alrededor de los 12 a 16 meses un niño tomará solamente una siesta a lo largo del día y después dormirá en la noche de diez a 12 horas. Si está durmiendo más o menos horas, sabremos que es suficiente si por lo general despierta feliz y se mantiene así durante el día.

Dónde dormir

El lugar en el que el pequeño duerma debe incitar completamente el descanso. Haz que el área para dormir sea segura y libre de muchas distracciones o de desorden. Busca la manera de que se meta y salga de la cama por su cuenta. Alrededor de los 14 meses puedes cambiarlo a una cama para niños con un lado más bajito por el cual pueda subirse independientemente, o bien, usa un colchón que esté en el piso.

Quizá queramos utilizar una luz nocturna. En el artículo de Sarah Ockwell-Smith, «One Simple Way to Improve Your Baby or Child's Sleep Today!» («¡Una sencilla manera de mejorar el sueño de tu hijo desde hoy!»), se aconseja evitar cualquier luz azul o blanca y elegir las cálidas, que no afectan la producción de melatonina.

También podemos tener un vaso de agua listo por si nuestros pequeños tienen sed durante la noche.

Podemos tener una cama familiar o permitirle al niño acudir a nosotros durante la noche. Eso depende de cada familia.

Solo hay que ser claros con lo que está bien. Si nos quejamos de los hábitos de sueño del pequeño, es probable que alguna de las decisiones tomadas no esté funcionándonos y tengamos que hacer un cambio.

La hora de dormir

He insistido mucho en la importancia de darle al niño solo la ayuda que necesite. Lo apoyaremos, estaremos ahí por si la necesita, y nos volveremos a alejar. Lo mismo sucede a la hora de dormir.

Establece una secuencia clara y constante para la hora de dormir. Dale alrededor de una hora para bañarse, cepillarse los dientes, leer algún libro y platicar de las cosas que sucedieron en el día. Después solo ayúdalo lo necesario para que se quede dormido.

Algunos niños tienen una buena relación con el sueño desde el nacimiento y sencillamente se irán a la cama cuando están cansados (a menudo en un colchón que esté en el suelo); esto es como encontrar el Santo Grial. Estos niños a menudo tienen una asociación positiva con el sueño desde el nacimiento y secuencias consistentes a la hora de dormir. Se van a la cama somnolientos, pero aún siguen despiertos, no necesitan rituales para dormir y se alimentan antes de quedarse dormidos.

Algunos niños pueden ponerse muy contentos de leer libros y después se quedan dormidos por su cuenta, mientras otros tal vez necesiten llorar a la hora de dormir. Si sabemos que han comido bien, tienen el pañal limpio y jugaron lo suficiente, entonces su llanto quiere decir que están listos para dormir. Pero yo no recomendaría dejarlos llorar solos.

Una técnica buena y gentil que los ayudará a quedarse dormidos solos es poner una silla al lado de su cama. Una vez que la secuencia para irse a dormir ha finalizado, me siento en la cama en silencio (tal vez me pongo a leer un libro). Si el niño está llorando acaricio su espalda ocasionalmente y digo algo reconfortante en lugar de cargarlo. Podemos volver a recostarlo si se levanta y no involucrarnos mucho en su conversación o evitar el contacto visual.

Una vez que ha aprendido a dormir así, podemos alejar la silla de la cama y repetir esta rutina unas cuantas noches más. Conforme pasan las noches, la silla debe irse acercando más y más a la puerta y, después de dos semanas, podemos sentarnos en la silla afuera de la puerta desde donde aún pueda vernos. Después de unas cuantas noches, el niño ya no necesitará que nos sentemos con él.

Si está enfermo o dentando quizá necesite un poco más de apoyo de nuestra parte. Estas situaciones pueden intervenir en el patrón de sueño y necesitaremos restablecerlo una vez que se sienta mejor.

Rituales para dormir y despertar en las noches

Todos tenemos noches en las cuales nuestro sueño es ligero o despertamos, nos movemos un poco y después volvemos a quedarnos dormidos. Generalmente nos volvemos a dormir tan rápido que no recordamos que despertamos. Sin embargo, si las condiciones cambian —si nuestra almohada se cayó de la cama, por ejemplo—, nos despertaremos y la buscaremos hasta encontrarla y, después de eso, nos volveremos a dormir.

Lo mismo sucede con los bebés y los niños. Si se quedan dormidos mientras los amamantamos o los arrullamos, se despertarán durante la siesta o la noche y buscarán al adulto, y no se volverán a dormir hasta que se presenten las mismas condiciones. Nosotros nos convertimos en su ritual para dormir.

Yo me enfrasqué en un ciclo enloquecedor con mi primer hijo. Durante meses, lo arrullaba hasta que se quedara dormido; a menudo se dormía mientras lo amamantaba y despertaba en la noche buscando mi pecho. Lo volvía a alimentar, luego le dolía el estómago (en retrospectiva me di cuenta de que probablemente no había tenido tiempo de digerir su comida) y entonces se volvía a despertar.

Aprendí mi lección. Con mi segunda hija establecimos un ritmo diario desde que nació. Comer, jugar, dormir. Era mucho más claro para las dos (y para ella) cuándo era momento de descansar. Se recostaba soñolienta en la cama, pero todavía algo despierta antes de quedarse dormida; le encantaba dormir en su cama y necesitaba muy poca ayuda para hacerlo (aunque no dormía cuando andaba de un lado para otro, probablemente cuando había muchas cosas en las cuales entretenerse).

Aprende de mis errores y elimina los rituales para dormir.

Si el niño se despierta porque quiere comer y deseamos eliminar ese ritual, podemos buscar maneras para alimentarlo menos durante la noche. Diluir la leche en una mamila es una opción. Conozco a una madre lactante que una noche por accidente se quedó dormida en el sillón de la sala. Su hijo estaba dormido en otra habitación y no se despertó para nada. Así que ella decidió dormir en la sala durante una semana y su hijo dejó de despertarse en la noche queriendo comer.

Si se levantan durante la madrugada porque quieren que los abraces, tomar agua, que los tapes de nuevo o encontrar su peluche favorito, yo hablaría de esto durante el día en un momento neutral. «¿Recuerdas cómo te despertaste anoche y no pudiste volver a quedarte dormido porque no estabas bien tapado? Pensemos en una manera de que tú puedas resolver eso. ¿Se te ocurre algo? Quizá podamos ajustar más las sábanas o tal vez te puedo ayudar a que practiques jalarlas por tu cuenta».

Si el niño sigue teniendo dificultades para dormir, esto **afectará su bienestar o el de la familia;** por favor, busca a un especialista del sueño.

LAVARSE LOS DIENTES

No existen lineamientos Montessori específicos para lavarse los dientes, pero es una pregunta muy común cuando a los niños no les gusta hacerlo.

Debemos recordar que estamos reforzando una relación respetuosa con el pequeño. Estamos trabajando con nuestros niños, desde el lugar en el que están hoy. Dejemos que ellos nos guíen. Ellos deciden si se cepillan los dientes antes, durante o después del baño. Pueden venir con nosotros al súper y elegir el cepillo que deseen. Pero debemos ser muy claros en que lavarse los dientes no es opcional.

Una vez más, debemos organizar todo para que el niño sea independiente y pueda hacer las cosas por su cuenta. Esto puede significar que los ayudemos a «terminar» y asegurarnos de que sus dientes estén limpios. Hay que hacer esto de manera muy fina y respetuosa. Para un pequeño puede ser poco raro que alguien le meta un cepillo en la boca.

Podemos lavarnos los dientes con ellos para ayudarlos a tener un entendimiento concreto de cómo cuidarlos. Podemos inventar una canción: «Así se lavan nuestros dientes, así, así, así. Así es como los lavamos cada noche y cada mañana». No con la finalidad de distraerlos, solo para aligerar el momento.

Si nuestro pequeño detecta que intentamos distraerlo, puede sentir que lo estamos engañando en lugar de buscar su cooperación y puede resistirse aún más. De la misma manera en que las estampas funcionan como una recompensa, las distracciones solo sirven hasta cierto punto y después se cansa del «truco» y necesitas esforzarte mucho más para que haga lo que quieres.

Si hemos intentado trabajar en conjunto y sigue evitando el momento de lavarse los dientes, podemos decirle con calma y confianza, y tratándolo con mucha delicadeza: «Ahora yo te voy a ayudar a lavarte los dientes. Regresaremos al baño, te abriré la boca…». Y justo así estamos siendo claros y amables.

SEGUNDA PARTE

LIDIANDO CON LOS CAMBIOS

IR AL BAÑO

El momento en que un niño aprende a usar el baño no tiene por qué ser temido. Después de todo, es una parte completamente natural del ser humano. Si nuestros niños ven que tenemos una actitud negativa hacia los pañales sucios o si hacemos caras, aprenderán que es algo sucio en vez de un proceso normal del cuerpo.

Me encanta esta analogía que usa un compañero y guía Montessori: cuando un bebé se trata de parar, se cae, se vuelve a levantar y se vuelve a caer; este proceso se repite hasta que el niño logra pararse por su cuenta y creemos que es tierno. Cuando un niño está aprendiendo a ir al baño y se hace pipí en el piso o popó en sus pantalones, también está practicando y algún día será experto, solo que en este caso hay pipí y popó.

Así pues, si abren su mente, me gustaría hacer que este proceso sea menos estresante.

Habilidades complementarias

Poco a poco el niño empezará a desarrollar habilidades alrededor del baño, empezando con su ropa. Primero deberán practicar a subir y bajarse los pantalones, y después la ropa interior.

Podemos ofrecerles el escusado o una bacinica cuando cambiamos el pañal del niño; nunca obligándolo, sino haciéndolo parte de la rutina diaria: «¿Te gustaría sentarte en el escusado?» o «Ahora que ya acabaste en el escusado, voy a ponerte el pañal».

Usar pañales de tela también ayudará a que el niño se dé cuenta de que hizo pipí o popó y eso incrementará su conciencia física.

Señales de disposición, deja que el niño lidere

Lo más importante y que siempre debemos seguir es a nuestro hijo. No es una competencia.

No estoy mencionando ninguna edad, sino señales de que el niño puede estar listo.

- Jala su pañal cuando está mojado o sucio.
- Se sienta en cuclillas o va a un lugar privado cuando hace pipí o popó.
- Nos dice cuando hizo pipí o popó.
- A veces se niega a que le cambiemos el pañal.
- O se lo quita por su cuenta.

Prepara el baño con el niño

Ten siempre listo un asiento para el baño. Si ya está usando el escusado, recuerda tener un escalón que pueda usar para llegar a él por su cuenta y sobre el que descansará los pies al estar sentado.

También podemos tener un espacio en el baño para la ropa sucia o para guardar ropa limpia. Algunos trapos para limpiar los accidentes también son útiles.

Tener todo listo y estar preparados nos ayudará a permanecer tranquilos en vez de correr a buscar lo que necesitamos. Si el niño no llega al baño o al escusado, podemos decir algo como: «Veo que estás mojado. Aquí tenemos todo lo que necesitamos. Vamos a secarte».

Haz que sea normal

Involucra al niño en el proceso. Compren ropa interior y su asiento para el escusado juntos. También podemos comprar pantalones de entrenamiento que ayudan a absorber un poco de pipí cuando está intentando llegar al baño a tiempo.

Al desarrollar nuestras habilidades complementarias, podemos permitirle al niño usar solo ropa interior cuando estemos en casa; así tendrá menos ropa que quitarse al llegar al baño, y nosotros, menos que lavar. Está aprendiendo lo que significa estar mojado y tal vez se quede viendo cómo la pipí escurre por su pierna. Ese es el primer paso, mejorar la conciencia física.

Después podemos ayudarlo a ir al baño para cambiarse. Los maestros Montessori suelen decir: «Tu ropa está mojada. Vamos a cambiarte», en vez de: «Tuviste un accidente».

Ofrece el baño al principio. Si le preguntamos a un niño si tiene que ir al baño, su respuesta casi siempre es «no». Es común en un niño que está desarrollando su autonomía. Más bien, podemos esperar a que no esté haciendo una actividad y simplemente decir: «Es hora de ir al baño», y llevarlo.

Tras un par de semanas empezará a tener más conciencia de su cuerpo y a veces nos dirá que quiere ir. También veremos que no tiene que ir tan seguido como antes y eventualmente no necesitará recordatorios.

Secos en la noche

Podemos empezar a usar ropa interior durante las siestas y en la noche, cuando veamos que el niño puede aguantar sus ganas de ir al baño un poco más o cuando veamos que su pañal amanece seco.

Coloca una toalla gruesa debajo de las sábanas del niño o usa un protector de colchón; cualquiera funciona y puede ser cambiado con facilidad en caso de ser necesario.

Aguantando

A veces un niño tiene miedo de hacer popó. Tal vez le dolió una vez, tuvo una reacción negativa al hacer en el escusado o existe una razón desconocida. Acércate a un doctor si crees que existe una razón médica para esto.

Si todo parece saludable, podemos ayudar al niño a que se relaje apoyándolo y manteniéndonos tranquilos. Podemos decirle: «La popó saldrá cuando esté lista, puede tardar una semana o dos, pero sabe cuándo salir. Nuestro cuerpo es muy inteligente». Trata de no hablar demasiado del tema, pero masajea su estómago o abdomen si le duele.

Si va a un lugar privado para hacer popó, invítalo poco a poco a usar el baño. Después podemos empezar a pedirle que se siente en el escusado con su pañal puesto. Eventualmente deberá sentarse sin el pañal. Recuerda que solo lo estamos apoyando y desarrollando sus habilidades complementarias.

Si se niegan a usar el baño

Nunca obliguemos a los niños a usar el baño. Es su cuerpo y no podemos apresurarlo o hacerlo por ellos; solo podemos apoyarlos y encontrar la forma de trabajar juntos.

Podemos asegurarnos de no estarlos interrumpiendo en alguna de sus actividades para llevarlos al baño, y podemos seguir ofreciendo el baño y confiar en que lo usarán. Los aceptamos por quienes son y sin importar el momento del proceso en el que estén.

Orinando el piso a propósito

A veces un niño que sabe usar el baño empezará a orinar en el piso intencionalmente. Obsérvalo, a veces ese comportamiento es para decirnos que algo en su mundo lo hace infeliz. Por ejemplo, un hermano que ha empezado a gatear y le ha quitado espacio.

Quiere que lo veamos y podemos hacerlo desde un punto de vista curioso para entenderlo. Podemos aceptar sus sentimientos, pero poner un límite a ese comportamiento. «¿Hay algo que te moleste? No puedo dejar que orines el piso, pero quiero ayudarte». Podemos crear una conexión, buscar maneras de ayudarlo y solucionar juntos el problema (ve a los capítulos cinco y seis).

DESPÍDETE DE LOS CHUPONES

Con el método Montessori los chupones rara vez se utilizan o se dejan por completo en el primer año. Si un niño pequeño sigue usándolos, hacerlos a un lado no tiene por qué ser un proceso difícil.

Aunque el niño es pequeño, podemos hacerle saber que vamos a hacer un cambio.

El primer paso es usar el chupón solo para ayudarlo a dormir. Cuando despierta, podemos ponerlo en una caja al lado de la cama y lejos de su alcance para que nuestro niño (o el adulto) no se vea tentado a usarlo.

Si pide el chupón en otro momento, podemos tratar de identificar por qué siente que lo necesita y resolver el problema de raíz. Tal vez quiere algo que lo entretenga o con qué jugar, tal vez busque protección y podamos ofrecerle un abrazo para tranquilizarlo o relajar su sistema nervioso.

Aquí hay algunas ideas que pueden servirte:

- Comer yogurt con un popote
- Soplar burbujas
- Sostener con fuerza un libro o un juguete
- Usar una botella con popote
- Soplar agua con un popote
- Un masaje con la toalla después del bano
- Abrazos apretados
- Masajes
- Apretar juguetes en la bañera
- Un masaje firme en la espalda

Podemos hacer un plan con nuestro niño para dejar de usar el chupón a la hora de dormir; una opción popular es regalárselo a una amiga que acaba de tener a su bebé.

Normalmente toma un par de días para que el niño aprenda a dormir sin él; en esos días necesitará más apoyo. Ten cuidado de no agregar otro reto a la rutina nocturna. (Para los niños que tengan problemas con esto en la noche, ve a la sección sobre dormir que inicia en la página 159).

HERMANOS

A menudo los padres me dicen que estas ideas serían fáciles de llevar a cabo si tuvieran un solo hijo. Tener más de uno puede ser difícil, especialmente para que los padres encuentren tiempo para observar a cada niño y sus necesidades individuales, o resolver las peleas fraternales. Esto sin mencionar el problema que puede ser tener un bebé en casa o un hermano mayor que les dé ordenes o los moleste.

El nuevo bebé

En su libro *Hermanos, no rivales*, Adele Faber y Elaine Mazlish inician con una historia que ilustra perfectamente el efecto que un nuevo hermano puede tener en la vida de un niño.

Imagina que tu pareja llega un día y te dice que te ama tanto que va a tener otra pareja. La nueva pareja va a dormir en tu vieja cama y usará tu ropa, además de compartir todo lo demás. Me imagino que la mayoría de nosotros nos sentiríamos furiosos y muy celosos, así que no debería sorprendernos que una nueva adición a la familia tenga un impacto profundo en algunos niños.

Podemos hacer mucho para preparar a nuestro niño antes de la llegada del bebé. Podemos hablar con él sobre cómo será la vida con un bebé. Los libros con fotografías realistas en las que aparezcan los papás cuidando al nuevo bebé sin dejar de pasar tiempo con los otros hijos son especialmente útiles. Podemos dejar que le hable o cante al bebé cuando está en nuestra panza para que establezcan una conexión. Podemos permitir que nos ayude a preparar el ambiente para el bebé y podemos hacer un esfuerzo para disfrutar de los últimos días de nuestra familia como en ese entonces la conocemos. (El recuerdo de ir al parque con mi hijo el día antes de que mi hija naciera es algo que siempre atesoraré).

Cuando sea momento de presentar al bebé con su hermano menor (en caso de que no haya estado presente en el parto), podemos bajar al recién llegado antes de entrar al cuarto para que la atención sea solo de ellos. Eso puede ser más fácil para el niño que entrar a un cuarto y ver que estamos cargando a un nuevo bebé en nuestros brazos.

Trata de mantener las primeras semanas sencillas y, de ser posible, ten más manos disponibles para ayudarte. Podemos pedir ayuda de otras personas con nuestro nuevo bebé para tener tiempo a solas con nuestro hijo mayor.

A algunos niños les gusta ayudar a cuidar a su hermanito; tal vez puedan ayudar a ir por un pañal limpio o por el jabón para el baño del bebé. Algunos niños no querrán ayudar, cosa que también está bien.

Podemos mantener una canasta con libros y los juguetes favoritos de nuestro niño cerca mientras amamantamos. Así podemos alimentar al bebé y conectar con nuestro hijo mayor al mismo tiempo.

Cuando el niño esté jugando y el bebé esté despierto, puede ser divertido hablar con el bebé sobre lo que el niño hace. El bebé se beneficiará de la conversación y al niño le gustará ser el centro de atención.

(Para ideas sobre cómo acomodar tu casa cuando tienes más de un hijo, ve a la página 79).

Cuando al niño le molesta el nuevo bebé

Nuestro hijo mayor podría decir que odia al nuevo bebé, podría sentirse alterado o tener un momento difícil o destructivo en su vida.

Este comportamiento es su forma de decirnos que la está pasando mal. En lugar de decir: «No odias al bebé», y rechazar sus sentimientos, recuerda que él necesita ver las cosas desde su perspectiva, que lo entiendas y les ofrezca una conexión.

Podemos aceptar los sentimientos negativos y preguntar: «¿Te molesta que toque las cosas con las que tú juegas?», y escuchar su respuesta. Permite que se exprese.

Pero no debemos aceptar todo tipo de comportamientos. Si empieza a pegarle al bebé, estas son algunas de las cosas que podemos hacer:

- Detenlo de inmediato y quita sus manos con cuidado. «No puedo permitir que golpees al bebé, recuerda que somos cuidadosos con él».
- Podemos traducir por el bebé: «El bebé está llorando, eso quiere decir que lo estás lastimando».
- Podemos mostrarle una nueva forma de interactuar. «Mostrémosle al bebé cómo jugar con este juguete».

Ten tiempo para cada niño

Siempre podemos encontrar formas creativas de pasar tiempo uno a uno con nuestro hijo mayor: una ida al supermercado, una caminata al café por algo de comer o una visita de diez minutos al parque.

Después, cuando quiera algo y no estemos disponibles, podemos anotarlo en una libreta y regresar al tema cuando estemos en nuestro momento especial.

Mantente neutral

A los hermanos les gusta que entremos en sus discusiones y tomemos partido. Mi consejo favorito (y que a veces tengo que recordarme) es mantenerme neutral y no tomar partido en sus peleas.

Nuestro trabajo es **apoyar a ambos,** mantenerlos a salvo si es necesario y ayudarlos a mediar para que ambas partes acepten responsabilidades. Para eso debemos ver las cosas desde ambas perspectivas y ayudarlos tanto como sea necesario.

Sí, incluso con un niño pequeño. Hubo un momento en el que mis niños estuvieron en esa edad (dos años y nueve meses) y los dos querían el mismo camión de juguete. Es tentador querer encontrar otro juguete, distraer a uno y hacer que compartan. Sin embargo, yo solo dije: «Un camión y dos niños. Ese es un problema». Entonces, mi hijo tomó la parte trasera del camión y se la dio a su hermana. Él se quedó con la parte delantera. Él pensó en algo mucho más creativo de lo que a mí se me habría ocurrido.

Imagina que tienes una familia enorme

En su libro *Thriving!* el educador Michael Gorse sugiere que criemos a los hermanos como si tuviéramos una familia grande, con cuatro niños o más. Los padres de las familias grandes no pueden resolver todos los problemas o entretener a todos los niños todo el tiempo. Los padres son los líderes de la familia, ellos ponen los valores y son los capitanes del barco.

Cuándo entrar en acción

Normalmente, cuando los niños pelean por algo intervenimos cuanto antes y preguntamos quién lo hizo. Los niños tratan de defenderse y le echan la culpa a su hermano: «¡Él empezó!».

Estas son algunas formas de detener a los niños si están peleando:

1. Mantente visible

Durante las peleas menores podemos hacerles saber que estamos en el cuarto y después salirnos. Esta es una importante experiencia para resolver conflictos, así sabrán que los viste peleando, pero también que crees que pueden resolverlo juntos.

2. Observa

Cuando la pelea se intensifica, podemos quedarnos a observar. Sentirán nuestra presencia sin que tengamos que decir nada.

3. Recuérdales las reglas del hogar

Tal vez debamos recordarles una regla; por ejemplo, si parece que los juegos bruscos se están pasando de la raya, podemos decir algo como: «Juegos bruscos solo por mutuo acuerdo» o «¿Quieren detener el juego? Parece que ya no se están divirtiendo».

4. Apóyalos

Cuando ellos no pueden resolverlo por su cuenta, podemos ayudarlos a que resuelvan el conflicto haciendo esto:

- Escucha a ambas partes sin juzgarlas.
- Reconoce cómo se sienten los niños, y demuestra que sabes cómo se sienten y que ves las cosas desde su perspectiva.
- Describe el problema.
- Expresa interés en escuchar cómo resolverían el problema.

- Dales el espacio para encontrar una solución.

Por ejemplo:

«Ustedes dos parecen estar enojados», reconoce sus sentimientos.

«Sara, tú quieres seguir sosteniendo al cachorro. Billy, tú también quieres hacerlo», ve sus perspectivas.

«Eso es problemático, dos niños y un cachorro», describe el problema.

«Estoy segura de que los dos pueden encontrar una solución justa para todos… y para el cachorro», les da espacio.

5. Separa a los niños para que se tranquilicen

Cuando empecemos a sentirnos incómodos con el nivel de discusión entre ellos podemos separarlos. «Veo a dos niños molestos y no puedo dejar que se lastimen. Tú ve allá y tú allá hasta que se tranquilicen».

Aun si tus niños no hablan, puedes poner esta práctica en acción.

6. Resolución de problemas

Cuando la pelea haya terminado podemos resolver el problema inicial juntos, de la misma forma que vimos en el capítulo 6.
- Todos dan sus ideas para resolver el problema. En el caso de los niños pequeños es posible que nosotros propongamos la mayoría de las ideas.
- Encontramos una solución que complazca a todos.
- Damos seguimiento a la solución para saber si necesita volver a trabajarse.

Cultiva gratitud e interacciones positivas entre hermanos

Normalmente, mientras más interacciones positivas tengan nuestros hijos, más cercanos serán. Podemos crear situaciones en las que disfruten de su compañía sin importar la diferencia de edades.

En momentos neutrales podemos discutir el lado positivo de tener un hermano o preguntarles qué es lo que más les gusta de tener un hermano.

Incluso si no son amigos, podemos esperar que se traten con respeto.

Tratar a cada niño individualmente

De la misma forma que servir la misma cantidad exacta de chícharos en cada plato durante la comida es casi imposible, resulta muy complicado educar a nuestros hijos por igual. Lo que podemos hacer es educarlos **individualmente, basándonos en sus necesidades.**

Habrá momentos en los que el niño necesitará más de nuestro tiempo, quizá cerca de su cumpleaños o cuando esté pasando por un cambio o desarrollo. Cada niño deberá aprender que siempre que nos necesite estaremos disponibles.

Si los dos niños demandan nuestra atención al mismo tiempo, podemos decir: «En cuanto termine esto iré a buscarte», y si ambos quieren hablar a la vez, podemos hacerles saber que tenemos tiempo para escucharlos a los dos, pero no al mismo tiempo. «Primero escucharé a (niño A) y después de verdad quiero escuchar lo que quieres decir (niño B)».

De igual forma podemos evitar comparar hermanos, sobre todo con comentarios como: «Mira qué bien come tu hermano».

Los hermanos intentarán competir entre ellos, pero podemos tratar de que el foco esté en los logros individuales y no en lo hecho por el hermano. Por ejemplo, si un niño pregunta por qué su hermano tiene más queso que ellos podemos decir: «¿Tú quieres más queso?», y así tratamos a cada niño de forma individual.

Etiquetas

Para más información sobre cómo evitar etiquetas y aceptar a cada niño por quien es, ve al capítulo cinco.

TERCERA PARTE

HABILIDADES ÚTILES QUE NUESTRO NIÑO PUEDE APRENDER

COMPARTIR

Cuando nuestro niño era un bebé, quizá nos entregaba cosas con facilidad o si le quitabas algo de la mano solo se daba la vuelta para encontrar algo más con qué jugar.

Esa disposición para compartir cambia conforme crece y desarrolla un mayor sentido del «yo», y quiere practicarlo hasta ser experto en él. De repente, alrededor de los 14 o 16 meses veremos cómo hace más cosas por su cuenta y aleja a todos los niños que lo observan, o bien, se acerca gritando «¡no!».

Antes de los dos años y medio a los niños les interesa más el juego paralelo, es decir, jugar por su cuenta, pero al lado de otro niño. Esto no significa que quieran compartir sus juguetes, así que debemos ajustar nuestras expectativas si creemos que nuestro hijo compartirá sus cosas. Si tiene hermanos mayores o juega con otros niños en la guardería, quizá aprenda a compartir antes de lo esperado.

Compartiendo por turnos

En lugar de preguntarle al niño si quiere compartir su actividad con alguien más, en las escuelas Montessori la regla es que compartan por turnos. Solo tenemos una de cada actividad y el niño puede usarla por el tiempo que quiera (para permitir la repetición, concentración y perfeccionamiento); los otros niños deben aprender a esperar su turno, otra habilidad útil.

Podemos tener la misma regla en casa y brindar apoyo en caso de que sea necesario:

- Observa si los pequeños están contentos y permiten que otro niño los vea. Podemos saber mucho nada más al ver su lenguaje corporal, solo brinda el apoyo necesario según lo requieran. Deja que resuelvan los problemas de nivel bajo ellos mismos.
- Ayúdalos a usar palabras si alguien más quiere su juguete. «Es mi turno, pronto llegará el tuyo». Además, pueden poner las manos en su cintura para dar mayor énfasis.

- Ayuda al niño que está teniendo problemas para esperar. «¿Quieres un turno en este momento? Pronto estará disponible».
- Si un niño está recurriendo al daño físico a otro, podemos interrumpirlo como guardaespaldas. Quizá colocando una mano o nuestro cuerpo entre los dos niños. «No puedo dejar que lo empujes. ¿Quieres decirle que tú estabas jugando con eso?».

Alrededor de los dos años y medio es posible que se interesen por jugar con otro niño durante un periodo largo de tiempo. Tal vez necesiten una guía; por ejemplo, ayúdalos a aprender palabras o frases de esa situación como: «Parece que Pedro quiere jugar solo ahora. Regresemos en otro momento para que tú puedas tener un turno».

En el parque o lugares públicos

A veces puede ser difícil llevar a cabo las reglas de la casa en lugares públicos.

Si alguien está esperando a que tu hijo termine de columpiarse, podemos dirigirnos al otro niño y decirle: «Parece que te gustaría tener un turno. Puedes columpiarte cuando mi hijo termine, el columpio estará disponible pronto». Así, ellos (el niño y sus padres) saben que los vemos y que ellos son los siguientes en turno.

A nuestro niño podríamos decirle algo como: «Veo que otro niño está esperando para usar el columpio. Contemos hasta diez y le daremos un turno». Así, en lugar de permitir que nuestro hijo se quede con esa actividad hasta que se canse, podemos empezar a mostrar cortesía hacia los demás.

Compartiendo con visitantes

Antes de que lleguen las visitas, podemos preguntarles a nuestros hijos si hay algún juguete que les gustaría guardar. Después, revisemos con ellos si están contentos con la selección de juguetes que dejaron a la visita. Así los ayudamos a prepararse y a decidir qué están dispuestos a compartir con sus amigos.

APRENDER CÓMO INTERRUMPIR A UN ADULTO

Aunque la educación Montessori está liderada por el niño, es necesario que este aprenda a interrumpir las conversaciones de los adultos de forma respetuosa.

La primera guía Montessori de mi hija les mostró que si tenían algo que, decirle mientras ella estaba dándole una lección a otro niño, debían poner la mano en su hombro. Esto le dejaría claro a ella que había algo importante que iban a contarle. Después, en cuanto hubiera un momento respetuoso para hacer una pausa, ella detendría la lección y prestaría atención al otro niño.

Este principio puede ser aplicado en casa también. Si estamos hablando por teléfono o con alguien más y nuestro niño tiene algo que decirnos, podemos señalar nuestro hombro para recordarle que debe poner su mano ahí. Cuando lo haga, encontraremos un momento apropiado para hacer una pausa y prestarles atención.

Lleva tiempo, pero funciona. Su mano en nuestro hombro nos indica que quiere decirnos algo, y nuestra mano sobre la suya, que lo queremos escuchar y lo haremos en un momento.

HABILIDADES PARA NIÑOS INTROVERTIDOS

Los padres de niños introvertidos pueden preocuparse de que su hijo no tiene la confianza o energía de los demás niños. O tal vez reconozcan que su hijo es introvertido, pero se preocupen de que no tenga las habilidades necesarias en un mundo que espera que tengan más confianza en situaciones sociales.

En su libro *El poder silencioso: la fuerza secreta de los introvertidos*, Susan Cain argumenta que los introvertidos son menospreciados a pesar de su empatía y habilidad para escuchar. Como padres de niños introvertidos, podemos apoyarlos sin tratar de cambiarlos.

Primero, **acéptalos por quienes son**. Regresa al capítulo cinco para recordar estos principios si es necesario. Evita usar palabras como *tímido*. Estas se vuelven muletillas, una forma de defender a nuestros hijos en situaciones incómodas: «solo son tímidos». Mejor, podemos ayudarlos a aprender a lidiar con situaciones así: «¿Quieres más tiempo a solas antes de jugar con ellos?». Evita compararlos con sus hermanos y otros niños: «Mira qué bien juegan ellos juntos».

Después, a partir de ese punto de aceptación, podemos **ver las cosas desde su perspectiva y ofrecer entendimiento. Reconoce sus sentimientos.** Podemos escucharlos y abrazarlos si es necesario. «¿Te preocupa ir a casa de la abuela/a la fiesta/al súper?». Permite que se sientan seguros.

Puede ser de utilidad que los **prepares por adelantado** para situaciones que los pongan nerviosos, dales una idea de qué esperar.

Si nuestro hijo necesita **tiempo antes de entrar** en situaciones sociales, deja que se quede cerca de ti y observe la escena hasta que se sienta listo. No necesitamos darle atención especial, podemos seguir con nuestra conversación entre adultos y el niño se unirá a los demás cuando esté listo.

Con el tiempo podemos ayudar a nuestro niño a **construir habilidades** que lo empoderarán para que no sienta que existen situaciones con las que no puede lidiar.

Estas habilidades pueden ser:

- Interpretar un papel. Practica para que se sienta más cómodo al decir «¡Hola!» a un adulto o al gritar «¡Feliz cumpleaños!» a un niño en su fiesta.
- Enséñale a pedir un momento cuando lo necesite o empiece a sentirse agobiado. Por ejemplo: «Enseguida regreso, necesito un tiempo a solas».
- Practica en situaciones cotidianas como al entregar el dinero en una tienda o al dejar que pida una bebida en una cafetería. Recuerda que debes estar ahí para apoyarlo. «¿Puedes decirlo un poco más fuerte? Creo que el mesero no te escuchó».
- Practica frases que pueda usar para ser asertivo. Por ejemplo: «Detente. No me gusta eso».
- Enséñale a usar su lenguaje corporal, como poner las manos en su cintura si alguien hizo algo que no le gustó.

Finalmente, podemos ayudarlo a **sumar confianza** si celebramos las habilidades que sí tiene y cada vez que aprende a cuidarse, a cuidar a los otros y al medio ambiente.

Por otro lado, si nuestro niño es muy seguro de sí mismo y ama correr hacia otros niños y abrazarlos, podemos ayudar a traducirle cuando se encuentre con un niño que no disfruta de esa atención. «Parece que se está alejando. Tal vez deberíamos preguntar si le gusta que lo abracen». Es posible que nuestro niño lo tome a pecho si el otro niño no se emociona tanto como él, pero podemos enseñarle a aceptar a los demás niños tal como son.

Como adultos, también es importante recordar que debemos cuidar cómo nos acercamos a otros niños, sobre todo si no los conocemos. Por ejemplo, antes de abrazarlos podemos preguntar: «¿Te gustan los abrazos?», en lugar de: «¡Dame un abrazo!». Diles a los niños que los vas a cargar antes de hacerlo, respeta qué tienen que decir sobre cuándo y cómo pueden cargarlos.

UNA FASE DE GOLPEAR/MORDER/ EMPUJAR/LANZAR

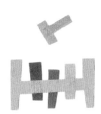

Los niños están aprendiendo a comunicarse. A veces usan palabras o sonidos; a veces, lenguaje corporal, y a veces golpean, muerden, empujan. Es otra forma de comunicarse y, aunque no es lo ideal, es solo una fase en la que podemos apoyarlos y ayudarlos a superar.

Antes que nada, quiero decir que, si nuestro hijo golpea, muerde o empuja a otros niños, debemos estar preparados para seguirlo en momentos sociales. Tenemos que estar listos para intervenir y mantener seguros a otros niños. No debemos estar ansiosos, nuestro hijo se dará cuenta, pero sí podemos mantenernos cerca de ellos o sentarnos a su lado. De ser necesario, podemos colocar una mano entre él y el otro niño; podemos reconocer sus sentimientos al mismo tiempo que lo detenemos.

Quizá también queramos limitar salidas que incomoden a nuestro hijo o que detonen ese tipo de comportamiento, como puede ser un lugar con muchos niños o ruidoso. Al menos por un tiempo.

Observar el comportamiento

La respuesta de un maestro Montessori ante prácticamente cualquier situación siempre será observar primero. Buscar qué situaciones causan ese comportamiento. Para lograrlo estas son algunas preguntas que podemos plantear:

- **Tiempo.** ¿En qué momento ocurre este comportamiento? ¿Nuestro hijo tiene sueño o hambre?
- **Cambios.** ¿Está cambiando de dientes? ¿Hay algún cambio en el hogar, como un bebé nuevo o una nueva casa?
- **Actividades.** ¿Qué está haciendo o con qué está jugando al momento de detonar esa actitud?
- **Otros niños.** ¿Cuántos niños hay a su alrededor? ¿Son niños de la misma edad, más chicos o grandes?
- **Sentimiento expresado.** Justo antes de que suceda, ¿cómo se ve? ¿Feliz? ¿Frustrado? ¿Confundido?
- **Ambiente.** Observa el ambiente donde ocurren los hechos. ¿Hay mucha gente? ¿Es colorido o muy estimulante? ¿Hay muchas cosas? ¿Hay demasiadas piezas de arte de otros niños, lo que lo vuelve agobiante para los sentidos? ¿O es sereno y pacífico?
- **Adultos.** ¿Cómo respondemos? ¿Estamos sumando más ansiedad a la situación?

Prevenir el comportamiento

Al observar podemos ver patrones en su comportamiento e identificar formas de apoyar a nuestro hijo. Aquí algunos ejemplos:

- **Hambre.** Previo a la hora de comida, dale algo sólido para masticar antes de que se sienta demasiado hambriento; también lo ayudará a relajar su sistema nervioso.
- **Mudando dientes.** Ofrécele una variedad de juguetes (fríos) para morder.
- **Necesidad de explorar.** Deja que explore los juguetes con su boca.
- **Ambientes sobrestimulantes.** Reduce la cantidad de estimulación para ayudar al niño a relajarse.
- **Demasiado ruido.** Reduce el ruido cuando sientas que está siendo demasiado fuerte.
- **Transiciones.** ¿Es suficientemente predecible la estructura del día? ¿Le cuestan trabajo las transiciones? Permite que tenga suficiente tiempo para terminar lo que está haciendo. Asegúrate de que tenga suficiente juego libre y no tan estructurado.
- **Protege sus actividades.** Dale las palabras o el lenguaje corporal que puede usar; por ejemplo, puede decir con las manos en la cintura: «Yo estoy usando esto ahora, pronto será tu turno».
- **Sensibilidad a su ambiente personal.** Ayúdalo a evitar situaciones en las que se sienta arrinconado o sin suficiente ambiente personal.
- **Malos entendidos.** Algunos niños muerden como forma de juego o para demostrar cariño; tal vez eso sea el resultado de malos entendidos de su parte, sobre todo si tú lo haces con ellos. Enséñale a tu niño otras formas de ser amoroso, como abrazos, o el juego brusco solo si es de mutuo acuerdo.
- **Aprendiendo interacciones sociales.** Si empuja a otro niño, tal vez esté queriendo decir: «¿Quieres jugar?». Ayúdalo a encontrar las palabras.
- **Problemas con el oído o la vista.** Un problema sensorial puede ser desorientador para un niño y tal vez reaccione con agresiones.
- **Necesidad de relajar su sistema nervioso.** Ve a la página 167 para buscar formas de relajar su sistema nervioso, como abrazos apretados.

Los niños son muy sensitivos a las emociones, así que podemos tratar de mantenernos seguros y no mostrar señales de preocupación cuando estemos cerca de otros pequeños. Nuestro hijo puede percibir nuestra ansiedad y eso solo lo incomodará más.

Velo todos los días con ojos nuevos y como si fuera una hoja en blanco. Esta etapa pasará.

¿Qué podemos hacer si golpean/muerden/empujan?

Podemos ser claros en que aceptamos todos los sentimientos —los niños tienen mucho que expresar—, pero también en que no pueden golpear, morder o empujar a los demás. Reconoce sus sentimientos y retíralos de la situación. Una vez que estén calmados, podemos ayudarlos a hacer las paces, revisar que el otro niño esté bien, ofrecerles un pañuelo si están llorando o ayudarlos a pedir perdón.

«Te ves molesto, pero no puedo permitir que me muerdas. Te voy a bajar». Podemos asegurarnos de que estén a salvo mientras se calman. Después podemos pedirles que nos ayuden a revisar si estamos bien. «¿Me ayudas a ver si estoy lastimada? Veamos, sí, aquí está un poco rojo». Si ya permitimos suficiente tiempo para que se tranquilicen, normalmente querrán sobar o darnos un beso donde nos lastimaron.

«¿No te gustó que te tocaran el cabello? No puedo dejar que les pegues. Vamos hacia allá, donde está tranquilo, en lo que te calmas». Después, cuando hayan tenido tiempo para relajarse, podemos pedir que revisen si el otro niño está bien o ayudarlos a pedir perdón. «Siento mucho que mi hijo te pegara. Creo que estaba frustrado, pero no está bien que te pegue. ¿Estás bien?».

Podemos ayudar a que nuestro hijo explique el problema, por ejemplo, que él estaba entretenido con el juguete que el otro niño le quitó.

Pegar, morder y empujar es una fase que requiere mucha paciencia y repetición. Necesitamos recordar que no debemos ver ese comportamiento como algo personal y que debemos ser sus guías durante esta difícil fase.

¿Y si se ríen después de pegar, morder o empujar?

Los niños suelen probar los límites después de pegar, morder o empujar. Están buscando una guía, claridad sobre lo que está bien y lo que no. Podemos seguir interrumpiendo ese comportamiento, con calma y claridad, en vez de decirles que no se rían.

Sin embargo, si su risa provoca una reacción en nosotros, podemos decirles cómo nos hace sentir y encontrar un lugar para tranquilizarnos. «Me molesta que me pegues. Es importante que yo me sienta segura. Voy a preparar una taza de té para calmarme. Regresaré cuando me sienta mejor».

¿Y lanzar cosas?

De nuevo, esta es solo una fase. Quieren sentir y explorar todo lo que está a su alrededor.
- Busca si hay patrones en su comportamiento.
- Toma medidas preventivas y retira las cosas que empujan de la mesa; mejor ponlas en el suelo o lejos de su alcance. Tal vez necesitemos quitar cosas que puedan lastimar a alguien si las lanzan.
- Dales la oportunidad de lanzar muchas cosas en el parque o cosas suaves en casa. Los calcetines son una excelente opción para este último caso.
- Sé atenta, clara y consistente con lo que pueden lanzar «No puedo dejar que lances eso dentro de la casa, mejor avienta esto».

CONSTRUIR LA CONCENTRACIÓN

«Lo esencial es que la tarea genere tal interés que involucre toda la personalidad del niño».

Doctora María Montessori, *La mente absorbente del niño*

Concentración no es solo mantenerse ocupado; es involucrar todos los sentidos. Para ayudar a que un niño desarrolle su concentración empezamos observándolo para descubrir lo que le interesa aprender y dominar. Después le debemos dar tiempo, posibilidades y un ambiente preparado; dejar que repita la actividad y permitirle que profundice su concentración.

Consejos para desarrollar concentración

1. Evita interrumpir

A veces comentamos demasiado sobre lo que el niño está haciendo. Nosotros nombramos las piezas, los colores y lo demás. Confía en el niño, permanece en silencio cuando esté trabajando en algo y solo responde si voltea a verte.

Hay muchos momentos en los que podemos hablar y ofrecer un lenguaje lleno de posibilidades, como cuando exploramos juntos el mundo, cuando preparamos de comer y durante la comida, y en momentos de cuidado como el baño. Evita hacerlo cuando se encuentre en un momento de concentración.

2. Ve lo que repiten

¿Están abriendo y cerrando cajones? ¿Sacando y metiendo objetos de canastas? ¿Separando la ropa? ¿Levantando objetos pequeños? ¿Coleccionando piedras? ¿Limpiando el piso? ¿Preparando comida? Esta repetición nos muestra sus intereses.

Permite esa repetición, pregúntales si quisieran repetir algo en cuanto terminen. Dales la oportunidad de repetir actividades con mayor dificultad.

3. Menos es más

Ten solo unas pocas actividades disponibles. Todo lo que sea demasiado fácil o difícil puede guardarse en cajas para ofrecerlo solo de vez en cuando. Notaremos que los niños pueden enfocarse más cuando hay menos cosas disponibles. Y veremos más claramente qué actividades ya no están usando o cuáles están aventando, lo cual es una señal de que podemos guardar esa actividad y ofrecer otra.

4. Ayúdalos tanto o tan poco como sea necesario

Si observamos que nuestro niño está teniendo problemas, podemos esperar a ver si logra superarlo él solo. Cuando esté a punto de rendirse, podemos darle un poco de apoyo y después alejarnos para ver qué hace. Esto podría ayudarlo a seguir con la actividad y a mantenerse concentrado. Por ejemplo, ayudarlo a girar una llave y después alejarnos para ver si él logra abrir la caja.

5. Ten un ambiente de trabajo designado

Un tapete o una pequeña mesa pueden ayudar a que un niño se concentre en la actividad que eligió. Cuando escoja una, podemos ayudarlo a llevarla al tapete o a la mesa para poner manos a la acción.

Sin embargo, si ya está realizando la actividad en otro lado, no debes interrumpir su concentración. Si lo haces puedes romper esa concentración y hacer que se aleje de la actividad por completo.

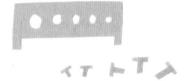

LIDIAR CON LA FRUSTRACIÓN

Es común querer ayudar a nuestro hijo si se siente frustrado. La doctora Montessori solía tener unas cuentas de rosario que contaría pacientemente y así evitaría interrumpir al niño demasiado pronto.

La lucha con la dificultad es importante para tu pequeño. El niño disfrutará dominar actividades que son lo suficientemente difíciles para ser un reto, pero no tanto como para que se rinda fácilmente. Podemos esperar hasta que esté a punto de darse por vencido antes de ayudarlo un poco.

Tipo de ayuda que podemos darle a nuestro niño:

- Muéstrale. «¿Quieres que te muestre cómo hacerlo? ¿Te gustaría un poco de ayuda?». Después podemos mostrarle lentamente y sin palabras cómo, por ejemplo, girar una pieza de rompecabezas hasta que embone.
- Dale una pista verbal. «¿Ya intentaste girarla?».

A veces rechazará nuestra ayuda y su frustración se convertirá en enojo. Está bien que el niño lo exprese. Lo intentará en otra ocasión.

Cuando lo apoyamos de esta forma, reconocemos que la frustración es parte de aprender.

CUANDO NUESTRO NIÑO ES DEPENDIENTE

Algunos pequeños no quieren jugar solos. No dejarán que nos vayamos del cuarto ni siquiera para usar el baño. Y mientras más espacio necesitemos, más querrán estar con nosotros. Existen muchas razones para este comportamiento:

- El temperamento del niño. Algunos prefieren la seguridad de la compañía de sus padres.

- Un viaje, un cambio en la rutina, una enfermedad, un cambio en el trabajo de los padres o una nueva guardería. Estos cambios pueden hacer que un niño se sienta inseguro.

- Cuando nuestra atención está en otra parte. Por ejemplo, cuando cocinamos o escribimos un correo electrónico.

- O cuando no tiene las habilidades necesarias para ser independiente y necesita que un adulto haga cosas por él.

Es normal para niños pequeños necesitar supervisión y no podrán jugar solos por muchas horas. También es importante que disfrutemos de ese tiempo juntos. Pero si nuestro niño está constantemente abrazado a nuestra pierna o quiere que lo carguemos siempre, podemos ayudarlo a que juegue solito por periodos largos de tiempo.

- Primero, juguemos juntos. Con cada minuto podemos jugar menos y ver más. Deja que lidere el juego. Poco a poco retrocede mientras solo observas.

- Dale tu atención total y, después, sal del cuarto por un momento. Dile que vas a la cocina a hervir agua, a meter ropa a la lavadora o algo parecido. Regresa de inmediato. Después sal a hacer otra cosa, como una taza de té, y vuelve. Esto lo acostumbrará a que nos vayamos y regresemos.

- Cuando quiera estar con nosotros, no te molestes, pero haz que sea un poco aburrido. Por ejemplo, podemos hablar con otros papás si estamos en una fiesta de cumpleaños y no se quiere separar de nosotros. Cuando esté listo nos dejará e irá con otros niños.

Háganlo juntos

Inclúyelos en tu vida diaria. Encontraremos que con los años empezarán a jugar con mayor independencia, pero, mientras tanto, podemos disfrutar del tiempo que quieren pasar con nosotros.

- Ten un banco a la mano para que ayuden en la cocina.

- Deja que presionen botones en la lavadora.

- Dales calcetines para que hagan pares mientras lavas la ropa.

- Nuestro niño puede decir algo como: «Tú hazlo, mamá». Ayúdalo un poco y después aléjate para ver si continúa con la tarea. Al principio quédate en el mismo cuarto para que se sienta seguro.

Entendiendo a nuestro hijo

- Ve las cosas desde la perspectiva de tu hijo y reconoce sus sentimientos. En vez de decir: «No te preocupes, todo va a estar bien», podemos ser un poco más comprensivos: «¿Te asusta esto?». No quiere decir que debamos resolver el problema, solo le hace saber que entendemos.
- Llena la cubeta emocional. Al iniciar el día llénalo de abrazos y lean un libro, llena así la cubeta emocional de tu hijo antes de que el día arranque. Y cuando empiece a quejarse, en vez de buscar más espacio, podemos ofrecerle un abrazo para restaurar el equilibrio.
- El «lenguaje amoroso» de nuestro niño puede ser táctil o el pasar tiempo con nosotros. Se sentirá amado al tener contacto con nosotros. Busca *Los cinco lenguajes del amor*, de Gary Chapman, para tener más información.
- Un niño introvertido puede sentirse agobiado por grandes grupos. Al principio, querrá quedarse con nosotros o quizá podamos hacer que la visita sea más corta para satisfacer las necesidades de nuestro niño.

Haz que se sienta seguro

- Si vamos a ir a un lugar nuevo, dale un pequeño recorrido al llegar para que se sienta cómodo.
- Siempre dile a dónde vas en lugar de escaparte. «Voy al baño, regreso en dos minutos». Nuestro niño puede llorar, pero con el tiempo aprenderá a confiar que siempre regresamos cuando decimos que lo haremos.
- También puede ser de ayuda llegar temprano a la fiesta o a actividades grupales. Es difícil enfrentarse a una habitación que ya esté llena de niños corriendo.

Me gusta pensar en las excursiones de nuestros hijos como los pétalos de una flor, con nosotros al centro. Al principio harán pequeñas excursiones, gateando al otro lado del cuarto y de regreso; caminarán más lejos conforme crecen y tienen más independencia y de regreso; irán a la escuela y de regreso; y, eventualmente, irán en bicicleta a la escuela y de regreso al final del día.

Si no se separan de nosotros, podemos ayudarlos a que se sientan seguros de explorar, tal vez solo un poco, antes de regresar a nosotros. Poco a poco explorarán durante más tiempo e irán más lejos, y luego regresarán a estar con nosotros. Aunque mis hijos ya son adolescentes, yo sigo siendo su punto de regreso antes de que vayan a explorar más y más lejos.

TIEMPO EN PANTALLAS

En el método Montessori queremos ofrecerle al niño tantas experiencias como sean posibles, pero las pantallas no procuran esas que ayudan a desarrollar sus sentidos.

El sitio *Screen-Free Parenting* tiene investigaciones importantes sobre las pantallas, como esto:

- Los niños pequeños no aprenden el lenguaje en una pantalla; lo hacen con relaciones humanas.
- Las pantallas pueden afectar los niveles de atención y de sueño en los niños.
- Existe una preocupación real sobre la salud física de los niños que pasan mucho tiempo frente a una pantalla.

Qué hacer en lugar de algo que involucre una pantalla

Para quitar la tentación, pon las pantallas fuera de su alcance y vista. También podemos ser conscientes sobre el tiempo que pasamos en nuestro teléfono cuando los niños están cerca de nosotros.

Si están aburridos en un café, camina con ellos para que vean cómo trabajan los empleados o lleva libros de actividades para que tengan algo que hacer juntos.

En lugar de usar una pantalla para tranquilizar a tu hijo si se molesta, utiliza las ideas del capítulo seis. Así, aprenderán a identificar sus sentimientos, calmarse y sobrepasar momentos difíciles.

Mi experiencia personal con las pantallas

Mis hijos tuvieron muy poca exposición a ellas y a los juguetes electrónicos de pequeños. La televisión no se quedaba prendida de fondo y llevábamos libros en nuestras salidas a cafés. De vez en cuando ellos se quedaban sentados frente a la tele, pero solo con programas previamente seleccionado por nosotros.

En la escuela Montessori de mis hijos, los niños de más de seis años tenían acceso a una de las dos computadoras (para más de 30 niños), por lo que debían reservar tiempo por adelantado para poder investigar algo.

Por esa misma época, decidimos permitir tiempo limitado frente a pantallas en la casa. Elegimos con cuidado qué programas o juegos podían ver o usar, y siempre bajo nuestra supervisión. Esto también les daba una idea acerca de lo que sus amigos hablaban en la escuela.

Para aquellos que se preocupan por el hecho de que sus hijos se quedarán rezagados, permítanme decirles que mis hijos son muy competentes frente a la computadora. Por ejemplo, pueden construir un sitio web, hacer presentaciones y codificar juegos sencillos con la ayuda de algunos programas.

Para más ideas sobre por qué y cómo limitar el uso de las pantallas, recomiendo el libro *Toxic Childhood: How the Modern World Is Damaging Our Children and What We Can Do About It* (Niñez tóxica: cómo el mundo moderno está dañando a nuestros hijos y qué podemos hacer al respecto), de Sue Palmer. Es un trabajo realista y proactivo sobre cómo lidiar con la tecnología que rodea a nuestros hijos.

BILINGÜISMO

La mente de los niños pequeños es *absorbente* y está en un *momento crítico* de obtención de lenguaje; es un periodo maravilloso para exponerlos a más de una lengua. Les costará poco adquirir otro idioma, aunque el adulto sí requerirá hacer un esfuerzo constante para darles las herramientas necesarias.

Si hablamos más de un idioma en casa, podemos usar el método *una persona, un idioma*. Cada padre de familia utilizará su lengua natal para hablar con el niño, pero cuando estén todos juntos elijan un *idioma familiar*.

Por ejemplo:

Una familia que vivía en la casa frente a la mía. Uno de los papás hablaba italiano con el niño; el otro, alemán, pero entre ellos hablaban en inglés. El niño además iba a una guardería bilingüe en donde hablaban holandés e inglés. El niño hablaba italiano y alemán con sus padres, y si me veía a mí hablaba en inglés. Ahora va a una escuela holandesa en donde habla holandés, pero sigue hablando italiano y alemán en casa. Cada vez habla menos inglés, pero lo sigue entendiendo a la perfección.

También podemos utilizar algo llamado *dominios de uso*. Esto es cuando acordamos que usaremos ciertos idiomas en un lugar o ambiente específico. Por ejemplo, los fines de semana la familia puede elegir hablar inglés, fuera del hogar hablan el idioma local y en la casa usan los idiomas de los padres.

Identifica metas claras para la alfabetización de cada idioma. Si la meta es que el niño eventualmente estudie un idioma, necesitará pasar 30 % de la semana utilizándolo. Calcula las horas que pasa despierto y ve si es necesario incrementar su exposición a ese idioma. Por ejemplo, haz que un adolescente lea y juegue con el niño en ese idioma, contrata a una niñera que lo hable o crea grupos de juego con niños que lo hablen. Sé creativo.

Algunos padres creen que su hijo tendrá un retraso en el uso del lenguaje si lo exponen a dos idiomas en su desarrollo. Pero las investigaciones indican que, cuando tienen más de un idioma, ese retraso no existe. Un niño de año y medio que es monolingüe puede saber diez palabras, pero el niño bilingüe puede saber cinco palabras en un idioma y cinco en el otro, así que podría parecer que su nivel está por debajo, aunque en realidad también conoce diez palabras.

Las investigaciones indican que los padres no deben abandonar su lengua materna para ayudar a que el niño aprenda el idioma local. La lengua materna debe ser fuerte para que se asimilen otros idiomas. Lo que podemos hacer es exponerlos aún más al idioma local para asegurarnos de que tengan suficiente experiencia.

Recomiendo el libro *A Parents' and Teachers' Guide to Bilingualism* (Una guía hacia el bilingüismo para padres y maestros), de Colin Baker, para todos los que tengan preguntas acerca del bilingüismo o sobre el aprendizaje de más de un idioma al mismo tiempo.

PRACTIQUEMOS

1. ¿Cómo podemos aumentar la conexión con nuestros hijos durante las actividades diarias de cuidado?
2. ¿Cómo podemos apoyar a nuestro niño al comer, dormir e ir al baño?
3. ¿Podemos evitar sentirnos tan ansiosos en esas áreas?
   ¿Podemos mantenernos neutrales en conflictos entre hermanos?
4. ¿Cómo podemos construir las habilidades de nuestro niño?
   - ¿Sobre compartir?
   - ¿Sobre interrumpir a un adulto?
   - ¿Si es un niño introvertido?
   - ¿Si está golpeando/mordiendo/empujando/arrojando cosas?
   - ¿Para construir concentración?
   - ¿Para lidiar con la frustración?
   - ¿Cuando es dependiente?

Cuando aplicamos el método Montessori en casa de esta manera, estamos aprendiendo a ser la guía del niño, estamos siendo atentos y claros cuando es necesario. Los ayudamos a desarrollar las habilidades complementarias necesarias y establecemos una conexión con ellos todos los días.

SER EL ADULTO

8

LA PREPARACIÓN DEL ADULTO

La doctora Montessori era muy consciente del trabajo que debemos hacer en nosotros mismos. Ella le llamó a esto la preparación del adulto. ¿Cómo podemos ser el mejor modelo para nuestros hijos? ¿Cómo podemos mantener la calma con un pequeño impredecible en casa? ¿Qué podemos aportar a la situación? ¿Qué temas no resueltos estamos mostrando?

Nuestra meta no es ser los padres perfectos. Cuando intenté ser (o al menos aparentar ser) una madre perfecta, me estresé y desconecté de mi familia; todo me preocupaba. Más bien, nuestra meta debe ser divertirnos y relajarnos con nuestra familia, desde donde sea que estemos el día de hoy. Tal vez algunas de estas ideas nos ayuden a ser mejores padres desde un lugar de paz, un lugar desde donde podemos apoyar y guiar a nuestro niño.

No podemos cambiar a nuestra pareja, solo la forma en la que reaccionamos con ella. Lo mismo aplica con nuestros niños. ¿Quién diría que ser padre sería un viaje casi espiritual?

Y vaya viaje que es. A veces me hubiera gustado saber todo esto antes de ser madre, pero solo sabemos lo que sabemos. Pienso en cómo he crecido con mis hijos, cómo me ven intentarlo, y equivocarme, y volverlo a intentar y hacerlo un poco mejor; aprender constantemente y crecer.

Lo que aprendí no funcionará para todas las familias. No quiero decirle a la gente cómo vivir. Más bien quiero compartir algunas de las prácticas que me han ayudado como madre y guía Montessori, incluyendo disculparme cuando me equivoco e intentarlo de nuevo.

CUIDADO FÍSICO PERSONAL

Hacemos nuestro mejor esfuerzo para mantener nuestro cuerpo, mente y alma fuertes y saludables. Para cuidar a nuestra familia tenemos que cuidarnos a nosotros mismos.

Necesitamos buena comida. Un poco de movimiento (tal vez andar en bicicleta por la ciudad o corretear a nuestro pequeño en el parque). Tiempo al aire libre todos los días. Tal vez largos baños de tina en las tardes, cuando nadie pueda molestarnos. Siempre podemos buscar nuevas y diferentes formas de divertirnos o tener momentos de paz en nuestro día.

Podemos aceptar la culpa que sentimos al ponernos a nosotros primero. Después hay que dejarla ir. Reenfócala: más bien es un gran ejemplo para nuestros hijos sobre cómo cuidarse a ellos mismos.

Si nos sentimos cansados o exhaustos, podemos pedir ayuda. Sobrepasar tus límites constantemente no es una buena opción a largo plazo. Podemos recibir ayuda de una cuidadora, un abuelo, un amigo o nuestra pareja. Nuestros niños aprenderán que hay más personas especiales en su vida en quienes pueden confiar y con quienes estarán seguros. Todos salimos ganando.

Si nos sentimos deprimidos, deberíamos buscar ayuda de un doctor, aunque sea solo para saber qué opciones tenemos disponibles. Recuerdo haber buscado a un doctor cuando mis dos niños eran menores de dos años. Estaba preocupada por una posible depresión. Me ayudó tener a alguien con quien hablar y que se preocupara por mí cuando yo estaba demasiado ocupada cuidando a otros. Si la depresión es preocupante, un doctor te ayudará a descifrar los pasos a seguir.

CULTIVA UNA MENTALIDAD DE APRENDIZAJE

Nunca aceptamos un trabajo remunerado sin algún tipo de capacitación, y esperamos que los maestros de nuestros niños estén en constante aprendizaje. Así que, como padres, nosotros también tenemos que seguir aprendiendo. (Leyendo este libro ya estás propiciando un ambiente de aprendizaje sobre cómo criar a tu hijo).

Además, podemos:

- Leer más sobre el desarrollo único de los niños.
- Investigar diferentes cosas sobre nuestro pequeño y buscar el apoyo que necesitemos.
- Tomar cursos, por ejemplo, de disciplina positiva o comunicación no violenta.
- Explorar libros y recursos (ve mis recomendaciones en las páginas 230 y 231). Tal vez escuchar *podcasts* o audiolibros.
- Leer y aprender cosas que no tengan que ver con la crianza de los niños. También necesitamos tener una vida propia.
- Aprender a seguir nuestra intuición. Nuestro cerebro trabaja tanto estos días que apagarlo y escuchar a nuestra intuición —la pequeña voz calmada que nos habla— es otra habilidad que podemos poner en práctica.

EMPIEZA Y TERMINA EL DÍA
CON EL PIE DERECHO

Mis rituales matutinos y nocturnos tienen un enorme impacto en mi rol como madre. No son estrictos, pero sí son consistentes la mayor parte del tiempo. Me ayudan a actuar deliberadamente, en lugar de ir reaccionando a lo que se me vaya apareciendo en la vida. Si puedo estar bien «alineada» en la mañana, eso marca la pauta para el resto del día.

Incluso cuando mis niños eran pequeños, siempre trataba de levantarme una hora antes que todos en la casa para tener un poco de tiempo en silencio para mí misma.

Si no podemos despertarnos antes que el resto de la familia, pensemos en cómo crear una rutina matutina que amemos y los incluya. Puede ser acurrucarnos en la cama, leer un libro, desayunar juntos, poner música alegre o preparar una taza de café o té para vestirnos mientras nos preparamos para el día.

Cuando me despierto antes que mi familia así es como uso el tiempo:

- Me quedo en cama para meditar, es imposible ser malo en eso. Algunos días me doy cuenta de que mi mente está superactiva y otros puedo enfocarme en mi respiración por más tiempo. Esta práctica me permite ser menos reactiva durante el día, y en los días más agitados siempre puedo regresar a ese momento de paz en la mañana.
- Paso cinco minutos escribiendo:
  - Cosas por las que estoy agradecida y que aprecio.
  - Algunas cosas que harían que mi día fuera maravilloso (cosas sobre las que tengo control y pueden ser tan sencillas como tomar una taza de café o sentarme en el patio).
  - Mi intención para el día (por ejemplo, decidir estar relajada, escuchar a otros o enfocarme en el amor y las conexiones).
- Con el tiempo que me sobra empiezo a vestirme antes de escuchar el maravilloso sonido de los pies de mis niños.

Si me interrumpen cuando aún no he terminado, trato de pensar en ello como un recordatorio de lo afortunada que soy de tener una familia amorosa y escuchar el ruido que hacen al acercarse a mí.

Al final del día, tomo un baño y leo un libro. Escribo tres cosas increíbles que hayan pasado y una intención para el día siguiente.

Tal vez pensemos que no tenemos tiempo, pero es posible si lo hacemos una prioridad. Hago esto antes de leer las noticias o revisar mis redes sociales. Puede marcar una enorme diferencia en cómo puedo llegar a ser mi mejor versión.

Podemos apartar un poco de tiempo para pensar qué rituales matutinos y nocturnos nos ayudan más. De la misma forma que cuidamos a nuestras familias, nos podemos beneficiar de cuidarnos a nosotros mismos.

PRACTICA ESTAR PRESENTE

Es difícil mantenerse presente cuando estamos intentando hacer y ser todo para todos, o cuando tenemos muchos compromisos (como adultos y como padres) y tratamos de esforzarnos para llegar a todas partes.

Aquí hay algunas formas para practicar estar presentes:

- **Enfócate en hacer una tarea.** Sé que no les estoy poniendo atención a mis hijos si les doy la espalda en la cocina mientras preparo algo. Es mucho mejor para todos si les digo que me encantaría escucharlos en cuanto termine lo que estoy haciendo. O, si puedo, detengo lo que estoy haciendo, los escucho y después termino.

- **Usa una libreta.** Siempre tengo una libreta a la mano para anotar cosas que pienso mientras juego con los niños o doy una de mis clases. Si lo escribo, después puedo revisarlo con más tiempo. Puedo procesar las notas más tarde y así liberar mi mente en el presente.

- **Usa la tecnología conscientemente.** Amo la tecnología. Sin embargo, pocas veces nos permitimos desconectarnos, así que yo trato de no usar el teléfono en la recámara o lo escondo un rato para no tener la tentación de revisarlo cada vez que lo veo o hace ruido. Casi siempre que levanto mi teléfono para revisar un mensaje, termino usando otra aplicación.

- **Calma la mente.** No solo es la tecnología, es nuestra mente. Es muy difícil mantenernos en el aquí y ahora. Constantemente estamos recordando momentos del pasado y planificamos el futuro. Podemos volvernos locos.

Justo en este momento, aquí, en el presente, no hay nada por lo que preocuparse. Sostén este libro y respira profundo. Durante ese breve instante no había nada más en qué pensar. Estar presente, inmóvil. Me encanta cuando mi mente está así.

Imagina si pudieras pasar más tiempo en ese ambiente pacífico. Con un poco de práctica puedes hacerlo.

Mientras más practiquemos y hagamos espacio para momentos así, más fácil nos será detenernos, observar a nuestro hijo y ver las cosas desde su perspectiva. Mientras más practiquemos encontrar nuestro ambiente de calma, más fácil será regresar a ese lugar y ser un líder de paz para nuestros hijos cuando la estén pasando mal.

¿Y adivina quiénes son fantásticos para ayudarnos a practicar vivir en el momento? Nuestros niños.

Recuerda cómo gritan de emoción cuando escuchan un avión. Cómo encuentran flores que cortar en los lugares más inesperados. Cómo acarician el pasto en el parque con los dedos.

Síguelos y aprende.

OBSERVACIÓN

Como platicamos en el capítulo cinco, la observación es una herramienta que los maestros Montessori usan mucho. Vimos cómo nos ayuda a hacer observaciones factuales en casa también para evitar los prejuicios, sesgos o cualquier otro tipo de análisis.

La vuelvo a incluir aquí porque creo que la observación puede ayudarnos a:

- Quitarnos el prejuicio sobre una situación, lo que evita que el comportamiento de nuestro niño detone cosas en nosotros. Eso nos permite responder, en lugar de reaccionar. En vez de «siempre están tirando su plato en el suelo», observamos que «el plato se cayó al suelo».
- Ver a nuestro niño objetivamente con ojos frescos.
- Estar presentes y notar los detalles en nuestro niño y en el mundo que lo rodea.
- Conectar con nuestro niño al ver cosas desde su perspectiva y así entenderlo mejor.

Si nos sentimos tensos, podemos tomar una libreta y observar. Si tenemos las manos llenas, podemos observar sin necesidad de escribir. Aléjate del análisis y disfruta del presente, de este momento observando a tu hijo.

LLENA TU CUBETA EMOCIONAL
Y LA DE TU HIJO

Todos tenemos una cubeta emocional que está llena cuando nos sentimos seguros, amados y aceptados, y que necesita ser rellenada constantemente. Cuando nos negamos a llenar nuestras cubetas nos volvemos más reactivos.

Somos responsables de llenar nuestras cubetas, de encontrar formas de cuidarnos y de asegurarnos de recibir la ayuda que necesitamos. Nuestra pareja no es la única persona que puede ayudarnos aquí; con un poco de creatividad podemos encontrar muchas formas de llenar nuestra cubeta.

Aquí tienes algunas ideas:

- Prepara una taza de café o té.
- Toca música.
- Habla por Skype con tus abuelos.
- Sal de casa.
- Invita amigos a cenar.
- Cocina algo.
- Organiza una salida (para ti, con tu pareja o amigos).
- Ayuda a cuidar al hijo de un amigo.

Cuando nuestra cubeta está llena, es más fácil llenar la de nuestro pequeño. La forma más fácil de lograrlo es con conexión: haciéndolo sentir que pertenece, que tiene un significado importante y que es aceptado, como ya vimos en el capítulo cinco. Podemos pasar tiempo leyendo con él, abrazarnos en piyama o reírnos. Esto llena la cubeta emocional de nuestro niño (y la nuestra también) y lo ayuda a ser más receptivo y menos reactivo durante el día.

DESACELERA

Desacelerar es una herramienta que podemos usar en nuestro día a día y que nos ayudará a lidiar con más facilidad con nuestro niño, nuestros hijos mayores y nuestra familia.

Pasamos los días preocupados de que algo se nos olvide, pero sabemos de sobra que el día rinde mucho más cuando usamos todos nuestros sentidos: oler lo que nos rodea antes de que empiece a llover, sentir el aire en mis mejillas mientras pedaleo por la ciudad, saborear cada mordida de comida en vez de comer con prisa, etcétera.

Tendremos que descubrir qué es importante para nosotros y qué puede esperar o qué simplemente no va a ocurrir.

Para mí, desacelerar es hacer cosas como:

- Sentarme a tomar una taza de té cuando llego de clase, en vez de inmediatamente empezar a hacer todo lo que tengo pendiente en casa.
- Poner un poco de música para disfrutar más de un momento.
- Preparar comida saludable y disfrutar del proceso, recordando siempre saborearlo todo mientras me lo como.
- No poner demasiadas cosas en mi calendario para no tener que correr de un lado a otro.

- Decirles «no» a muchas cosas para poder decirle «sí» a pasar más tiempo con mi familia y amigos… y a veces con el sillón.
- Ser selectiva en lo que trabajo, elegir solo cosas que disfruto y que tendrán un impacto positivo.
- Leer todas las noches.
- Viajar un fin de semana a lugares nuevos o a la naturaleza para recargarme. Tratar de tener una impresión única en vez de querer ver todo al mismo tiempo; mientras más sencillo, mejor.

Los pequeños también disfrutarán de tu desaceleración; así es más fácil que puedan absorber todo lo que está a su alrededor.

- Al vestirse, deja que lo intenten primero y después, si es necesario, intercede para ayudarlos, pero usa movimientos lentos y precisos.
- Ve despacio cuando le enseñes al pequeño cómo cargar una canasta o bandeja; usa las dos manos para que tenga éxito cuando le des la oportunidad de intentarlo.
- Mueve sillas lentamente usando las dos manos.
- Cuando canten juntos, canta y actúa lentamente. Eso le da tiempo de procesar y tal vez se una a la canción cantando o actuando.
- Si le pedimos a nuestro niño que haga algo, como sentarse a comer, cuenta hasta diez en tu cabeza antes de repetirlo. Así, el niño tendrá oportunidad de procesar lo que le estás pidiendo.
- Sé precavida al motivar la curiosidad del pequeño (revisa el capítulo cinco), ve a su ritmo, no lo presiones y asegúrate de tener suficiente tiempo para jugar y explorar.

Para más ideas, a mí me encantó el libro *Elogio de la lentitud*, de Carl Honoré. No es un texto científico; más bien son los intentos de una persona para probar los diferentes géneros de movimientos lentos de la filosofía. *Spoiler alert!* El último capítulo es mi favorito, llega a la conclusión de que es ideal que vayamos lento la mayor parte del tiempo para que cuando tengamos que acelerar nuestros hijos estén dispuestos a hacerlo.

Una última cosa: a menos de que nuestro hijo esté en peligro inminente, casi siempre hay suficiente tiempo para contar hasta tres en nuestra mente antes de reaccionar ante cualquier situación. Finge ser la doctora Montessori contando las cuentas de rosario antes de correr a ayudar. Desacelera.

Esto te permitirá **responder en vez de reaccionar.**

SEAN LOS GUÍAS DEL NIÑO

Cuando mi hijo tenía un año, leí el libro *Cómo hablar para que los niños escuchen y cómo escuchar para que los niños hablen* (ya hablé muchas veces de él. Esa es una señal del efecto que tuvo y sigue teniendo en mí).

Lo más importante fue darme cuenta de que nuestro trabajo como padres no es resolver cada problema que tiene nuestro hijo, sino estar ahí para apoyarlo, ser su escudo o su lugar seguro para dejar de lado las frustraciones que tuvo durante el día.

Este es un cambio enorme y me quitó un gran peso de los hombros. Somos una guía para los niños, plantamos las semillas, pero debemos dejarlas crecer. Somos la piedra al fondo, solo ayudamos cuando y cuanto es necesario.

Un guía:

- Da espacio suficiente para que el niño trabaje solo.
- Está disponible cuando lo busca.
- Es respetuoso, amable y claro.
- Ayuda al niño a tomar responsabilidad cuando es necesario.
- Provee un ambiente seguro y enriquecedor para explorar.
- Escucha.
- Responde en lugar de reaccionar.

No necesitamos ser un jefe que le dé órdenes, que lo dirija o le enseñe todo lo que necesita saber. Y no tenemos que ser un sirviente que haga todo por él.

Podemos simplemente ser un guía.

QUE TU HOGAR SEA TU AYUDANTE

De la misma forma que un ambiente Montessori está diseñado para ser un segundo maestro (ve el capítulo dos), nuestro hogar puede funcionar así. Ya vimos a detalle cómo lograr esto en el capítulo cuatro, pero me gustaría regresar a algunas de esas ideas para ilustrar cómo esos cambios pueden ayudar al niño y a nosotros también.

Cuando estemos cansados podemos encontrar formas para que nuestro hogar trabaje por nosotros. Aquí algunos ejemplos:

- Si vemos que nuestro hijo depende demasiado de nosotros, podemos buscar formas de añadir momentos de independencia en nuestra rutina diaria.
- Cada vez que hagamos algo por nuestro niño que él mismo pudiera haber hecho, podemos hacer un pequeño ajuste para que él lo haga la próxima vez. Por ejemplo, podemos agregar un cucharón a la caja para que él mismo se sirva cereal en el desayuno. Si jala un pañuelo y todos terminan en el suelo, podemos buscar una forma de acercar solo unos pocos y mantener la caja lejos de su alcance. Las opciones solo están limitadas por nuestra imaginación.
- Si nos damos cuenta de que estamos diciendo «no» muy seguido, podemos cambiar nuestro ambiente.
- Si pasamos demasiado tiempo limpiando la casa, podemos buscar la forma de reducir la cantidad de juguetes disponibles. Podemos tener una selección mejor pensada, observar qué ya no le interesa a nuestro niño y encontrar formas de seguir desarrollando sus habilidades complementarias pidiendo ayuda para recoger.

SEAN HONESTOS

Nuestro niño aprende más observándonos que escuchando las indicaciones que le damos de cómo debe portarse, así que queremos ser un modelo de honestidad con nuestros niños. Queremos que aprendan que ser honestos es algo que valoramos en el hogar. No hay lugar para las mentiras.

Creo que la mayoría de las personas se considerarían honestas. Sí, sé que hay mentiras comunes:

- «Diles que estoy hablando por teléfono», cuando no queremos hablar con alguien.
- «¿Qué opino de tu nuevo corte de cabello? ¡Está increíble!», cuando no creemos eso.
- «No tengo dinero», a la persona que pide dinero en la calle.

Más bien podríamos decir:

- A la llamada indeseada: «Estoy cansada, pero ¿puedo llamarte mañana o puedes mandarme un *mail*?».
- A la persona con el nuevo corte: «Veo que te hace muy feliz».
- A la persona en la calle: «Hoy no, pero buena suerte» o «Puedo mejor comprarte un poco de fruta en la tienda».

Es muy difícil ser amable y honesto, pero es un ejemplo que debemos esforzarnos por dar.

RESPONSABILIZÁNDONOS POR NUESTRA VIDA Y ELECCIONES

Hay muchas cosas difíciles o complicadas en la vida que no podemos cambiar. Pero podemos reconocer cuando algunos de los dolores de cabeza de la vida son resultado de decisiones que tomamos.

Si decidimos vivir en una casa con jardín, este necesitará mantenimiento; si decidimos vivir en una ciudad cosmopolita, significa que las rentas serán más altas. Si elegimos una educación no tradicional para nuestros hijos, deberemos pagar más. No tenemos que cambiar esas elecciones; más bien debemos recordar que somos afortunados al poder tomarlas. Podemos responsabilizarnos por esas decisiones y sus resultados.

También podemos aceptar responsabilidades por nuestras elecciones frente a nuestros hijos, comentando en voz alta el problema. «¡El tren viene tarde otra vez! Agradezco vivir en una ciudad con transporte público, pero no me siento muy paciente hoy. La próxima vez deberíamos salir más temprano». Podemos hacer una observación neutral y, con un poco de distancia, calmarnos y ajustar nuestra perspectiva.

Podemos tomar todos los «deberías» de la vida y hacer solo lo que queremos hacer. «Debería planchar estas camisas». «Debería cocinar la cena de mi hijo». «Debería regresar la llamada». «Debería prestarles más atención a mis hijos». Esto puede sonar a que estoy sugiriendo no preparar la cena o no prestarle atención a tu hijo. Más bien, lo que quiero decir es que hay que hacer de cenar porque queremos alimentar nutritivamente a nuestros hijos. Aceptemos esa decisión. Estoy diciendo que les prestemos atención a los hijos porque queremos que crezcan sintiéndose seguros y aceptados. Aceptemos eso también.

Cada vez que decimos «debería», podemos pensar si es algo importante para nosotros o no. De lo contrario, seamos creativos y cambiémoslo. Y para las cosas que no podemos cambiar, veámoslas como una oportunidad de ser creativos. Si trabajamos tiempo completo, apliquemos estas ideas los fines de semana, en la cena, durante el baño o al dejar a los niños en la escuela por la mañana. Si no podemos costear una escuela que ofrezca un escenario perfecto, podemos elegir una que se adapte a nuestros valores familiares y, si no podemos encontrar una así, podemos aplicar los principios de este libro en nuestra vida diaria.

Podemos encontrar lo que realmente importa y cuidarlo. Cuando nos responsabilizamos por nuestra vida y nuestras elecciones, estamos llevando el barco, que es nuestra vida, a puerto seguro, en lugar de jalar las cuerdas sinsentido en medio de una tormenta.

APRENDER DE NUESTROS ERRORES

Cuando cometemos un error es fácil culpar a alguien o algo más. Por ejemplo, nuestro niño nos volvió locos y perdimos los estribos; o el mapa no era claro y nos fuimos por el camino incorrecto. De la misma forma en la que nos responsabilizamos de nuestras elecciones, necesitamos aceptar nuestros errores. Habrá días en los que no tendremos mucha paciencia, en los que todo nos salga mal, en los que decepcionamos a nuestros hijos, a nuestra pareja y a nosotros mismos.

Cometer errores significa que tenemos la oportunidad de pedir perdón y pensar en lo que pudimos haber hecho mejor. Siempre puedo decirle a mi hijo (o a cualquier persona): «Lo siento, no debí… lo que debí haber hecho/dicho…». Esto pone un muy fuerte ejemplo a nuestro pequeño de que no debe culpar a alguien más. Ve que aprendemos de nuestros errores y eso le demuestra que siempre tratamos de tomar la mejor decisión. Y sobre todo que nadie, ni siquiera sus padres, es perfecto.

CELEBREMOS EN DÓNDE ESTAMOS

Podemos estar tan ocupados tratando de mejorar las cosas que se nos olvida reflexionar sobre el presente. Sé que a mí se me olvida reconocer y aceptar dónde estoy en el ahora mientras trato de aprender y ser un mejor modelo para mi hijo.

A veces se nos olvida decirnos: «Somos suficientes. Estamos haciendo nuestro mejor esfuerzo».

Me gusta pensar que todos somos vasos de llenos. En vez de buscar que alguien más nos llene —nuestra pareja, nuestros hijos o nuestro trabajo—, ya estamos llenos tal como estamos.

Eso me da una enorme satisfacción, pero no quiere decir que dejaré de aprender o mejorar. Simplemente me siento contenta con quien soy hoy. Eso significa que puedo ser más para las personas en mi vida, incluyendo a mis hijos.

También me gusta pensar que nuestros pequeños son vasos llenos. Están haciendo lo mejor que pueden con el cuerpo que tienen hoy y podemos apoyarlos sin tener que enojarnos o sentirnos frustrados con ellos.

AUTOCONSCIENCIA

Ser este estilo de padre de familia requiere de un enorme nivel de conciencia. En nuestro modelo Montessori esto es parte de la autobservación.

Tenemos que **reconocer que nuestros límites están por ser probados** y debemos encontrar una forma de mantenerlos fijos, con claridad y amor. Si dejamos que una situación crezca y nos irritamos, después será casi imposible calmarnos y ser una guía clara.

Está bien tener límites, es parte de ser conscientes de nosotros mismos y de nuestras necesidades, de balancearlas con las necesidades de nuestros hijos y del resto de los integrantes de la familia. (Ve el capítulo nueve sobre cómo trabajar con otras personas).

Cuando **dejamos que algo sea un detonante para nosotros**, podemos observarnos. ¿Estamos apropiándonos de un problema de nuestro niño? ¿Eso está haciendo que surja algo de nosotros que no nos agrada?

Podemos dar un paso atrás para verlo objetivamente o escribirlo para analizarlo más tarde cuando estemos calmados. Podemos tenernos un poco de compasión y ver cuáles de nuestras necesidades no se cumplen (por ejemplo, nuestra necesidad de conexión o de ser cuidadosos) y elaborar un plan para poder lograr satisfacerlas.

Después podemos regresar a ser la guía, el líder con confianza y la roca que nuestro niño necesita que seamos.

SIGUE PRACTICANDO

Todas las ideas de este libro requieren práctica. Ser así con nuestro niño es como aprender a hablar un nuevo idioma. Yo sigo practicando y mis hijos están por entrar a la adultez, y llevo años trabajando como maestra Montessori.

Pero se vuelve más fácil y natural con cada día que pasa.

«El niño desarrollándose armoniosamente y el adulto mejorándose a su lado es una imagen muy atractiva... Este es el tesoro que necesitamos hoy, ayudar al niño a que sea independiente de nosotros y tome su propio camino, recibiendo de él regalos de esperanza y luz».

Doctora María Montessori, *Educación y paz*

PRACTIQUEMOS

1. ¿Qué nos permite alinearnos durante el día? ¿Somos felices? ¿Estamos cumpliendo nuestras necesidades?
2. ¿Podemos estar más presentes? ¿Desacelerar?
3. ¿Podemos cambiar para dejar de ser el jefe de nuestro hijo o su sirviente para ser su guía?
4. ¿Podemos usar nuestro hogar para que nos ayude con el trabajo?
5. ¿Estamos culpando a otros por nuestra situación? ¿Podemos tomar responsabilidad por nuestras decisiones? ¿O cambiarlas?
6. ¿Podemos celebrar dónde estamos hoy?

TRABAJAR
JUNTOS

9

¿QUÉ HAY DE TODOS LOS DEMÁS?

No criamos solos a nuestros hijos. Hay muchas maneras de formar una familia, como estar casados, tener una pareja, ser padres solteros, vivir con los abuelos, tener una pareja del mismo o del sexo opuesto, estar divorciados, tener diferentes raíces culturales, etc. El número y tipos de constelaciones familiares aumentarán mientras nuestra sociedad evoluciona.

Sin importar cuál sea nuestra constelación familiar, vivimos en un contexto social: el de una familia extendida. Estos pueden ser, o no, parientes de sangre, amigos, conocidos de grupos familiares, amigos de la escuela o personas de la tienda en la que compramos nuestras verduras. Son personas en la vida de nuestra familia.

Cuando somos padres solteros, con una pareja o en una familia extendida, surgen algunas preguntas:

- Tal vez leímos este libro y nos encantaría que nuestra «familia» aplicara algunas de las ideas que ya vimos. ¿Cómo podemos lograr que lo haga?
- ¿Cuáles son nuestros valores familiares?
- ¿Escuchamos y hablamos con nuestra familia de la misma forma que con nuestro niño?
- ¿Dónde quedan los sentimientos de los adultos en este método enfocado en el niño?
- ¿Y si nuestro niño prefiere un padre sobre el otro?
- ¿Qué tal un abuelo o un cuidador? ¿Cómo pueden ellos aplicar este método?
- Y si estamos separados de nuestra pareja, ¿cómo afectará eso a nuestro niño? ¿Cómo podemos mantener una experiencia positiva para el niño?

Estas son preguntas importantes y aquí hay algunas ideas que se alinean con el método Montessori.

LOS PADRES TAMBIÉN SON PERSONAS

Es fácil hacer que nuestra vida gire alrededor de los niños, poner nuestras necesidades en pausa y sentirnos culpables si hacemos algo por nosotros.

Somos personas y merecemos cumplir nuestras necesidades. Seguir al niño no significa ignorarnos. Trabaja con el niño y sé firme si es necesario.

Le permitimos a nuestros niños tener libertad, pero también podemos expresar nuestras necesidades, por ejemplo, querer un poco de paz en la tarde mientras nuestro niño descansa en cama. (Tal vez quieras revisar la lista de sentimientos y necesidades en la página 244).

Haz tiempo para una relación adulta. Nuestra pareja, si es que tenemos una, es una persona también. Y esa relación es importante, sin ella es posible que no nos hubiéramos convertido en padres. Sin embargo, a veces se nos olvida priorizarla.

Amo el ejemplo que escuché alguna vez sobre una familia francesa con cuatro hijos. Cuando el papá, que trabajaba fuera de casa, regresaba en la tarde, los padres se sentaban a tomar una copa de vino, platicar y conectar entre ellos por alrededor de diez minutos en lugar de correr a preparar la cena y seguir con la rutina diaria. Durante esos minutos no corrían al auxilio de sus hijos, y ellos aprendieron que era un momento especial para sus papás. Estaban enseñándoles a sus niños que su relación era importante.

Y que los padres también son personas.

PREFERIR A UNO DE LOS PAPÁS

Los niños pueden atravesar una fase en la que prefieran a uno de sus papás por sobre el otro. Quieren que solo sea ella o él quien los bañe, les lea, los vista y los ponga a dormir.

Si esto continúa puede ser molesto y empezará a crear distancia con el otro padre.

No hay una solución mágica para esta situación, pero hay algunas cosas que debemos considerar.

¿Espera el niño una reacción? Creo que en la mayoría de estos casos el niño está buscando un poco de claridad y explorar los límites. No tenemos que reaccionar o caer en sus exigencias. Si quiere alejar a un padre, este puede reconocer los sentimientos del niño: «Querías que alguien más te ayudara, pero yo soy quien te ayudará hoy». Mantente tranquila, amable y segura de ti misma.

Buscando cambios en casa. Si un padre ha estado viajando mucho o si hay un cambio en casa, como la llegada de un bebé o una mudanza, esta puede ser la forma en la que el niño se exprese. Es una de las pocas que puede controlar cuando todo parece salirse de control. No quiere decir que debamos cambiar de cuidador para satisfacerlo, pero quizá sí necesite un poco más de entendimiento, abrazos y que veamos las cosas desde su perspectiva.

LA CLAVE PARA TRABAJAR JUNTOS COMO FAMILIA

La clave para trabajar juntos como familia es reconocer que cada uno de nosotros tiene necesidades. Debemos ser creativos para encontrar la forma de satisfacerlas. No será sencillo, pero es posible. Al menos, podemos intentarlo.

Trabajar con nuestro hijo

El adulto está a cargo, pero el niño puede dar ideas para resolver problemas: «Tú quieres seguir jugando afuera, pero yo estoy lista para entrar. **¿Cómo podemos resolver este problema?**». Podemos incluso hacer esto con niños que aún no hablan. Revisa el capítulo seis para sugerencias específicas.

Trabajar con nuestra pareja

Realmente creo que con un poco de flexibilidad y entendimiento las necesidades de todos pueden ser cumplidas.

Pensemos en una tarde de fin de semana, por ejemplo. Es hora de ir al supermercado y los niños preferirían ir al parque, nuestra pareja quisiera tomar una siesta y nosotras ir con un amigo por un café.

En vez de sobornar a los niños diciendo: «Iremos al parque si se portan bien», podemos elegir algo para todos que **no sea condicional.** Tal vez podemos ir al supermercado sin los niños y llevarlos al parque mientras nuestra pareja duerme. O tal vez podamos pedir el súper en línea para que un amigo pase a visitarnos a casa, mientras nuestra pareja duerme y los niños juegan. Cualquier combinación o solución es posible.

Trabajar con otros

Nuestros niños tendrán que ser cuidados por otras personas que no seamos nosotros. Tal vez tengan un abuelo o una cuidadora que lo haga o tal vez vayan a la guardería o a la escuela.

Entenderán que hay más personas en el mundo en las que sus padres confían para que los cuiden. Aprenderán a confiar en los demás y absorberán mucho sobre el mundo desde las perspectivas de otras personas. La visión del niño se enriquecerá gracias a esas interacciones.

Cuando encontremos alguien en quien confiemos, nuestro niño lo sentirá. El mejor consejo que recibí de la guía Montessori del preescolar de mis hijos fue darles una despedida corta, pero positiva: «Diviértanse mucho y nos vemos después de la hora de los cuentos». Creo que dije lo mismo todos los días; nos daba seguridad a ellos y a mí. Cuando salían corriendo de clase los recibía con un enorme abrazo si ellos querían y les decía: «Es maravilloso verlos». No tenía que decirles cuánto los extrañaba; eso pondría mucha presión sobre un niño pequeño.

Lo que necesitan es el mensaje de que sus padres confían en esa persona y entonces ellos también lo harán.

También tienen que confiar en nosotros durante ese proceso, así que debemos hacerles saber que nos iremos y aceptar el hecho de que esto puede causar un poco de tristeza. Eso es más fácil para los niños que desaparecer sin decir nada y que ellos de pronto se den cuenta de que no estamos sin saber a dónde fuimos o cuándo regresaremos.

INTEGRAR A LA FAMILIA

Es imposible cambiar a alguien más, a nuestros hijos, a nuestra pareja o a nuestra familia. Queremos que apliquen estas ideas Montessori, pero no podemos obligarlos. No te desesperes.

Podemos empezar con nosotros. Siempre creo que lo mejor que podemos hacer es seguir practicando. La gente se dará cuenta de que estamos haciendo algo diferente y pedirá más información. «Veo que no le gritaste a tu hijo cuando hizo un berrinche en el parque. ¿Puedes contarme más?». Somos modelos no solo para nuestros hijos, sino para todos los que nos rodean. Algunos sentirán curiosidad y preguntarán. No serán todos, pero eso está bien.

Busca diferentes formas de compartir información. Envía un artículo corto, comparte la historia de alguien que esté siguiendo un método similar, encuentra un programa de radio o un episodio de algún *podcast* que toque un aspecto que pueda resonar con alguien, comparte este libro, reenvía un *newsletter*, toma un taller en línea con ellos, toma un taller en un ambiente Montessori o platícales poco a poco, con información fácil de digerir, en pequeñas dosis, a un paso que los lleve a querer intentar este método.

Cuida cómo hablas con tu familia. Usualmente queremos que nuestra familia le hable a nuestro hijo de una forma en particular, sin corregirlo, limitando las críticas y apoyándolo. Después terminamos hablando y escuchando a nuestra familia de la misma forma en la que no queremos hacerlo con nuestro pequeño. Los corregimos si dicen algo incorrecto y nos frustra su impaciencia. Terminamos hablando de ellos y no mostrándoles respeto.

Reconoce los sentimientos de tu familia y traduce por ellos. Nadie está en lo correcto y nadie está equivocado. De la misma forma en la que aprendimos a ver las cosas desde la perspectiva de nuestros niños, también podemos aprender a hacerlo con nuestra familia.

Puede ser que no nos guste cómo hablan o interactúan con nuestros niños, pero siempre podemos traducirlos.

«Suena a que el abuelo no quisiera que te subieras al sillón».
«Parece que tu mamá no quiere que avientes la comida».
«Ustedes dos parecen estar pasándola mal. Díganme si necesitan ayuda».

Podemos aplicar la misma idea en el parque con nuestros vecinos o familia con los que no estamos de acuerdo.

Trata de estar de acuerdo con los valores familiares. Con suficiente sabiduría podemos tener conversaciones con nuestra familia en las que encontremos puntos de acuerdo. Por ejemplo, podríamos descubrir que todos queremos lo que es mejor para el niño. Queremos que crezca para ser respetuoso y responsable, que sea curioso, pero que respete nuestros límites.

Bajo esta premisa, nuestro niño aprenderá que **cada persona en la familia tiene su técnica personal.** Aprenderá por instinto con quién acercarse cuando quiera divertirse, con quién cuando las cosas en su vida no salgan bien, etcétera.

Qué niño tan afortunado de tener tantas personas que se preocupen por él. Aun si no estamos en contacto constante con nuestra familia, el niño puede recibir mucho cariño de todos a su alrededor.

ABUELOS
Y CUIDADORES

Si eres un abuelo o cuidador, esta sección es para ti. Puedes aplicar cualquiera de las técnicas que ya mencionamos en este libro.

Al principio, este enfoque puede parecerte muy diferente al que estás acostumbrado y que probablemente te funcionó con tus propios hijos. Aquí hay algunas maneras fáciles de iniciar. Si te gusta este método puedes aprender más de él continuando con la lectura de este libro.

1. **Observa al niño.** Usa sus señales y aprovéchalas. ¿Qué le interesa? ¿Está bien que explore libremente? ¿Cómo puedes cerciorarte de que pueda explorar y al mismo tiempo estar a salvo?

2. **Ve si puede resolverlo solo.** Ya sea que esté comiendo, vistiéndose o teniendo problemas con un juguete, dale tiempo para ver si puede resolverlo solo. Su mirada, cuando lo logra, es invaluable.

3. **¿Qué disfrutas que puedas compartir con él?** Compartir tus intereses con el niño puede ser una experiencia enriquecedora. ¿Tocas un instrumento musical? ¿Tienes materiales para manualidades que ambos puedan usar? ¿Tienes un deporte favorito que puedas simplificar para que practiquen juntos?

4. **Explora allá afuera.** Si tienes miedo de que puedan romper algo o no puedas mantenerlos entretenidos, vayan a un parque, a un camino en medio de la naturaleza o simplemente visiten una tienda local. Deja que te enseñen todo lo que vean. Tú puedes nombrar todo lo que te enseñen y hablar de ello.

5. **Da retroalimentación sobre lo que ves.** En lugar de simplemente alabarlos diciendo: «Buen trabajo», diles lo que viste: «Vi que te columpiabas tú solo», «Corriste hasta la cima de la colina y después rodaste hacia abajo. Se veía muy divertido». Estamos tratando de que tengan sus propias opiniones, no de que busquen la aprobación externa.

6. **Regálales tu presencia, no cosas.** Regalar puede ser divertido y una muestra de cariño, pero más que juguetes lo que demuestra tu amor es tu tiempo. Si realmente quieres comprar un regalo, considera comprar boletos para el zoológico que podrán visitar juntos, un libro que lean en el sillón o una tarjeta de regalo para que sus papás vayan a cenar mientras tú los cuidas. Tener menos cosas significa que podemos estar juntos en este planeta durante más tiempo. Queremos que los niños aprendan a cuidar el medio ambiente, a ellos mismos y a los demás.

7. **¿Qué valores compartes con sus padres?** Este punto en común es un buen lugar para empezar y le dará claridad al niño que busca consistencia y orden. Tal vez algunas de sus reglas sean diferentes, y eso lo aprenderá el niño, pero siempre y cuando el marco sea el mismo, se sentirá seguro en su relación contigo y con sus padres.

8. **¿Puedes darles a los padres un sentido de pertenencia, significado y aceptación?** Normalmente las diferencias de opinión con la familia extendida (incluyendo a los cuidadores) demuestran una añoranza por pertenecer. Hasta los adultos tienen un niño interior que quiere ser amado y aceptado por quien es. Mostrarles a los padres del niño que entiendes su perspectiva puede sentar las bases para tener un ambiente abierto a las diferencias.

CUANDO HAY CONFLICTO EN LA FAMILIA

Para ayudarnos a comunicar nuestras preocupaciones y escuchar las de los demás miembros de la familia, prueba este ejercicio de escucha activa. Lo único que necesitas es preguntarle a la otra persona si tiene 20 minutos. Esta técnica es una adaptación del discurso de apertura de la doctora Scilla Elworthy en el Congreso Montessori de 2017.

En los primeros cinco minutos, cada una de las otras personas puede hablar sobre lo que le molesta. Escucha lo que dicen y fíjate en los sentimientos que les nacen.

Los siguientes cinco minutos diles que los escuchaste y lo que piensas de sus sentimientos. Ellos podrían decirnos si malentendimos algo.

Después cambiamos de papel. Es nuestro turno de hablar de lo que sea que nos esté molestando y ellos nos escucharán.

En los últimos cinco minutos ellos hablarán sobre lo que les contamos y si percibieron que florecía algún sentimiento. También podemos decirles si hubo algún malentendido.

Si creemos que el conflicto podría beneficiarse de otra sesión, podemos repetir el ejercicio durante 20 minutos más.

Empezaremos a notar a las otras personas, sus necesidades y que todos somos humanos y deseamos satisfacer nuestras necesidades.

Tip 1

Trata de evitar palabras que culpen a la otra persona. Es mejor decir: «Es importante para mí que me respeten», en lugar de: «Tú no me respetas». Usa oraciones personales, haz observaciones e identifica cualquier sentimiento o necesidad.

Tip 2

Haz peticiones, no demandas, a los demás. Siempre hay muchas formas de resolver un problema si somos creativos y nos abrimos a otras soluciones.

Puedes encontrar una tabla de sentimientos y necesidades en el apéndice (ve la página 244).

DIVORCIO NO TIENE POR QUÉ SER UNA MALA PALABRA

Cuando los padres deciden separarse, es posible llegar a un arreglo familiar amigable con el cual el niño simplemente tiene dos padres viviendo en hogares diferentes. Idealmente se puede alcanzar un acuerdo en el que ambos padres tienen responsabilidades y tiempo con el hijo.

Incluso a principios del siglo xx la doctora Montessori reconocía la importancia del rol que juegan ambos padres para el niño, siempre y cuando no exista una razón física o psicológica por la que un padre no debiera tener contacto con el pequeño. La seguridad de él es lo primordial.

Aún existe un tabú alrededor del divorcio y la separación. Es triste cuando una relación entre padres termina, pero no tiene por qué ser negativo. De hecho, si ambos padres son felices tras la separación, esta puede tener un resultado positivo sobre el niño que desde temprana edad reconoce cuando en su casa hay tensión, peleas, desacuerdos y disonancia.

La **estabilidad** es importante para el niño en esta etapa. Ten un cronograma constante con cada padre para que el niño sepa qué esperar. Ya hablamos de cómo los niños tienen una necesidad de orden y predictibilidad, así que haz de esto tu prioridad.

Sé honesta con el niño de una forma apropiada según su edad. No asumas que es demasiado pequeño para entender lo que pasa pero, por otro lado, no tiene que conocer todos los detalles. Sé factual e involúcralo en la situación según evolucione.

Sé amable con el otro padre cuando el niño esté presente. Es fundamental que los padres hablen bien el uno del otro y se traten con amabilidad cuando el niño está presente. A veces será difícil, pero en esos casos podemos alejar físicamente el conflicto y platicarlo más tarde. Podemos hablar con amigos cercanos, con nuestra familia o con un terapeuta sobre las dificultades que estamos teniendo con el otro padre, pero nunca debemos desahogarnos con el niño. No es justo ponerlo en medio del conflicto.

Recuerda, ambos seguimos siendo los padres del niño, su familia; solo no vivimos juntos.

PRACTIQUEMOS

1. ¿Estás cumpliendo tus necesidades? Si no, sé creativa para cumplirlas.

2. ¿Hay alguna forma en la que toda la familia pueda cumplir con sus necesidades? Sé creativa.

3. ¿Qué ideas ayudarían a que tu familia aplique este método?

4. ¿Hay conflictos que deban ser resueltos? Prueba el ejercicio de la sección «Cuando hay conflicto en la familia» de la página 212.

¿QUÉ SIGUE?

10

ALISTARSE PARA EL PREESCOLAR / LA ESCUELA

Aquí hay algunos consejos para las familias que pronto deberán alistarse para el preescolar o la escuela, especialmente si el pequeño irá a un colegio Montessori.

Lo primero es **practicar las habilidades de independencia.** Por ejemplo, podemos buscar formas de ayudarlo a que logre ponerse la chamarra o los zapatos por su cuenta o a sonarse la nariz.

Después, **practiquemos la separación.** Particularmente si el niño no ha tenido otro cuidador, deberemos practicar esta habilidad como cualquier otra. Podemos empezar pidiendo ayuda de alguien para que vaya a nuestra casa a leer y jugar. Cuando el niño esté cómodo con esa persona, podemos hacer viajes cortos para realizar quehaceres (siempre diciéndole al niño que saldremos, aunque se sienta triste al respecto). Aprenderá que regresaremos, y así podemos ir aumentando el tiempo que no estamos hasta que se acostumbre a no vernos durante el mismo tiempo que pasaría en la escuela.

Finalmente, algo que hará durante toda la vida es **practicar sus habilidades sociales.** En el parque podemos ayudarlo a traducir para que aprenda a usar sus palabras, guiarlo para que se defienda en caso de ser necesario y enseñarle a cuidar a los demás. Esto le dará el apoyo necesario para que pueda jugar y cuidarse en su nueva escuela.

Materiales Montessori en casa

Cuando nuestro niño comience a ir a la escuela, es mejor no tener los mismos materiales Montessori en casa. Hay varias razones para esto:

- Pasará alrededor de seis horas en la escuela y estará más motivado a aprender y a usar los materiales si solo los encuentra en su salón.
- No queremos presentar los materiales de una forma diferente a la que usa para aprender en la escuela, pues podría llegar a confundirlo.
- Necesita también tiempo para jugar sin estructuras, para salir, ayudarnos en el día a día y salir con amigos.

La única actividad Montessori que la guía de mis hijos dijo que sí podíamos jugar en casa es «Veo, veo algo que empieza con…». La única diferencia de este juego con el «Veo, veo» común es que en este se pronuncia el sonido fonético del inicio de la palabra en lugar del nombre de la letra. Por ejemplo, «Veo, veo algo que empieza con *arr* para árbol en lugar de *a*» o «… algo que empieza con *baa* para *barco* en lugar de *b*».

LOS AÑOS VENIDEROS

La doctora Montessori estableció una previsión de desarrollo para los niños de los cero a los 24 años basándose en sus observaciones científicas. A esto le llamó «los cuatro planos del desarrollo».

Puede parecer una sorpresa que ella nos considerara niños hasta los 24 años. Ahora las neurociencias han demostrado que el córtex cerebral —el área del cerebro dedicada a tomar decisiones racionales y a controlar el comportamiento social— se sigue desarrollando a lo largo de la década de los 20 años. Más de cien años después, las investigaciones científicas validan lo que la doctora Montessori observó.

Cada plano de desarrollo dura seis años. La doctora Montessori reconoció similitudes en cada uno de ellos en cuanto al desarrollo físico, psicológico y conductual del niño.

Veamos qué podemos esperar después de los primeros años.

Infancia (cero a seis años): el primer plano de desarrollo

El propósito de estos primeros seis años es que el niño obtenga independencia física y biológica de sus padres. Con tantos cambios ocurriendo en este tiempo, normalmente se trata de un periodo muy volátil.

El niño atraviesa un cambio físico considerable durante él, pasando de ser un niño dependiente de un adulto a uno que puede caminar, hablar y comer por su propia cuenta.

Avanzar hacia la independencia también significa querer a veces estar más cerca de los padres y en otras ocasiones alejarse por completo o intentar hacer todo por su cuenta; algo así como una crisis de independencia. El niño también hace varias pruebas para tratar de entender mejor su mundo.

La mente absorbente también está activa durante este periodo; desde su nacimiento y hasta los seis años, el niño absorberá toda la información que llegue a él como una esponja. En los primeros tres años de vida lo hará casi de forma inconsciente, y de tres a seis años se convertirá en un aprendiz consciente. Pasa de una *mente absorbente inconsciente* a una *mente absorbente consciente*.

¿Qué quiere decir esto? El niño pasa de simplemente aceptar y adaptar el mundo a su alrededor (cero a tres años), a preguntar *por qué* y *cómo* (tres a seis años). Quiere entender todo lo que absorbió en esos primeros tres años. También se siente atraído a otras culturas y disfruta de mapas del mundo, banderas y formaciones rocosas. Quizá empezará a mostrar interés por la lectura, escritura y las matemáticas con materiales de aprendizaje específicos.

Los niños son aprendices sensoriales desde el útero. De cero a tres años usan todos sus sentidos para explorar el mundo a su alrededor; de tres a seis años empiezan a clasificar esas sensaciones, por ejemplo, en algo grande o pequeño, duro o suave, áspero o liso, ruidoso o silencioso.

Durante este periodo están anclados a la realidad, entienden fácilmente el mundo que los rodea y les fascina ver cómo funcionan las cosas. Los juegos basados en la imaginación aparecen alrededor de los dos años y medio, y aun así son sobre cosas que ya conocen, como el supermercado o una familia.

En este periodo, el niño también cimienta su personalidad. Sus experiencias en estos años formarán en buena medida cómo será de adulto.

De verdad estamos plantando semillas…

Niñez (seis a 12 años): el segundo plano del desarrollo

Mientras en el primer plano el niño trabajaba en independencia física y biológica, en el segundo plano busca su independencia mental. Lo motiva aprender todo y explorar la razón detrás de las cosas, no basta con absorber información.

Empieza a desarrollar un pensamiento independiente sobre el mundo que lo rodea y su brújula moral. Comienza a explorar algunas áreas grises como «¿Está bien o mal?» o «¿Es justo o injusto?».

Explora el mundo con su imaginación, es capaz de entender la historia y proyectar ideas al futuro. Esta es también una edad colaborativa en la que ama trabajar en grupos sentados alrededor de una mesa o en el piso.

El crecimiento no se da a pasos acelerados en este periodo. Tal vez sea del agrado de los padres escuchar que es mucho más estable. Las bases ya están puestas y en este segundo plano el niño entiende los límites y no necesita probarlos una y otra vez

El tallo es fuerte y sigue creciendo…

Adolescencia (12 a 18 años): el tercer plano de desarrollo

El periodo adolescente tiene mucho en común con el primer plano, así que la doctora Montessori estaría de acuerdo con los padres que creen que los adolescentes son como niños pequeños.

De nuevo en este periodo se experimenta un enorme cambio físico y psicológico mientras el niño pasa por la pubertad. Si este buscaba la independencia de sus padres, el adolescente busca la independencia social y alejarse de su círculo familiar. Existe un conflicto interno entre a veces querer ser parte de la familia y otras veces querer ser independiente. Atraviesa otra crisis de independencia, esta vez de una forma social.

Los adolescentes aman compartir sus ideas y aspiraciones con los demás, particularmente las formas en las que les gustaría cambiar el mundo (incluyendo el desarrollo de políticas sociales). Es interesante cómo la doctora Montessori observó que en esta etapa no son tan académicos, momento en el cual la educación tradicional generalmente se vuelve más académica.

Por eso, la doctora propuso un *Erdkinder*, o «Taller», como el ambiente perfecto para que un adolescente aprenda. Allí, los adolescentes aprenderían trabajando la tierra, vendiendo sus bienes en un mercado y encontrando su lugar en un grupo social. Existen preparatorias Montessori en las ciudades, conocidas como «compromisos urbanos», que tratan de aplicar ese mismo principio, pero en una ciudad.

Me gustaría agregar una nota personal aquí para decir que la pubertad y los adolescentes no tienen por qué ser aterradores. Yo descubrí que tener dos adolescentes en casa fue maravilloso y eran personas increíbles con las que siempre quería pasar el tiempo.

Las hojas y los botones se abren, acercándose a su madurez…

Madurez (18 a 24 años): el cuarto plano de desarrollo

La doctora Montessori dijo que, si todo se había hecho en los primeros tres planos de desarrollo, el cuarto plano se ocuparía de sí mismo. Se refería al trabajo en este plano como la búsqueda de independencia espiritual y moral.

Estos jóvenes adultos quieren ayudar a la sociedad, por ejemplo, a través de trabajo voluntario. También es posible que vayan a la universidad y se unan a la fuerza laboral.

Al igual que en el segundo plano, este periodo es más estable y el joven adulto tiene una mente racional y lógica. Están ocupados explorando áreas de interés en el trabajo y estudio a un nivel profundo.

Y su cerebro está prácticamente formado.

La planta alcanzó la madurez; aún requiere atención y cuidado, pero es completamente independiente de nosotros.

LOS CUATRO PLANOS DEL DESARROLLO

PRIMER PLANO	SEGUNDO PLANO	TERCER PLANO	CUARTO PLANO
0-6 años	6-12 años	12-18 años	18-24 años
Estamos plantando semillas	El tallo es fuerte y sigue creciendo	Las hojas y los botones se abren, acercándose a su madurez	La planta alcanzó su madurez
• Independencia física y biológica	• Independencia mental	• Independencia social	• Independencia moral y espiritual
• Mente absorbente	• Desarrollo de un sentido moral (correcto e incorrecto) y exploración del funcionamiento de las cosas y su relación	• Desarrollo de su política social (cómo cambiarían ellos el mundo)	• Aporta a la sociedad
• Entendimiento concreto del mundo		• Intercambian ideas e ideales con otros	• Periodo más estable (similar al segundo plano)
• Aprendizaje sensorial		• Constante cambio físico y psicológico (similar al primer plano)	
• Trabajan en paralelo con poca colaboración	• Cambia de aprendizaje concreto a abstracto		
• Cambios y crecimiento rápidos	• Modela su aprendizaje mediante la imaginación		
	• Colaboración en pequeños grupos		
	• Menos crecimiento, periodo más estable		

ES MOMENTO DE UN CAMBIO EN LA EDUCACIÓN

Cuando nos convertimos en padres, empezamos a darnos cuenta de cómo el sistema de educación actual está fallando. Vemos cómo fue diseñado para la Revolución industrial, para educar a los futuros trabajadores de fábricas; los niños se sientan en hileras y memorizan datos para pasar pruebas.

Quizá estés leyendo este libro porque te interesa criar a tus hijos para que piensen por sí mismos, investiguen para obtener respuestas a sus preguntas, piensen creativamente, sean capaces de resolver problemas, trabajen con otros y encuentren sentido en su trabajo.

Personas como sir Ken Robinson, un experto en educación y creatividad, constantemente cuestionan nuestro sistema educativo. Ven que las escuelas tradicionales matan la creatividad y necesitamos una revolución en la forma como educamos a nuestros hijos.

Yo era igual que tú. Tenía un hijo pequeño y una bebé y buscaba opciones escolares. Era idealista, no quería que mis hijos aprendieran solo para pasar exámenes. Entré a un ambiente Montessori y vi que había otra forma de aprender.

ES TIEMPO DE PAZ

«Usted ha señalado acertadamente que, si vamos a enseñar la verdadera paz en este mundo, y si en realidad vamos a declararle la guerra a la guerra, debemos comenzar con los niños, ya que si ellos crecen con su natural inocencia, no tendremos que luchar ni tendremos que tomar resoluciones estériles u ociosas, más bien lo haríamos del amor al amor y de la paz a la paz, hasta que todos los rincones del mundo se cubran con esa paz y ese amor, de los que consciente o inconscientemente el mundo está hambriento».

Mahatma Gandhi, *Hacia la nueva educación*

Es momento de llevar esta información al siguiente nivel. Quiero pedirte que me ayudes con mi plan nada secreto para esparcir algo de paz y optimismo por el mundo entero.

A veces nos sentimos impotentes, como si no hubiera nada que pudiéramos hacer contra la violencia a nuestro alrededor, pero sí hay algo que podemos hacer. Aprender a educar y a entender mejor a nuestros niños.

Una vez que apliquemos estos principios con niños, podemos empezar a propagar paz con nuestra pareja y familia, en la escuela, en el supermercado, con nuestros amigos, extraños y, más importante aún, con gente que ve el mundo de forma diferente.

Utilicemos las habilidades de perspectiva que aprendimos en este libro. Sentémonos, conversemos, escuchémonos y realmente veámonos.

Tenemos muchos métodos y opciones para educar a nuestros hijos. Es posible que tengamos diferencias de sexo, raza, etnicidad, política, sexualidad, religión, etc. Es posible que todas nuestras creencias y valores sean diferentes.

En verdad creo que no importa quién tenga razón. Lo importante es que les demos importancia a los demás, les demos un sentido de pertenencia y los aceptemos por quienes son de la misma forma que lo hicimos con nuestros hijos. Nuestros niños son suficientes, nosotros somos suficientes y lo mismo es cierto de cada cosa viva.

Para llegar a la paz en este mundo tenemos que celebrar nuestras diferencias, buscar similitudes y lidiar con los miedos de los demás. Encontrar una forma pacífica de vivir juntos y reconocer que **somos más similares que diferentes**. Después de todo, somos humanos.

¿Dónde podemos empezar? Entendiendo mejor a nuestros niños y plantando las semillas que ayudarán a que se conviertan en humanos hermosos, curiosos y responsables.

La doctora Montessori murió el 6 de mayo de 1952 en Noordwijk aan Zee, Holanda. Su epitafio dice:

> «Les imploro a mis queridos niños todopoderosos que se unan a mí para construir la paz del hombre y la paz del mundo».

PRACTIQUEMOS

1. ¿Cómo podemos prepararnos y a nuestro hijo mientras crece de niño pequeño a preescolar y más allá?

2. ¿Cómo podemos aplicar las habilidades de perspectiva que aprendimos en este libro a relaciones con:
   - nuestro niño?
   - nuestra pareja?
   - nuestra familia y amigos?
   - nuestros vecinos?
   - extraños?
   - gente que ve el mundo diferente?

HISTORIAS REALES

TOUR DE HOGARES Y ALGUNAS
FRASES DE FAMILIAS MONTESSORI

AUSTRALIA

Kylie, Aaron, Caspar, Otis y Otto

Cómo aplicamos el Montessori

«No importa cuánto estudies, siempre recomiendo que los padres asistan a una clase Montessori padre-hijo y vivan la experiencia en persona».

«Él es muy práctico en su aprendizaje. Amo observarlo en su elemento. Le encanta hornear postres y disfruta mucho cocinar para su familia. Le encanta ensuciarse con su arte y le gusta mucho estar rodeado de su familia. Le gusta mucho abrazar y nos encanta acurrucarnos con un buen libro».

«Una de las ventajas del método Montessori es la manera en la que se les enseña a los padres a observar y a darle seguimiento al niño. Que cada uno aprende a su propio ritmo. Esto es mágico».

MONGOLIA

Enerel, Bayanaa, Nimo y Odi

Mininimoo

«Sentí que mis ojos se abrían más que nunca cuando vi la palabra *Montessori*. No pude dormir ese día, investigué todo al respecto esa noche y comencé a preparar actividades para mi hijo al día siguiente».

«Creo que enseñarles acerca de la disciplina es mucho más importante que las actividades. Los padres deben poner el ejemplo. Nosotros también nos volvemos más disciplinados a lo largo del proceso y aprendemos del niño. Esto implica un gran esfuerzo, pero nos da mucha alegría cuando al niño le interesa y aprende».

«Aunque nuestra casa y nuestra habitación Montessori son pequeñas, me gusta hacerlas parecer más grandes. Nuestro departamento es pequeño, por eso intento hacer que todo esté en un mismo lugar y que pocos objetos estén disponibles. Siempre debes crearle un ambiente al niño para que explore. Sugiero que procures que el lugar sea acogedor y cómodo».

CANADÁ

Beth, Anthony y Quentin

Nuestra vida Montessori

«Nuestra actividad favorita es convivir en la naturaleza con nuestros hijos, presentarles todas las opciones que el mundo natural puede ofrecerles. Hay mucho aprendizaje de la naturaleza cuando están al aire libre».

«Buscamos maneras de que los niños entiendan sus necesidades en un nivel holístico e individual. Por supuesto que el método Montessori fue la respuesta más agradable y perfecta».

«El método Montessori tiene en su centro la educación pacífica. Es una práctica pedagógica que se basa en la enseñanza de la paz para las siguientes generaciones. No hay otra práctica o sistema de aprendizaje que tenga esto. Esa es la razón por la cual me encanta el método Montessori».

«En casa ponemos en práctica el método Montessori honrando y respetando al niño. ¿Tu hijo puede hacerse su propia comida? ¿Puede sacar su ropa del clóset? ¿Tiene el agua a su alcance para cuando tenga sed? Y, lo más importante, ¿cómo le hablas a tu hijo y a los otros miembros de la familia?».

ESTADOS UNIDOS

Amy, James, Charlotte y Simon

Montessori de Medio Oeste

«Observar a mis pequeños es mi actividad favorita. En cuanto termino de preparar su ambiente, adoro sentarme con ellos y observarlos trabajar. Así logro echarle un vistazo a su mente y eso me fascina. Además de observarlos, me gusta pasar tiempo al aire libre con ellos (ya sea en la naturaleza, en la calle o en el parque), leer libros, escuchar y hacer música y muchas cosas más de la vida práctica».

«Se requiere de mucho cuidado y detalle para crear un ambiente óptimo para el crecimiento de los niños. Esto incluye la preparación del adulto, que puede ser la parte más difícil, especialmente para un padre. Honramos a nuestros hijos cuando nos preparamos y también el hogar en el que viven. Lo demás depende de ellos».

«A menudo pensamos que los niños son inquietos, pero si nos tomamos el tiempo para bajar el ritmo, darles espacio y la oportunidad de observar, he visto cómo algunos niños muy pequeños pueden concentrarse profundamente en su trabajo».

MI FAMILIA

Simone, Oliver y Emma

Australia y Holanda

«Ve el mundo desde la perspectiva de los niños. Cuando los miramos desde sus ojos, conseguimos mucho más entendimiento y respeto. Esto puede ayudar a guiar y apoyar a los pequeños».

«Quiero que mis niños amen aprender, no solo pasar los exámenes. La primera vez que entramos a un preescolar Montessori me sentí muy conmovida. El esmero con el que estaban colocados los materiales en los estantes y, en general, todo el ambiente era muy hermoso. Yo misma quería comenzar a explorar, así supe que ese era el ambiente adecuado para mis hijos».

«Me mantengo inspirada mientras más profundizo en el entendimiento sobre la filosofía Montessori. Es como si fueran las capas de una cebolla, que puedes pelar una tras otra. Puedes ver el método Montessori como un acercamiento para aprender en la escuela, pero también me encanta cómo puede convertirse en un estilo de vida».

MI SALÓN DE CLASES

Jacaranda Tree Montessori

Ámsterdam, Holanda

«Cada semana les doy la bienvenida a más de cien niños, a sus padres y a los cuidadores para aprender acerca del ambiente Montessori. Ofrezco clases para bebés, niños de 1 a 3 años y preescolar».

«A los niños les encanta explorar el ambiente preparado para su edad y todo es accesible para ellos. Los adultos aprenden a observar a los niños, hacen preguntas y conocen a familias con maneras de pensar afines. Me encanta observar tanto a los niños como a los adultos experimentar una enorme transformación al conocer el método».

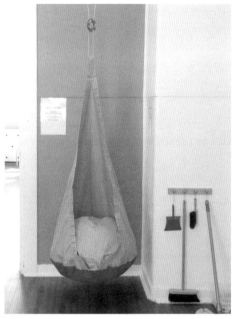

LECTURAS COMPLEMENTARIAS

LIBROS Y LECTURAS DE LA DOCTORA MONTESSORI

La mente absorbente del niño, María Montessori, Diana, 1986.

El niño en familia, María Montessori, ABC-CLIO, 1989.

Educar para un nuevo mundo, María Montessori, ABC-CLIO, 1989.

Formación del hombre, María Montessori, Association Montessori Internationale, 2007.

El niño, el secreto de la infancia, María Montessori, Fides Publishers, 1966.

El descubrimiento del niño, María Montessori, Ballantine Books, 1986.

María Montessori les habla a los padres, María Montessori, Montessori-Pierson Publishing Company, 2017.

The 1964 London Lectures, María Montessori, Montessori-Pierson Publishing Company, 2012.

LIBROS ACERCA DEL APRENDIZAJE MONTESSORI

The Joyful Child: Montessori, Global Wisdom for Birth to Three, Susan Mayclin Stephenson, Michael Olaf, Montessori Company, 2013.

Child of the World: Montessori, Global Education for Age 3-12+, Susan Mayclin Stephenson, Michael Olaf, Montessori Company, 2013.

Understanding the Human Being, Silvana Quattrocchi Montenaro M.D., Nienhuis Montessori, 1991.

Cómo educar niños maravillosos con el método Montessori, Tim Seldin, Gaia Ediciones, 2016.

Maria Montessori: Her life and work, E. M. Standing, Plume, 1957.

Montessori Madness, Trevor Eissler, Sevenoff, 2009.

Montessori from the Start, Paula Polk Lillard y Lynn Lillard Jessen, Schocken, 2003.

LIBROS DE CRIANZA

Disciplina positiva para preescolares, Jane Nelsen, Ediciones Medici, 2014.

Cómo hablar para que los adolescentes escuchen y cómo escuchar para que los adolescentes hablen, Adele Faber y Elaine Mazlish, HarperCollins, 2006.

Hermanos, no rivales. Ayudar a los niños a convivir para poder vivir mejor, Adele Faber y Elaine Mazlish, Ediciones Medici, 2010.

El cerebro afirmativo del niño. Ayuda a tu hijo a ser más resiliente, autónomo y creativo, Daniel J. Siegel y Tina Payne Bryson, Vergara, 2018.

Unconditional Parenting: Moving from rewards and punishments to love and reason, Alfie Kohn, Atria Books, 2006.

Buenas noches, que duermas bien: Un manual para ayudar a tus hijos a dormir bien y despertar contentos de recién nacidos a niños de hasta cinco años, Kim West, Prospecta Press, 2016.

Niños felices. Cómo conseguir que su hijo crezca sano y feliz, Michael Grose, Ediciones Oniro, 2011.

Toxic Childhood: How the modern world is damaging our children and what we can do about it, Sue Palmer, Orion Paperback, 2006.

The Creative Family: How to encourage imagination and nurture family connections, Amanda Soule, Roost Books, 2008.

A Parents' and Teachers' Guide to Bilingualism, Colin Baker, Multilingual Matters, 2014.

LIBROS DE DESARROLLO PERSONAL

Comunicación no violenta, Marshall B. Rosenberg, Phd, Gran Aldea Editores, 2006.

Mindset. La actitud del éxito, Carol S. Dweck, Editorial Sirio, 2019.

El poder silencioso. La fuerza secreta de los introvertidos, Susan Cain, Kairós, 2018.

Elogio de la lentitud: Un movimiento mundial desafía al culto a la velocidad, Carl Honore, RBA Bolsillo, 2018.

Los 5 lenguajes del amor. El secreto del amor que perdura, Gary Chapman, Unilit, 2018.

OTROS RECURSOS

«Seeing Tantrums as Distress, Not Defiance», *The New York Times*, 30 de octubre de 2011. (Jean Rosenberg, fundadora y directora de Chelsea Day School, NYC, Citado: Anderson, Jenny).

«Lexical Development in Bilingual Infants and Toddlers: Comparison to Monolingual Norms», Barbara Pearson et al.

Sarah Ockwell-Smith: https://sarahockwell-smith.com/2015/03/19/one-simple-way-to-improve-your-baby-or-child-sleep/

Yoram Mosenzon, Connecting2Life: www.connecting2life.net/.

Screen Free Parenting: www.screenfreeparenting.com.

Scilla Elworthy: www.scillaelworthy.com.

Sir Ken Robinson: www.sirkenrobinson.com.

Rusty Keeler, www.earthplay.net.

AGRADECIMIENTOS

Estoy muy agradecida con...

HIYOKO: No pude haber pedido a una mejor ilustradora para este proyecto. Nunca me imaginé que este libro sería tan bonito. Siempre que le enviaba a Hiyoko una idea para incluir en el libro la devolvía exactamente como me la imaginé y mejor aún de lo que esperaba. Su estética, cuidado y generosidad son de la más alta calidad. Gracias, Hiyoko, por traducir mis palabras en este libro tan maravillosamente ilustrado y diseñado.

ALEXIS: Qué placer y honor tener a Alexis y a su cerebro trabajando en este libro conmigo. Le pedí a Alexis que me ayudara a editar y me dio su retroalimentación de cada palabra de este libro. Su luz y sensibilidad hicieron de este manuscrito algo mucho mejor.

EL EQUIPO DE WORKMAN PUBLISHING: Sigo sumamente feliz de que Workman haya elegido este libro para ayudarme con mi no tan secreto plan para darle al mundo un poco más de paz y optimismo. Un agradecimiento especial a Page por encontrar este libro y llevarlo a Workman; a Maise por todas tus horas de trabajo, por mantenerte siempre positiva y ser una increíble editora, además de haber escuchado todas mis solicitudes; a Rebecca, Lathea, Moira y Cindy por correr la voz de maneras tan creativas y divertidas; a Galen por sus habilidades para diseñar este libro a lo largo de tantos requerimientos; a Kristina por hacer que este libro viaje por más y más países; a Sun por sus superhabilidades de organización y al resto del equipo de Workman que estuvo detrás de este libro.

LAS FAMILIAS QUE COMPARTIERON SUS HOGARES: Sigo sorprendiéndome de la generosidad y amabilidad de los otros. Cuando me acerqué a las familias que aparecen en este libro (sus hogares e hijos), sin dudarlo un segundo me compartieron sus fotos y sus vidas. Espero que encuentren sus historias y fotos como una fuente de inspiración para llevar el estilo de vida Montessori a sus hogares. Gracias a Anna, Kylie, Enerel, Beth y Amy por compartir la belleza, alegría y calma que el estilo Montessori ha llevado a sus familias.

MI INSPIRACIÓN: Estoy eternamente agradecida con estas tres mujeres por haberme introducido a la filosofía Montessori: Ferne Van Zyl, An Morison y Annabel Needs. Fui muy suertuda de asistir a clases con mis hijos y trabajar con Ferne, quien me dio una gran introducción al estilo Montessori. Ella me transmitió su amor por este tipo de educación y me enseñó a ver las cosas desde la perspectiva de los niños. An y Annabel fueron las primeras maestras Montessori de mis hijos. Fue a partir de una clase abierta en la escuela Montessori Castlecrag en Sídney, Australia, que me conmovió la belleza de un ambiente Montessori, el respeto de los maestros y el cuidado con el cual se prepara cada cosa para los niños. Gracias por inspirarme a seguir sus pasos.

MI ASESORA MONTESSORI: Judi Orion compartió su amor por los bebés y niños pequeños con nosotros y su gran experiencia durante nuestro entrenamiento de Asistentes para la Infancia AMI. Asimilé cada palabra de nuestro entrenamiento y encontré todo lo que necesitaba para prepararme para todo el trabajo con los niños. Una parte fundamental que me enseñó Judi fue el poder de la observación: aprender a ver al niño con ojos nuevos cada día y aceptarlo por lo que es. Gracias, Judi, por enseñarme a ver de una nueva manera.

LOS AMIGOS MONTESSORI: He tenido el placer de aprender de muchos amigos Montessori, tanto en persona como en línea. Entre ellos están Heidi Phillipart-Alcock, Jeanne-Marie Paynel, la encantadora amiga en la oficina principal de AMI, Eve Hermann y su familia, Pamela Green y Andy Lulka, y toda la comunidad que he conocido en los congresos Montessori y las comunidades en línea. Gracias por compartir su conocimiento y ayudarme a seguir creciendo y aprendiendo cada día.

LAS FAMILIAS DEL JACARANDA TREE MONTESSORI: Me siento muy agradecida de trabajar con las familias tan asombrosas que vienen a mis clases en el Jacaranda Tree Montessori en Ámsterdam. Cada semana saludo a más de cien niños y a sus mamás, papás, cuidadores, abuelos y otros. Aprendo día con día de estas familias.

MAMÁ + PAPÁ + HERMANAS: Y con toda mi familia extendida. Somos un montón de personas divertidas y únicas; muy diferentes de muchas maneras, pero iguales de otras. Mis padres siempre me han apoyado, incluso cuando les dije: «Creo que voy a ser guía Montessori» o «Me voy a mudar a 16 633 kilómetros de aquí». Me encanta platicar con ellos los domingos en las mañanas y enterarme de sus novedades. Gracias por darme raíces y alas.

LUKE: Por soñar conmigo con tener hijos mientras paseábamos por el mercado de Londres aquel día y hacerlo realidad. Por hacerte cargo del turno de la noche y despertarte para ver a Oliver y a Emma, mientras yo me preparaba en el método Montessori. Por vivir en el Reino Unido, Australia y Holanda. Por todo lo que he aprendido de ti en 17 años de matrimonio, a través de la separación amigable y nuestro viaje de cocrianza. No habría querido hacerlo con nadie más. Gracias por ser mi compañero de combate intelectual.

MI COMPAÑERA DE TRABAJO: Cuando trabajamos por nuestra cuenta puede ser difícil encontrar el apoyo que necesitamos. Y un día apareció Debbie. Ella no solo es mi compañera de trabajo semanal, también me escuchó durante una gran transición, hicimos retiros de trabajo en cabañas, tuvimos aventuras en la naturaleza con nuestros hijos y su familia es la mejor para compartir sorpresas «Sint». Después escribimos nuestros libros codo a codo en cafés, apoyándonos y animándonos la una a la otra. Siempre está ahí para escucharme y con las palabras adecuadas. Gracias por las sesiones de trabajo de los jueves y más.

MIS AMIGAS: Tengo amigas en Ámsterdam que escuchan todos los chismes mientras nos ponemos al día en un café, con quienes puedo visitar museos o salir a ver una película. Tengo viejas amigas a quienes les hablo menos pero siempre retomamos desde donde dejamos todo y parece que con ellas todo fluye igual, aunque no estemos en la misma ciudad. Gracias Rachel, Agi, Michelle, Birgit, Emily, Becci, Narelle, Emmy, Claire, Monika y a muchas otras por toda la diversión que alimenta mi trabajo.

LOS QUE ME APOYARON EN KICKSTARTER: Estoy en deuda con todas las personas que apoyaron este libro en Kickstarter, por confiar en mí y ayudarme a crear este proyecto y a llevarlo a muchos hogares alrededor del mundo.

TODAS LAS COSAS: Con todo lo que me rodea, desde las tazas de té, las visitas a la naturaleza, el pedalear mi bicicleta a clase, mis baños, el yoga en la sala, los ambientes acogedores en donde me senté con mi *laptop* a escribir este libro (cafés, ambientes exteriores, mi cama, mi mesa de la cocina, mi escritorio, el sillón, el tren a Francia, el avión a Estocolmo, un departamento en Lyon), hasta con mi cámara por capturar toda la belleza que me rodea, internet por permitirme conectar con tantas personas, los *podcasts* inspiradores, con TODOS los libros y a Ámsterdam, ciudad que ahora llamo hogar. Tengo mucho que agradecer.

USTEDES: Por unirse a este proyecto para difundir la paz en el mundo, una familia a la vez. Gracias, gracias, gracias.

MIS HIJOS: Por último, quiero agradecer a las personas más importantes de mi vida, Oliver y Emma. Son mis personas favoritas para pasar el rato. Me han enseñado tanto acerca de ser madre, y me encanta crecer con ustedes a mi lado. Su apoyo, paciencia y entendimiento de mi trabajo significa mucho para mí. Gracias desde el fondo de mi corazón por ser ustedes mismos y por aportar tanto mientras hablábamos sin parar de este proyecto. Gracias por el amor tan puro que llena mi corazón al escribir este libro.

APÉNDICE

EN LUGAR DE ESTO, DI ESTO

PARA...	EN LUGAR DE ESTO...	DI ESTO...
Ver a través de los ojos de nuestro hijo	Negar: «No te preocupes por eso. Solo es un chichón».	Ve la situación desde su perspectiva/reconoce sus sentimientos: «¿Te asustaste? Un chichón puede doler».
	Juzgar: «Siempre tomas los juguetes de otros niños».	Tradúcelo para él: «Parece que te gustaría tener tu turno una vez que todos terminen».
	Regañar: «No debiste». «Lo que tienes que hacer es...».	Intenta comprenderlo adivinando cómo se siente: «Quieres decir que...». «Parece que...». «¿Acaso te sientes...?». «Parece que...».
Construir independencia	Decirle qué no debe hacer: «¡No tires el vaso!».	Dile cómo tener éxito: «Utiliza las dos manos».
	Evita tomar el liderazgo siempre: «Vamos a ver los rompecabezas».	Sigue al niño: No le digas nada (espera a ver qué decide).
Ayudar a tu hijo	Tomar el control y hacerlo por él: «Deja que lo haga por ti».	Involúcrate lo menos posible: «¿Te gustaría que alguien o yo te ayudara?». «¿Quieres ver cómo lo hago yo?». «¿Acaso has intentado...?».
Ayudar a que al niño le guste aprender	Corregir: «No, es un elefante».	Enseña enseñando: «Ah. Querías enseñarme los rinocerontes». (Haz una nota mental para enseñarle los elefantes en otra ocasión).
Cultivar la curiosidad	Dar las respuestas a todas las preguntas: «El cielo es azul porque...».	Motívalo a descubrir cosas: «No lo sé. Investiguémoslo juntos».
Ayudar al niño a hacer las cosas por su cuenta; por ejemplo, incentivar la motivación intrínseca	Elogiar: «¡Buen trabajo!». «¡Buen chico/chica!».	1. Da retroalimentación y describe el esfuerzo: «Pusiste todos los camiones en la canasta». 2. Resúmelo con una palabra: «A eso le llamo ser ingenioso». 3. Describe cómo te sientes: «Es un placer caminar en un cuarto ordenado».
Compartir	Obligar a compartir: «Ahora es el turno de ellos».	Deja que termine y comparte tomando turnos: «Parece que están jugando con eso en este momento. Pronto estará disponible para ti».
Aceptar al niño por lo que es	Desestimar su enojo/emociones: «Solo es una cuchara. No seas absurdo».	Reconocer y permitir todas las emociones: «Parece que estás enojado porque tu cuchara favorita no está disponible».
Recordar las reglas de la casa	Gritar: «¡Sin pelear!».	Ten algunas reglas en casa: «No puedo dejarte lastimarlo. Utiliza tus palabras para decirle lo que quieres».
Cultivar la cooperación	Decir que no: «¡No toques al bebé!».	Utiliza lenguaje positivo: «Somos cuidadosos con el bebé».

PARA...	EN LUGAR DE ESTO...	DI ESTO...
	Involucrarte en el problema: «Me estás volviendo loca. ¿Por qué no te vistes? ¡Necesitamos irnos!».	Encuentra maneras de resolver el problema: «¿Cómo podemos encontrar una solución para el problema? Hagamos una lista de todas las cosas que necesitamos hacer para salir en la mañana».
	Frustrarte: «¿Por qué no me escuchas? ¡Es hora del baño!».	Encuentra maneras de involucrarte con el niño: «¿Te gustaría saltar hasta el baño como conejo o caminar como un cangrejo?».
	Irritarte, gritar: «¿Cuántas veces tengo que pedirte que te pongas los zapatos?».	Utiliza una palabra: «Zapatos».
	Repetir lo que ya se dijo: «¡No te vuelvas a acercar al horno!».	Escribe una nota: «Esta señal dice "Caliente"».
	Acusar: «¿Por qué nunca guardas los juguetes cuando terminas?».	Enséñale: «Esto va aquí (mientras tocas el estante)».
Ayudar a que nuestro hijo sea responsable	Amenazar, castigar, sobornar o mandarlo a su cuarto: «Si haces eso otra vez, voy a...». «Si vienes ahora te daré una estampa». «Ve a tu cuarto a pensar en lo que hiciste».	Ayúdalo a calmarse y a ofrecer disculpas: «Te ves triste. ¿Quieres un abrazo?». «¿Quieres ir a tu lugar tranquilo a calmarte un poco?». Después: «Nuestro amigo está llorando. ¿Cómo podemos arreglar las cosas?».
Comunicar límites	Evitar el conflicto, ser muy estricta o dar un mal ejemplo: «Son muy pequeños como para saber lo que hacen». «Si me muerdes otra vez, yo te morderé y veré si te gusta».	Establece un límite claro y amable: «No puedo permitir que me pegues/avientes cosas/me muerdas. Si necesitas morder, muerde esta manzana».
Evitar la rivalidad entre hermanos	Comparar hermanos: «¿Por qué no te comes tus chícharos como tu hermana/hermano?».	Trata a cada uno de manera única: «Parece que quieres un poco más».
	Poner al mayor a cargo: «Ahora eres un/a hermano/a mayor. Debes saber más».	Darles a todos los hermanos responsabilidades: «¿Pueden cuidarse el uno al otro mientras voy al baño?».
Ser neutral en las discusiones de hermanos	Intentar decidir quién está bien y quién está mal: «¿Qué pasó aquí?».	Déjalos para que resuelvan el problema: «Veo a dos niños que quieren el mismo juguete. Sé que se les puede ocurrir una solución con la cual ambos estén de acuerdo».
Evitar usar roles y etiquetas	Poner un rol o etiqueta a un niño: «Ellos son los tímidos/los más listos».	Dale otra perspectiva acerca de sí mismo: «Me di cuenta de que pediste ayuda por tu cuenta».
Comunicarse con la familia u otros cuidadores	Enojarse con un miembro de la familia: «¿Por qué le gritas?».	Tradúcelo: «Parece que a mamá/papá le gustaría que tú...».
Enseñar gracia y cortesía	Culpar a otros: «Debiste decirme antes».	Responsabilízate: «Lo que debí hacer es...». «Lo que debí haber dicho es...».

DÓNDE ENCONTRAR MATERIALES Y MUEBLES MONTESSORI

Los lugares para conseguir materiales y muebles pueden variar según el país. Sin embargo, aquí hay algunas sugerencias de sitios donde puedes encontrar cosas para empezar.

Me gustaría recomendarte que primero buscaras todo esto en tu ciudad para apoyar negocios locales y así reducir tu huella ecológica al minimizar los costos de envío.

Lugares como Ikea pueden ser útiles para encontrar algunas cosas básicas que después podemos personalizar para agregarles nuestro toque único. Ahí tienen estantes bajos, mesas y sillas, materiales para manualidades, libreros y algunos artículos para el recibidor, cocina y baño.

1. Actividades

Para encontrar una amplia selección de rompecabezas de madera y actividades para clasificar, apilar y ensartar, así como instrumentos musicales, puedes buscar en tiendas de segunda mano o donde vendan juguetes de madera. Puedes encontrar alcancías en papelerías o cerrajerías.

Otra actividad que es fácil de organizar en casa es la búsqueda de tesoros en canastas o bolsas donde puedas esconderlos. Me encanta encontrar este tipo de bolsas en mercados o tiendas de segunda mano. Algunos de los tesoros que puedes esconder son trompos, animales miniatura, un pequeño bebé de juguete o alguna chuchería que encuentres en algún llavero (no olvides quitárselo). (Siempre supervisa estas actividades, pues estos objetos pueden ser pequeños y causar accidentes por asfixia).

También me encantan los animales de plástico de la marca Schleich; son un poco costosos, pero son excelentes regalos. Puedes encontrarlos en tiendas de juguetes de madera, en papelerías o en línea

2. Materiales para expresión y manualidades

Puedes buscar en una tienda de arte o papelería desde tijeras pequeñas, materiales para pintar, hasta lápices gruesos de buena calidad y acuarelas. Ahí también podemos encontrar papeles y pinceles de distintos tamaños.

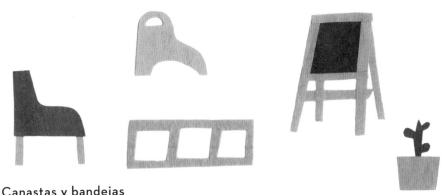

3. Canastas y bandejas

Las canastas y las bandejas son perfectas para organizar actividades en nuestros estantes en casa. Podemos encontrarlas en tiendas donde vendan objetos de almacenamiento, tiendas de segunda mano o tiendas departamentales. Las tiendas Muji también tienen opciones encantadoras.

4. Área de refrigerios

Encuentra tiendas de cocina o de artículos para el hogar donde tengan vasos del tamaño adecuado para manos pequeñas y que sean duraderos y resistentes. Busca siempre vidrio y no plástico. Nosotros les enseñamos a los niños a usar objetos reales en el hogar; por lo tanto, si están conscientes de que estos objetos pueden romperse, aprenderán a utilizarlos con más cuidado. Beber de un vaso de cristal sabe mejor, es una opción más sustentable y no se cae con facilidad cuando el niño está aprendiendo a servirse agua. En mi salón utilizo el tamaño más pequeño de vasos Duralex.

Podemos encontrar bonitos tazones esmaltados en tiendas para el hogar o algunos metálicos y pequeños en Ikea, así como adorables cajas de lata para galletas en tiendas de antigüedades o también en Ikea.

5. Artículos de limpieza

Podemos incluir pequeños artículos de limpieza en nuestra cocina, como trapeador, escoba o recogedor con un cepillo. Estos generalmente están disponibles en jugueterías o en línea. Los guantes para limpiar (hechos de toalla y que cubren la mano completa) son útiles para tenerlos listos para cualquier cosa, búscalos en las tiendas departamentales. Yo he encontrado mandiles para niños de uno a tres años en Etsy, los busco como: «mandiles Montessori».

6. Muebles

Podemos encontrar una carpintería donde puedan hacernos una pequeña mesa, silla y estantes pequeños. También me gusta buscar en tiendas de segunda mano. Los estantes de nuestro salón son de 120 centímetros de largo, por 30 de profundidad y 40 de alto.

ACERCA DE LAS ESCUELAS MONTESSORI

Qué buscar en una escuela Montessori

Debido a que el término *Montessori* nunca fue registrado, hay muchas escuelas que se hacen llamar así y puede ser difícil saber con exactitud si genuinamente están aplicando los principios y las teorías de la doctora Montessori.

Aquí hay diez cosas que debes buscar:

1. Que la escuela promueva el conocimiento práctico del mundo con materiales tangibles. Los niños hacen descubrimientos por su cuenta a través del tacto, la exploración y el trabajo con materiales hermosos y sólidos.

2. Los materiales están dispuestos en estantes a la altura de los niños. Además, son hermosos y están acomodados atractivamente en canastas y bandejas.

3. Hay grupos de edades mixtas: de tres a seis años, de seis a nueve años y de nueve a 12 años. Los niños más grandes pueden enseñar y ayudar a los más pequeños.

4. El tiempo de trabajo no tiene estructura. Los niños son libres de elegir en qué quieren trabajar y hacerlo sin interrupciones, idealmente durante periodos de tres horas.

5. Los niños son felices e independientes.

6. No se les hacen pruebas o exámenes, o, en caso de que haya, son muy pocas. Los guías saben qué actividades ha perfeccionado el niño; por lo tanto, no hay que ponerlo a prueba.

7. El guía ha completado un programa de entrenamiento certificado en enseñanza Montessori. Yo recomiendo particularmente la Association Montessori Internationale, porque es la organización que la familia de la doctora Montessori instauró para mantener la integridad de sus cursos.

8. Los guías les hablan respetuosamente a los niños, precisamente como guías, motivándolos a ser creativos para encontrar respuestas a sus preguntas: «No lo sé, ¡investiguémoslo!».

9. El aprendizaje natural predomina ante el tradicional. En lugar de que el guía se pare frente al salón diciéndole a los niños lo que deben saber, los alumnos son libres de explorar y descubrir por su cuenta de una manera natural.

10. La escuela trata a cada niño como un individuo único y vela por todos los aspectos de su desarrollo: social, emocional, físico, cognitivo y lingüístico.

¿Cómo es un día común en una escuela Montessori?

Puede ser difícil para los padres entender cómo puede haber 30 niños en un salón Montessori, todos trabajando al mismo tiempo en diferentes lecciones y diferentes temas. A menudo me preguntan: «¿Cómo puede el guía manejar esto?». Aquí te dejo una idea de cómo funciona en la práctica.

Antes de que comience el día escolar, el guía Montessori ha preparado el ambiente. Las actividades de distintos temas se acomodan en los estantes a la altura de los niños, con materiales cuidadosamente dispuestos uno encima del otro, apilando una habilidad encima de otra. Durante la clase, el guía observa al niño, ve lo que está aprendiendo y perfeccionando, y le ofrece la siguiente lección cuando está listo.

Si entramos a un salón Montessori, es probable que veamos a un niño trabajando en sus habilidades matemáticas, a otro llevando a cabo una actividad lingüística, y a otro par terminando un proyecto en conjunto. La idea es que el pequeño pueda escoger en qué quiere trabajar.

En un ambiente Montessori se pierde poco tiempo en «controlar a la multitud»; es decir, no se les pide a todos que se sienten y escuchen una lección o que visiten el baño como grupo. Esto le permite al guía enfocarse mucho más en observar y ayudar a los niños.

Debido a que los niños en el salón tienen distintas edades, los más grandes pueden ayudar a los más pequeños. De esta manera, cuando le explican algo a otro niño, consolidan su propio aprendizaje. Los más pequeños también aprenden al observar a los más grandes.

Quizá nos preocupe que, con toda esta libertad, nuestro niño pase por alto algún área de aprendizaje. Si esto sucede, el guía Montessori determinará si el niño aún no está listo y puede ofrecerle actividades que sean más accesibles y atractivas para él, enseñándole de una manera distinta pero afín a sus intereses.

¿El método Montessori es apto para todos los niños?

A menudo nos preguntamos si la educación Montessori es apta para todos los niños o solo para aquellos que pueden planear, ser independientes y sentarse en silencio a trabajar.

1. ¿El método Montessori funciona para distintos tipos de aprendizaje?

He descubierto que sí es apto para todos los niños. Los materiales ofrecen oportunidades de aprender de manera visual, auditiva, kinestésica (a través del tacto) y verbal, así que apela a niños con distintos tipos de aprendizaje.

Algunos aprenden a través de la observación y otros con la práctica. Los niños no tienen que estar «ocupados» todo el tiempo; también pueden observar a otros hacer sus actividades. A veces pueden aprender tanto a través de la observación que para cuando intentan realizar la misma actividad por su cuenta están muy cerca de perfeccionarla. Otro niño puede aprender más llevando a cabo la actividad por sí mismo, repitiéndola una y otra vez hasta que la perfecciona. Ambos pueden tener un gran progreso en este ambiente, a pesar de los distintos tipos de aprendizaje.

2. ¿Nuestro hijo debe ser capaz de planear?

Planear el día es algo que los niños Montessori aprenden a hacer con el tiempo. Los grupos con niños más pequeños suelen seguir su ritmo e intereses naturales. Mientras crecen poco a poco implementan sus habilidades de planeación a través de pequeños pasos.

Algunos niños necesitan más dirección que otros. Un guía especializado debe ser capaz de conducir al niño que necesite más ayuda en su trabajo de organización.

3. ¿Qué pasa si el niño necesita moverse mucho?

Un acercamiento Montessori puede ser el ideal para un niño que necesita moverse. Cuando entramos a un salón Montessori, puede parecernos sorpresivamente silencioso. Los niños parecen estar concentrados en sus actividades sin que el guía tenga que llamarles la atención para que se tranquilicen.

Sin embargo, también podemos darnos cuenta de que son libres de moverse por el ambiente, observar a otros e ir al baño cuando sea necesario. Además, las actividades que llevan a cabo implican mucho movimiento, así que la educación Montessori puede ser ideal para un niño que necesite moverse.

4. ¿El método Montessori coincide con nuestro tipo de crianza en casa?

La educación Montessori es apta para todos los niños, pero algunos encontrarán los límites del salón muy restrictivos, mientras otros considerarán la libertad del ambiente muy permisiva.

Yo creo que este tipo de educación funciona mejor cuando el niño experimenta un mismo acercamiento en casa, en donde los padres respeten al niño, pero también establezcan límites y el niño aprenda a respetarlos.

¿Cómo es la transición de un niño a una escuela tradicional después de estar en una Montessori?

A menudo a los padres les preocupa que el niño necesite cambiarse a una escuela tradicional en algún momento del futuro.

Es normal pensar: «¿Cómo se ajustará mi hijo a escuchar al profesor darles la misma lección a todos? ¿A seguir los tiempos del maestro en lugar de los suyos? ¿A permanecer sentado durante la clase?».

Generalmente los niños llevan muy bien la transición de un ambiente Montessori a uno tradicional. Suelen ser muy independientes, respetuosos y sensitivos con los demás niños, habilidades que serán muy útiles cuando se cambien a una nueva escuela.

Alguna vez escuché a un niño decir lo siguiente acerca de esta transición: «Es fácil. Solo tienes que hacer lo que el maestro diga».

Por otro lado, los mayores retos que experimentó una niña que siempre estuvo en Montessori, hasta que tuvo que entrar a la preparatoria, fueron los siguientes:
Pedir permiso al profesor para ir al baño.
No poder consultar sus anotaciones durante los exámenes si no conocía la respuesta, pues estaba acostumbrada a encontrar las soluciones como ella pudiera.

A otra familia le sorprendió que en la nueva escuela los niños debían siempre levantar la mano durante la lección para preguntarle al maestro si eso vendría en el examen. Los niños que han tenido educación Montessori están acostumbrados a aprender porque aman hacerlo, no porque vaya a aparecer en un examen.

SENTIMIENTOS Y NECESIDADES

He aprendido mucho de los cursos de Comunicación No Violenta de Yoam Mosenzon, de la página connecting2life.net. Le pregunté si podía incluir sus tablas de emociones y sentimientos en este libro y amablemente aceptó.

PLACENTERO (EXPANSIÓN)

SENTIMIENTOS · SENSACIONES · EMOCIONES

DESAGRADABL (OPRESIÓN

CALMA

relajado	confiado
sereno	aliviado
tranquilo	centrado
pacífico	contento
silencioso	pleno
en calma	satisfecho
cómodo	apacible

ALEGRE

emocionado	feliz
entusiasta	eufórico
impaciente	radiante
energético	excitado
apasionado	asombrado
vibrante	fascinado
anticipado	optimista

CONFUSO

indeciso
perdido
titubeante
desconcertado
perplejo
confundido

SENSACIONES CORPORALES

dolor	contraído
tenso	enfermo
tembloroso	débil
jadeante	vacío
rígido	conmovido

PREOCUPADO

intranquilo
estresado
nervioso
ansioso
inquieto
ruidoso

ENTRETENIDO

divertido	contento
animado	alegre
encantado	complacido

COMPASIÓN

sensitivo
cálido
generoso
amoroso
afectuoso
amigable
empático
conmovido

MIEDO

temeroso
asustado
desconfiado
atemorizado
paralizado
aterrado
aprehensivo

INCÓMODO

afligido	perturbado
inquieto	malhumorado
impaciente	impactado
incierto	sorprendido
intranquilo	alerta
agitado	molesto

AVERGONZADO

apenado
tímido

CURIOSO

fascinado	comprometido
interesado	inspirado
involucrado	

AGRADECIDO

complacido
satisfecho
conmovido
motivado

VULNERABLE

frágil
inseguro
reservado
sensitivo

TRISTE

apesadumbrado	pena
decepcionado	añorante
desmotivado	desesperado
melancólico	indefenso
deprimido	desesperanzado
sombrío	nostálgico

ABURRIDO

desconectado
alienado
apático
frío
insensible
introvertido
impaciente

RENOVADO

descansado
avivado
restaurado
reactivado
lúcido

CONFIADO

empoderado
abierto
orgulloso
seguro
esperanzado

CELOSO

envidioso

DOLOR

lastimado	agonizante
afligido	devastado
solo	arrepentido
miserable	pesaroso
sufrimiento	culpa
dolor	agitación

ENOJADO

molesto
furioso
iracundo
resentido

FATIGA

abrumado
agotado
exhausto
adormilado
cansado

ODIO

disgusto
hostilidad
aversión
amargado
asqueado
desdeñoso

MOLESTO

irritado	disconforme
frustrado	exasperado
impaciente	insatisfecho

COMUNICACIÓN NO VIOLENTA

Cómo usar estas tablas: Cuando tengamos un pensamiento, podemos utilizar la tabla de «Sentimientos/Sensaciones/Emociones» para señalar lo que estamos sintiendo en realidad. Una vez que hayamos identificado el sentimiento, podemos usar la tabla de «Necesidades universales básicas» para entender qué sentimiento subyacente no se está cubriendo, por ejemplo, ser visto o escuchado. Después seremos capaces de ser más compasivos con nosotros mismos y más empáticos con los sentimientos de otros. Incluso podemos convertir esta compasión e intentar entender las emociones y necesidades de los otros.

NECESIDADES UNIVERSALES BÁSICAS

BIENESTAR FÍSICO

aire
alimento (comida, agua)
luz
calor
descanso / sueño
movimiento físico
ejercicio
salud
tacto
expresión sexual
refugio / seguridad /
protección / cuidado /
protección del dolor /
seguridad emocional /
preservación
comodidad

ARMONÍA

paz
belleza
orden
calma / relajación
compostura / tranquilidad
/ estabilidad/equilibrio
alivio
comunión / integridad
/ consolidación
/ asimilación /
incorporación
predictibilidad /
familiaridad
igualdad / justicia /
legitimidad

CONEXIÓN

amor
sentimiento de pertenencia
cercanía
intimidad
empatía / compasión
apreciación
aceptación
reconocimiento
reconfirmación
cariño
apertura
confianza
comunicación
compartir / intercambiar
dar / recibir
atención
ternura / suavidad
sensibilidad / amabilidad
respeto
ver / ser visto
escuchar / ser escuchado
comprender / ser
comprendido
consideración / cuidado / que
mis necesidades importen /
inclusión / participación
apoyo / ayuda / cuidado
cooperación / colaboración
comunidad / compañía /
colaboración / camaradería
mutualidad / reciprocidad
consistencia / continuidad

SIGNIFICADO

propósito
contribución /
enriquecimiento de la vida
centro
esperanza / fe
claridad
conocer (estar en la realidad)
aprender
conocimiento / conciencia
inspiración / creatividad
reto / estimulación
crecimiento / evolución /
progreso
empoderamiento / poder /
tener fuerza interior /
competencia / capacidad
valor propio / confianza en
uno mismo / autoestima /
dignidad
eficacia / efectividad
liberación / transformación
importar / formar parte de
algo / tener un lugar en el
mundo
espiritualidad

LIBERTAD

decisión / actuar a partir
de mi espiritualidad
autonomía
independencia
ambiente / tiempo

HONESTIDAD

autoexpresión
autenticidad
integridad
transparencia
lo real / la verdad

JUEGO

vivacidad / vivo /
vitalidad
flujo
pasión
espontaneidad
diversión
humor / risas / ligereza
descubrimiento /
aventura

Nota: Las palabras en esta lista no son «pseudoemociones», como cuando decimos que nos sentimos «atacados». Las pseudoemociones a menudo implican que la persona que recibe nuestro mensaje tiene la culpa. Así que apégate a las palabras de esta lista, pues han sido seleccionadas para que seamos escuchados.

RECETA PARA HACER PLASTILINA

Para hacer la mejor plastilina es necesario cocinarla, lo cual puede resultar en un cochinero. Esta receta utiliza agua hervida. Solo tenemos que mezclar los ingredientes, añadir el agua hervida y revolver durante unos minutos hasta que se enfríe, después debemos amasar. ¡Listo! Tendremos una plastilina increíble.

INGREDIENTES (para preparar una taza [240 ml] de plastilina)

Plastilina regular

1 taza (125 g) de harina

2 cucharadas de cremor tártaro

½ taza (150 g) de sal

¾ a 1 taza (175 a 250 ml) de agua hervida

1 cucharada de aceite de cocina

Colorantes comestibles o canela, espirulina o algún otro colorante natural

Plastilina de chocolate

1¼ tazas (150 g) de harina

½ taza (50 g) de cocoa

1 cucharada de cremor tártaro

¼ de taza (75 g) de sal

¾ a 1 taza (175 a 250 ml) de agua hervida

2 cucharadas de aceite de cocina

INSTRUCCIONES

1. El niño pueden mezclar los ingredientes secos en un tazón mediano.

2. Añade el agua hervida, el colorante y el aceite a los ingredientes secos y mezcla hasta que se pegue a las orillas del tazón. (Este paso le corresponde al adulto).

3. Una vez que la mezcla esté lo suficientemente fría (toma varios minutos), haz que el niño amase hasta que esté suave.

4. Puedes guardarla en un contenedor hermético hasta seis meses. No necesita refrigeración.

LISTA DE ACTIVIDADES MONTESSORI PARA PEQUEÑOS

EDAD	NOMBRE DE LA ACTIVIDAD	DESCRIPCIÓN/MATERIALES	ÁREA DE DESARROLLO
Todas las edades	Música/baile/ movimiento/canto	• Tocar instrumentos musicales • Escuchar música bonita (de preferencia que no sea música de fondo, sino el centro de atención) • Bailar y moverse para explorar y estirar el cuerpo • Cantar	• Música y movimiento
Todas las edades	Libros	• Colección de libros con imágenes reales que se relacionen con la vida que el niño está viviendo • Una ilustración por página para infantes, después una ilustración con una palabra, luego con una oración, más tarde, historias simples y, finalmente, historias complejas • Ordenarlos de manera que se puedan ver las portadas y acceder a ellos con facilidad, quizá en una canasta pequeña con unos cuantos libros o en un librero pequeño • Comiencen con libros de cartón, después exploren los libros de tapa dura y rústica	• Lenguaje
Todas las edades	Lenguaje rítmico	• Poesía, canciones, rimas • Simples y no tan largas • Ligeramente realistas • Los movimientos de dedos y cuerpo deben acompañarlos. Por ejemplo, rimas de acción, rimas con dedos, haikús y canciones con palmadas	• Lenguaje
Todas las edades	Autoexpresión	• Momentos durante el día cuando el niño quiere compartir algo con el adulto • Para un niño que todavía no sabe hablar, pueden ser sonidos, expresiones o chasquidos con la lengua • Un niño que habla utilizará palabras, después frases y, más adelante, oraciones • El adulto necesita bajar hacia donde están los ojos del niño, mantener contacto visual (si culturalmente es apropiado) y estar presente • Podemos confirmar lo que han dicho • A través del lenguaje corporal y del discurso, el adulto le hace saber al niño que está muy interesado en lo que comparte	• Lenguaje
12 meses	Garabatear	• Crayones grandes o lápices gruesos • Papel en diferentes tamaños, colores y texturas • Un protector para la mesa o un protector para su lugar	• Arte / autoexpresión

12 meses	Pintar en un pizarrón	• Pizarrón, ejemplos:
		  1. Usar la parte posterior de un caballete
		  2. Una madera con pintura para gis, montada a la altura del niño
		  3. Un pequeño pizarrón que pueda recargarse en un estante
		• Gises: comienza con el blanco y después introduce otros colores y diferentes tipos de gis
		• Un pequeño borrador
			• Arte / autoexpresión

EDAD	NOMBRE DE LA ACTIVIDAD	DESCRIPCIÓN/MATERIALES	ÁREA DE DESARROLLO
Cuando pueda estar en pie sin ayuda	Pintar en caballete	• Caballete • Papel que cubra completamente la superficie del caballete • Comienza con una pintura espesa en una taza. Puedes empezar con un solo color y más adelante agregar otros. Puedes usar dos o más colores para niños más grandes • Un pincel grueso con un mango corto • Bata para pintar o delantal • Un gancho para colgar la bata o el delantal • Papel enrollado • Trapo húmedo para limpiar manchas	• Arte / autoexpresión
+ 12 meses	Base con aros de diferentes tamaños	• Base con un eje y cuatro o cinco aros de distintos tamaños, idealmente de distintos colores • El aro más grande no debe ser mayor que el tamaño de la mano del niño	• Actividades de coordinación visomotora
+ 12 meses	Tornillos y tuercas	• Uno o dos tornillos con sus correspondientes tuercas • Enrosca el tornillo en la tuerca para empezar	• Actividades de coordinación visomotora
+ 12 meses	Abrir y cerrar	• Una canasta con dos o tres objetos de la casa que puedan abrirse y cerrarse; por ejemplo, una caja decorativa, una lata, una bolsa con un broche, frascos de maquillaje, portacepillo de dientes	• Actividades de coordinación visomotora
+ 12 meses	Objetos para practicar vocabulario	• De tres a seis objetos réplica de la misma categoría • Ejemplos: frutas, vegetales, ropa, animales del zoológico o de la granja, mascotas, insectos, mamíferos, pájaros, vertebrados, invertebrados y más	• Enriquece el lenguaje • Amplía el vocabulario
+ 12 meses	Tablero de clavijas	• Caja de madera con seis huecos para meter y sacar las clavijas y una bandeja para ponerlas	• Refinamiento de la coordinación visomotora y del agarre (o pinza)
+ 12 meses	Base con cubos sobre clavija vertical	• Base con un eje vertical y tres cubos. Mantén los cubos sobre el eje o en una canasta • Preparación para ensartar cuentas	• Refinamiento de la coordinación visomotora y del agarre (o pinza)
12 - 14 + meses	Rompecabezas	• Colección de rompecabezas con perilla de diversos grados de dificultad • El tema representado en el rompecabezas debe ser realista y atractivo, por ejemplo, animales o vehículos de construcción	• Refinamiento de la coordinación visomotora y del agarre (o pinza) • Desarrolla la habilidad de reconocer una figura de fondo
Alrededor de 13 meses	Candados y llaves	• Candado con una llave atada con fuerza a un listón	• Actividades de coordinación visomotora
Una vez que el niño pueda caminar	Limpiar la mesa	• Bandeja o canasta con una esponja o un guante para secar • Esponjas y guantes extra	• Cuidado del ambiente

EDAD	NOMBRE DE LA ACTIVIDAD	DESCRIPCIÓN/MATERIALES	ÁREA DE DESARROLLO
+ 14 meses	Objetos con tarjetas idénticas para identificarlos	• Conjuntos de objetos que tengan tarjetas para identificarlos • Imágenes idénticas a los objetos —en tamaño y color, de ser posible— en las que puedan ponerse encima los objetos para que cubran la imagen por completo	• Enriquece el lenguaje • Ayuda a que el niño identifique la forma tridimensional y la traslade a una representación bidimensional
+ 14 meses	Objetos con tarjetas similares para identificarlos	• Conjuntos de objetos que tengan tarjetas para identificarlos • Imágenes similares a los objetos, aunque distintas en color, tamaño y otras características	• Enriquece el lenguaje • Las tarjetas ayudan a que el niño extraiga la esencia del objeto
+ 14 meses	Caja de madera con tapa deslizante	• Caja con tapa deslizante, un objeto en el interior que se pueda cambiar con frecuencia	• Refinamiento de la coordinación visomotora y del agarre (o pinza)
+ 14 meses	Caja con contenedores	• Caja de madera con tres contenedores que puedan abrirse • Tres objetos distintos guardados en cada contenedor	• Refinamiento de la coordinación visomotora y del agarre (o pinza) • Ejercitar el movimiento de la muñeca
+ 14 meses	Actividades de permanencia	• Cajas para meter distintos objetos de figuras y tamaños • Un set básico con una sola figura; por ejemplo, una tapa con un círculo, otra con un cuadrado, otra con un triángulo y otra con un rectángulo • Haz que sea más retador; por ejemplo, dos figuras que entren en una misma tapa, y después más retador aún, por ejemplo, con cuatro figuras	• Refinamiento de la coordinación visomotora y del agarre (o pinza) • Introducción a los sólidos geométricos; también se aprenderán los nombres
+ 14 meses, una vez que puedan caminar con mayor estabilidad	Regar las plantas	• Bandeja (para proteger el estante) • Una pequeña regadera para plantas • Un pequeño contenedor con una esponja pequeña para trastes • Planta	• Cuidado del ambiente
+ 14 meses	Desvestirse, vestirse y guardar la ropa	• Quitarse y ponerse el abrigo, los zapatos y la ropa; colgarlos en un gancho o ponerlos en una canasta	• Cuidado personal
+ 14 meses	Lavarse las manos en el lavabo	• Jabón en barra o líquido. • Toalla	• Cuidado personal
+ 14 meses	Sonarse la nariz	• Pañuelos (pueden cortarse a la mitad y doblarse) • Espejo • Un pequeño basurero con una tapa móvil • Enséñale cómo te suenas la nariz y después deja que él lo haga	• Cuidado personal
+ 14 meses	Cepillarse los dientes	• Lavabo • Un lugar para guardar el cepillo de dientes • Cepillo de dientes • Pasta dental • Deja que el niño comience a cepillarse y después ayúdalo a terminar	• Cuidado personal

EDAD	NOMBRE DE LA ACTIVIDAD	DESCRIPCIÓN/MATERIALES	ÁREA DE DESARROLLO
+14 meses	Marco para vestir: velcro	• Marco de madera, dos piezas de tela unidas con velcro • Practicar abrir y cerrar el velcro	• Cuidado personal
14-16 meses	Trepar	• Por ejemplo, un escalador de cúpula, tubos, una pared para escalar, camino de obstáculos, árboles	• Actividades para motricidad gruesa
14-16 meses	Empujar/jalar	• Por ejemplo, una carretilla para empujar y un vagón para jalar	• Actividades para motricidad gruesa
14-16 meses	Columpiarse como changuito	• Por ejemplo, unas barras de mono, aros	• Actividades para motricidad gruesa
14-16 meses	Deslizarse por una resbaladilla	• Idealmente con una larga plataforma en la parte superior, lo suficientemente ancha para que pueda moverse con independencia	• Actividades para motricidad gruesa
14-16 meses	Correr	• Por ejemplo, en pistas para correr con flechas; poner una canasta en cada extremo de la pista y el niño llevará una pelota de una canasta a otra	• Actividades para motricidad gruesa
14-16 meses	Saltar	• Por ejemplo, saltar en una línea pintada en el piso; una vez que el niño pueda saltar con ambos pies puedes meter algo de elevación	• Actividades para motricidad gruesa
14-16 meses	Andar en bicicleta	• Por ejemplo, con una bicicleta de equilibrio o con un triciclo empujándose con los pies en el suelo; a partir de los dos años y medio puedes introducir un triciclo con pedales	• Actividades para motricidad gruesa
14-16 meses	Balancearse	• Una barra de equilibrio, por ejemplo, un tablón de madera encima de algunos libros o ladrillos • Inicialmente puede caminar de un lado a otro sujetándose de una pared o barra frente a él; después puede caminar de reversa sujetándose a la pared con una mano; luego con un solo pie en la barra, un pie en el suelo (después cambiar de pie para que sea al revés); posteriormente, puedes modificar la altura o alejar la barra de la pared; también puede gatear en una barra de equilibrio más amplia	• Actividades para motricidad gruesa
14-16 meses	Columpiarse	• Idealmente debe hacerse a una distancia cercana al suelo para que el niño pueda subirse, bajarse e impulsarse por su cuenta. El niño puede acostarse sobre el asiento y empujarse con el pie o sentarse, apoyarse y después levantar los pies y hacerlo una vez más	• Actividades para motricidad gruesa
14-16 meses	Otras posibilidades de movimiento	• Una plataforma con una base semicircular (también conocida como tabla de equilibrio), es muy buena para reforzar el equilibrio, entender la retroalimentación que se le da al cuerpo y coordinar el movimiento • Túneles con forma de «Y» hechos con elementos naturales como ramas de sauce o algo parecido • Laberintos hechos con cajas • Areneros • Pelotas o columpios de llanta • Jardinería y creación de composta • Cuevas hechas con elementos naturales como ramas o algo parecido • Agua corriente	• Actividades para motricidad gruesa

EDAD	NOMBRE DE LA ACTIVIDAD	DESCRIPCIÓN/MATERIALES	ÁREA DE DESARROLLO
14-16 meses	Discos en clavijas horizontales	• Una clavija metálica recta y horizontal en una base metálica con uno o tres discos	• Refinamiento de la coordinación visomotora y la pinza • Cruzar la línea media del cuerpo • Trabajar en movimientos de la muñeca
14-16 + meses	Discos en clavijas sinuosas	• Clavijas sinuosas metálicas en una base de madera con uno o tres discos	• Refinamiento de la coordinación visomotora y la pinza • Cruzar la línea media del cuerpo • Trabajar en movimientos de la muñeca
Alrededor de 15-16 + meses	Lavar hojas	• Un pequeño plato con una esponja que quepa dentro de este • Una bandeja para proteger el estante del agua	• Cuidado del ambiente
Alrededor de 15-18 + meses	Cerrojos	• Una colección de cerrojos en diferentes muebles o puertas en una habitación; por ejemplo, un cerrojo con cadena, con gancho o de barra	• Refinamiento de la coordinación visomotora y el agarre (o pinza)
Alrededor de 15-18 + meses	Cepillarse el cabello	• Espejo y cepillo • Bandeja para poner el cepillo y un recipiente con pasadores y liga	• Cuidado personal
Alrededor de 15-18 + meses	Tres clavijas con pequeños aros	• Una base de madera con tres aros de colores primarios • Tres aros de cada color	• Refinamiento de la coordinación visomotora y el agarre (o pinza)
Alrededor de 16-18 + meses	Arcilla	• Un protector de plástico o una tabla especial cubierta con un lienzo para trabajar con la arcilla • Una bolita de arcilla real (blanca o terracota) envuelta en un trapo húmedo en un contenedor. También puede utilizarse la versión comercial, plastilina o arena kinética • Herramientas para esculpir y cortar	• Arte / autoexpresión
16-18 + meses	Barrer	• Escoba • Una guía para barrer (o dibujar un círculo con un gis en la tierra) puede utilizarse para mostrar el lugar en donde tiene que recogerse la basura • Recogedor y cepillo	• Cuidado del ambiente
16-18 + meses	Sacudir	• Trapo para sacudir	• Cuidado del ambiente
16-18 + meses	Trapear	• Trapeador para niños o un jalador con una jerga • Colgar el trapeador en el estante de los utensilios para la limpieza	• Cuidado del ambiente
16-18 + meses	Sacudir las plantas	• Trapo hecho casa mano y de lana para sacudir las plantas • Contenedor para el trapo con polvo	• Cuidado del ambiente

EDAD	NOMBRE DE LA ACTIVIDAD	DESCRIPCIÓN/MATERIALES	ÁREA DE DESARROLLO
16-18 + meses	Marco para vestir: cierre	• Marco de madera, dos piezas de tela unidas con el cierre • La tela no va aparte, el cierre debe ir en la parte inferior • Puedes colocar un anillo de metal en el cierre para poder subirlo • Practicar el uso del cierre	• Cuidado personal
16-18 + meses	Ensartar cuentas	• Un tubo de plástico para ensartar, este se utilizará al inicio en lugar del hilo, pues le permite al niño empujar la cuenta • Cinco o seis cuentas de madera, pueden usarse más • Si se desea que la actividad sea más retadora, utilizar un hilo más grueso, cuentas más grandes, o una agujeta con cuentas más pequeñas	• Refinamiento de la coordinación visomotora y el agarre (o pinza) • Trabajo con dos manos
18 + meses	Arreglar flores	• Distintos tipos de floreros • Servilletas de adorno • Flores, primero córtalas al tamaño que se necesite • Una bandeja con bordes • Una pequeña jarra • Un pequeño embudo • Esponja • El niño puede verter agua en el florero usando el embudo, colocar las flores y llevarlo a la mesa o al estante y poner una servilleta debajo	• Cuidado del ambiente
18 + meses	Colgar la ropa	• Prendas húmedas recién salidas de la lavadora: servilletas, guantes, trapos, delantales • Tendedero • Pinzas para ropa	• Cuidado del ambiente
18 + meses	Recoger basura y ponerla en la composta o en el basurero de composta	• Basura • Rastrillo, recogedor y cepillo para niños • Carretilla • Composta o basurero para composta	• Cuidado del ambiente • Entorno exterior
18 + meses	Germinar semillas	• Semillas. Utiliza un pequeño tarro de cristal con una imagen de la planta pegada en la parte de afuera. Elige semillas que germinen rápido (chícharos, frijoles, maíz, rábanos, calabazas, girasoles) • Pequeñas macetas de barro, periódico o turba • Pequeñas herramientas de jardinería, incluyendo una pala y un rastrillo • Delantal • Una pequeña bandeja con un plato • Una pequeña bandeja de jardinería y una jarra en una ventana o cerca de una fuente de luz • Tierra del exterior o, si es necesario, una bolsa	• Cuidado del ambiente
18 + meses	Otras actividades para cuidar el ambiente exterior	• Barrer • Rastrillar • Cavar • Tallar azulejos, mesas o bancas • Regar plantas • Recoger y cuidar flores • Plantar una flor, vegetal o algún tipo de hierba que requiera de cuidado constante	• Cuidado del ambiente

EDAD	NOMBRE DE LA ACTIVIDAD	DESCRIPCIÓN/MATERIALES	ÁREA DE DESARROLLO
18 + meses (que pueda cargar una jarra)	Lavarse las manos en la mesa	• Un pequeño cuenco para lavarse las manos • Jarra • Jabonera con una pequeña pieza de jabón • Delantal • Trapo para secarse las manos • Trapo para secar la mesa • Cubeta para el agua sucia • Apto para niños que quieren lavarse las manos una y otra vez en el lavabo	• Cuidado personal
18 + meses	Limpiar zapatos	• Tapete • Cepillo con mango o un cepillo para uñas	• Cuidado personal
18 + meses	Poner la mesa	• Ayudar a poner la mesa con una canasta para los cubiertos • Ayudar a poner los mantelitos • Ayudar a doblar servilletas • Preparar trapos tibios	• Preparación de alimentos
18 + meses	Limpiar la mesa	• Limpiarse la cara con un trapo tibio • Llevar los platos y cubiertos a la cocina	• Preparación de alimentos
18 + meses	Preparar galletas	• Pequeños cuchillos para untar • Pequeño recipiente con mantequilla, crema de alguna nuez, hummus o algo similar • Pequeña caja de galletas • El niño unta un poco del alimento en la galleta y se sienta a comer. • Puede prepararlo de pie o sentado	• Preparación de alimentos
18 + meses	Exprimir jugo de naranja	• Exprimidor de cítricos, busca uno que el niño pueda usar solo • Jarra para verter el jugo • Vaso para beber • El niño puede exprimir la naranja y llevar la cáscara a la composta o al basurero	• Preparación de alimentos
18 + meses	Cortar plátano	• Se corta la parte superior del plátano para que el niño pueda quitar la cáscara por partes • Tabla para cortar • Cuchillo para mantequilla o sin filo para cortar el plátano • El niño puede llevar la cáscara a la composta o al basurero • El niño puede servir el plátano en un tazón y ponerlo en la mesa	• Preparación de alimentos
18 + meses	Pelar y cortar una manzana	• Pelador • Cortador de manzanas • Tabla para cortar • El niño puede pelar la manzana poniéndola sobre la tabla para cortar, de arriba abajo • El cortador de manzanas se empuja de arriba abajo para dividir la manzana en ocho pedazos y quitarle el corazón • El niño puede servir los trozos de manzana en un tazón y ponerlo en la mesa	• Preparación de alimentos

EDAD	NOMBRE DE LA ACTIVIDAD	DESCRIPCIÓN/MATERIALES	ÁREA DE DESARROLLO
18 + meses	Servir agua en un vaso	• Acceso al agua del grifo o a una jarra de agua • Vaso • Ten a la mano una esponja o un trapo por si hay derrames	• Preparación de alimentos
18 + meses	Pintar con acuarelas	• Bandeja • Acuarelas • Pequeña jarra de agua • Pincel • Trapo para limpiar derrames • Protector • Papel • Enséñale al niño cómo humedecer el pincel, utilizar la acuarela y pintar en el papel	• Arte / autoexpresión
18 + meses	Clasificar objetos	• Traste con tres secciones y dos tipos distintos del mismo objeto, como nueces, conchas, semillas, figuras geométricas, cuatro de cada tipo	• Refinamiento del sentido táctil • Ayuda a aprender habilidades de clasificación
18 + meses	Tarjetas de vocabulario	• Tarjetas que se relacionen con la vida del niño • Comienza con clasificaciones sencillas	• Enriquece el lenguaje • Incrementa el vocabulario
18 - 22 + meses	Marco para vestir: botones	• Marco de madera, dos piezas de tela unidas con tres botones • Ojales verticales • Practicar el uso de los botones	• Cuidado personal
18 - 22 + meses	Marco para vestir: botones de presión	• Marco de madera, dos piezas de tela unidas con un botón de presión	• Cuidado personal
18 - 22 + meses	Lavar la mesa	• Bandeja con un tazón, jabón, cepillo y esponja para tallar la mesa	• Cuidado del ambiente
18 meses a 2 años	Pulir el espejo	• Pequeño recipiente con abrillantador no tóxico • Esponja rectangular • Guante • Protector para poner los utensilios	• Cuidado del ambiente
18 meses a 2 años	Pulir madera	• Recipiente que sea fácil de manejar para el niño • Botella de abrillantador no tóxico como cera de abejas • Plato pequeño • Guante • Lo que se va a pulir	• Cuidado del ambiente
18 meses a 2 años	Pegar	• Caja con material para pegar y suficiente espacio para un pincel, un traste para pegamento con un poco de este, seis figuras grandes y el papel en donde se pegarán	• Refinamiento de la coordinación visomotora y el agarre (o pinza) • Aprender la habilidad práctica de pegar • Refinar los movimientos de los dedos • Arte y autoexpresión

EDAD	NOMBRE DE LA ACTIVIDAD	DESCRIPCIÓN/MATERIALES	ÁREA DE DESARROLLO
Alrededor de 2 + años	Lavar los trastes	• Mesa con dos baldes de agua • Cepillo para trastes con un pequeño mango o con una esponja chica • Una botella pequeña con detergente lavatrastes • Jarra de plástico o transparente; puedes poner una marca en la jarra para indicar el nivel de agua deseado • Delantal • Guante para secar • Toalla para secarse las manos	• Preparación de alimentos
Alrededor de 2 + años	Secar trastes	• Pon sobre la mesa la toalla y sobre esta el tazón o el vaso, cubre ambas cosas, presiona y quita la toalla	• Preparación de alimentos
Alrededor de 2 + años	Limpiar ventanas	• Atomizador con una taza (240 ml) de agua (es opcional el uso de vinagre) • Limpiavidrios pequeño • Franela o trapo	• Cuidado del ambiente
Alrededor de 2 + años	Lavar trapos	• Mesa con dos baldes de agua • Una pequeña tabla para tallar • Jabón en barra • Jabonera • Jarra • Dos canastas de plástico de cada lado de la mesa en el suelo • Delantal • Guante para secar • Toalla para secarse las manos	• Cuidado del ambiente
Alrededor de 2 + años	Uso de tijeras	• Unas tijeras pequeñas en su estuche • Sobres hechos a mano • Tiras de tarjetas para ficha, lo suficientemente delgadas para que el niño pueda cortarlas con un solo movimiento	• Refinamiento de la coordinación visomotora y el agarre (o pinza) • Aprender la habilidad práctica de recortar • Desarrollar movimientos precisos con las manos
Alrededor de 2 + años	Bolsas misteriosas	• Una bolsa misteriosa con cinco u ocho objetos similares, distintos o pares • Una bolsa a través de la cual no se pueda ver, para que el niño sienta el objeto • Ejemplos: Utensilios de cocina como espátulas para niño, cortadores de galletas, tamiz, batidora de bambú, etcétera. Una bolsa con objetos de otro país; puede ser una bolsa hecha con tela de kimono que contenga objetos japoneses Accesorios para cabello Herramientas de jardinería	• Promueve el desarrollo de la estereognosis • Enriquece el lenguaje

EDAD	NOMBRE DE LA ACTIVIDAD	DESCRIPCIÓN/MATERIALES	ÁREA DE DESARROLLO
Alrededor de 2 años, el niño necesita hablar un poco	Ejercicio de preguntas	• Conversaciones que puedan suceder durante el día; por ejemplo, cuando se dobla la ropa o se prepara comida • Ejemplo: «¿Recuerdas cuando plantamos albahaca y comenzó a crecer?». «¿En dónde plantamos las semillas de albahaca?». «¿Qué usamos para recolectar la albahaca?» • Hazlo de manera natural, como una plática común y corriente	• Usar vocabulario que el niño esté aprendiendo • Expandir el pensamiento, ayudarlo a extraer información de sus experiencias y verbalizarlas • Promueve la confianza en sí mismo • Permite al adulto enseñarle a usar el lenguaje
2 + años	Coser	• En una canasta o caja: Tijeras Hilo *Set* de agujas capoteras o para bordar Una tarjeta que tenga una diagonal perforada; después puede hacer cuadrados o círculos; más adelante puede bordar o coser botones	• Refinamiento de la coordinación visomotora y el agarre (o pinza) • Aprender la habilidad práctica de coser • Practicar la precisión y exactitud
2 + años	Clasificar tuercas y tornillos por tamaños	• Tablero de madera con agujeros de distintos tamaños • Tuercas y tornillos que quepan en los agujeros en un contenedor	• Coordinación visomotora
2 + años	Estirar ligas en un tablero reticulado	• Utilizar un geoplano para estirar algunas ligas; pueden crear patrones o figuras libres	• Coordinación visomotora
2 años y medio	Bolear zapatos	• Un recipiente para colocar: Crema para zapatos Guante para aplicar la crema Cepillo de cerdas suaves • Un protector para cubrir la mesa completa • Calzador en caso de ser necesario	• Cuidado personal
2 años y medio +	Marco para vestir: Hebillas	• Marco de madera, dos piezas de piel sujetadas con tres o cuatro hebillas • Practicar abrir y cerrar las hebillas	• Cuidado personal
2 años y medio +	Ayudar a hornear	• Medir ingredientes • Mezclar ingredientes • Barrer y limpiar después de hornear	• Preparación de alimentos
3 + años	Descargar el lavavajillas	• Ayudar a descargar el lavavajillas	• Vida diaria
3 + años	Ayudar con el reciclaje	• Ordenar el reciclaje y ponerlo en un contenedor	• Vida diaria
3 + años	Tender la cama (jalar el edredón)	• Tender su propia cama (solo el edredón)	• Vida diaria
3 + años	Usar el escusado por su cuenta	• Usar un banquito y un asiento pequeño para el escusado. También puede usarse una bacinica	• Vida diaria
3 + años	Ayudar con la preparación de alimentos más complejos	• Por ejemplo, ayudar con la preparación de lasaña	• Preparación de alimentos

EDAD	NOMBRE DE LA ACTIVIDAD	DESCRIPCIÓN/MATERIALES	ÁREA DE DESARROLLO
3 + años	Alimentar a las mascotas	• Una pequeña porción de comida para peces puede ponerse en un pequeño contenedor • Servirle agua al perro • Darle comida al gato, hámster u otra mascota	• Vida diaria
3 + años	Ayudar a doblar ropa y a guardar calcetines	• Participar en el proceso de lavado • Invitar al niño a clasificar la ropa por dueño o color, emparejar calcetines y aprender habilidades básicas para doblar ropa	• Vida diaria
3 + años	Ayudar a preparar la casa para las visitas	• Tender camas • Limpiar espacios, recoger juguetes, entre otras actividades • Preparar la comida	• Vida diaria
3 + años	Primeros juegos de mesa	• Juegos de cartas sencillos • Huerta de juguete de la marca HABA • Juegos de mesa de la marca Orchard Toys • Los juegos de mesa pueden simplificarse según la edad del niño	• Tomar turnos • Entender reglas sencillas • Diversión
3 + años	Coser con un mayor grado de dificultad, materiales para manualidades	• Tarjetas para coser con figuras más complicadas, como un corazón • Coser botones • Coser patrones de bordado • Coser un cojín • Proyectos artísticos con más de un paso	• Arte / autoexpresión
3 + años	Exploración del mundo que nos rodea	• Por ejemplo, una colección de elementos de la naturaleza: pájaros, aves, animales, plantas y árboles	• Botánica • Estudios culturales • Ciencias naturales
3 + años	Ensartar con mayor dificultad, clasificar	• Agujeta con cuentas más pequeñas • Un pedazo de lana con pequeños trozos de paja, utilizando una aguja para bordar	• Coordinación visomotora • Refinar el agarre (o pinza)
3 + años	Rompecabezas con 12 piezas o más	• Rompecabezas más difíciles, incluyendo aquellos que tienen capas, formas o con más piezas	• Refinamiento de la coordinación visomotora y del agarre con dos dedos • Reconocimiento de una figura de fondo
3 + años	Martillar figuras en un corcho	• Corcho • Figuras de madera • Clavos pequeños y martillo	• Coordinación visomotora
3 + años	Trabajo de perforación	• Figura dibujada en papel para perforar • Fieltro • Punzón • El niño debe seguir la línea hasta que la figura pueda removerse	• Refinamiento de la coordinación visomotora y del agarre (o pinza)
3 + años	Veo, veo	• Si muestra interés en el sonido de las letras, utilizará sonidos fonéticos	• Desarrollo del lenguaje • Habilidades prelectoras
3 + años	Calendario	• Hagan el suyo o compra uno sencillo en el cual el niño pueda cambiar el día, mes y estación • Pueden agregar más detalles conforme el niño crezca	• Tiempo

EDAD	NOMBRE DE LA ACTIVIDAD	DESCRIPCIÓN/MATERIALES	ÁREA DE DESARROLLO
3 + años	Mucho juego libre y actividades en el exterior	• Todos los días dale un tiempo al niño para jugar libremente en el exterior	• Vida diaria • Entorno exterior • Diversión
3 + años	WEDGiTS	• Pueden comprarlos; permiten que el niño construya siguiendo una secuencia, puede crear muchas formas	• Esta no es una actividad Montessori, pero puede ser adecuada en el ambiente del hogar
3 + años	Una buena selección de juguetes para construir	• Por ejemplo: Lego, Magna-Tiles, bloques de madera	• Esta no es una actividad Montessori, pero puede ser adecuada en el ambiente del hogar
3 + años	Laberinto de madera para canicas	• Hay increíbles laberintos de madera para canicas que el niño puede construir por su cuenta	• Esta no es una actividad Montessori, pero puede ser adecuada en el ambiente del hogar